유럽과 북미지역 접경지대 연구의 세계화

지은이

존 W. I. 리(John W. I. Lee) | 미국 산타 바바라 캘리포니아대학 사학과 고대사 교수. 주요 연구 주제는 그리스와 아케메네스조 페르시아를 포함한 고대 서아시아 세계의 전쟁, 제국, 문화 등이다.
미하엘 노스(Michael North) | 독일 그라이프스발트 에른스트 모리츠 아른트대학 사학과 현대사 교수. '발트해 연안 접경지대' 국제연구교육 그룹 단장. 주요 연구 주제는 소비, 미술시장, 문화교류 등을 포함한 유럽과 아시아의 경제사와 문화사이다.

옮긴이

고반석(高磐錫, Koh Ban-suk) | 중앙대 역사학과 박사과정
라영순(羅映淳, Ra Young-soon) | 중앙대 중앙사학연구소 HK교수
반기현(潘錡鉉, Ban Kee-hyun) | 중앙대 중앙사학연구소 HK연구교수
손주경(孫珠景, Son Ju-kyung) | 중앙대 역사학과 석사과정
이재훈(李在訓, Lee Jae-hun) | 중앙대 역사학과 박사수료
차승현(車承賢, Cha Seung-hyun) | 고려대 사학과 강사

유럽과 북미지역 접경지대 연구의 세계화

초판 인쇄 2020년 7월 25일 초판 발행 2020년 7월 30일
옮긴이 중앙대·한국외대 HK+ 〈접경인문학〉 연구단 펴낸이 박성모 펴낸곳 소명출판 출판등록 제13-522호
주소 서울시 서초구 서초중앙로6길 15, 2층
전화 02-585-7840 팩스 02-585-7848 전자우편 somyungbooks@daum.net 홈페이지 www.somyong.co.kr

값 21,000원 ⓒ 소명출판, 2020
ISBN 979-11-5905-528-7 93900

이 저서는 2017년 대한민국 교육부와 한국연구재단의 지원을 받아 수행된 연구임(NRF-2017S1A6A3A03079318).

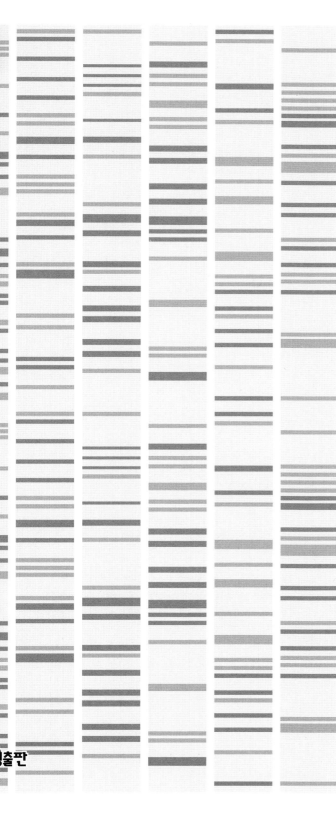

문학
총서
4

유럽과 북미지역 접경지대
연구의 세계화

Globalizing Borderlands Studies in Europe and North America

존 W. I. 리 · 미하엘 노스 지음
중앙대 · 한국외대 HK+〈접경인문학〉 연구단 역

소명출판

발간사

　최근 글로벌화의 진전에 따라 상이한 문화와 가치들이 국경은 물론 일체의 경계를 넘어 무한 이동하고 있다. 이러한 분위기 속에서 활발히 진행되고 있는 국경연구Border Studies에서 국경의 의미는 단순히 중심에 대한 대립항 내지 근대 국민국가 시대 '주권의 날카로운 모서리'로 이해되는 경향이 강했고, 사회적 상징물의 창안에 힘입은 집단기억은 국경의 신성성神聖性과 불변성을 국민의 마음속에 각인시켰다.

　이처럼 지금까지의 국경 관련 연구는 침략과 저항, 문명과 야만, 가해자와 피해자라는 해묵은 담론을 반복적으로 재생산했는데, 이런 고정된 해석의 저변에는 '우리'와 '타자'의 경계에 장벽을 구축해 온 근대 민족주의의 이데올로기가 깔려 있다. 즉 민족주의의 렌즈로 바라보는 국경이란 곧 반목의 경계선이요, 대립의 골짜기였다.

　그러나 이러한 해석은 단순히 낡았을 뿐 아니라 역사적 사실을 외면한 일종의 오류에 가깝다. 분단과 상호 배제의 정치적 국경선은 근대 이후의 특수한 시·공간에서 국한될 뿐이며 민족주의가 지배한 기존의 국경연구는 근대에 매몰된 착시에 불과하다. 역사를 광각으로 조망할 때 드러나는 국경의 실체는 다양한 문화와 가치가 공존하는 역동적 장소이자 화해와 공존의 빛깔이 짙은 공간이기 때문이다.

　HK+〈접경인문학〉연구단은 이러한 연구의 한계를 넘어 담론의 질적 전환을 이루기 위해 국경을 '각양각색의 문화와 가치가 조우와 충돌하지만 동시에 교류하여 서로 융합하고 공존하는 장場', 즉 '접경Contact

Zones'으로 재정의하고자 한다. 본 연구가 제시하는 접경공간은 국경이나 변경 같은 '외적 접경'은 물론이요, 한 사회 내에 존재하는 다양한 정체성 — 인종/종족, 종교, 언어, 생활 양식 — 간의 교차지대인 '내적 접경'을 동시에 아우른다.

그리고, 바로 이러한 다중의 접경 속에서 통시적으로 구현되는 개인 및 집단의 존재방식을 분석하고 개념화하는 작업을 본 연구단은 '접경인문학'으로 정의했다. 접경인문학은 이상의 관점을 바탕으로 국경을 단순히 두 중심 사이의 변두리나 이질적 가치가 요동하는 장소가 아닌 화해와 공존의 접경공간으로 '재'자리매김하는 한편 현대사회의 다양한 갈등을 해결할 인문학적 근거와 모델을 제공하고자 한다. 우리 연구단은 이런 인식을 바탕으로 다양한 정치세력과 가치가 경쟁하고 공명하는 동아시아와 유럽의 접경공간을 '화해와 공존'의 관점에서 비교분석하고자 한다.

본 연구는 시간적으로는 전근대와 근대를 모두 담아내며, 접경공간에 덧입혀졌던 허위와 오해의 그을음을 제거하고 그 나신裸身을 조명할 것이다. 〈접경인문학〉 연구단은 이와 같은 종적·횡적인 학제 간 융합연구를 통해 접경공간에 녹아 있는 일상화된 접경의 구조와 양상을 살피면서 독자적인 이론과 방법론을 제시하고자 한다.

연구 아젠다의 방향을 '국경에서 접경으로' 설정한 연구단은 연구총서 및 번역총서, 자료집 등의 출간을 통해서 축적된 연구 성과를 국내외에 확산시키고 사회에 환원할 것이다. 본 연구서의 발간이 학술 연구기관으로서 지금까지의 연구활동을 결산하고 그 위상을 정립하는 자리가 되었으면 한다.

2019년 8월

중앙대 · 한국외대 HK+ 〈접경인문학〉 연구단장 차용구 교수

『유럽과 북미지역 접경지대 연구의 세계화*Globalizing Borderlands Studies in Europe and North America*』(이하『세계화』)는 미국 네브라스카대학 출판부University of Nebraska Press에서 2012년부터 출간하기 시작한 '접경지대와 초문화적 연구Borderlands and Transcultural Studies' 총서의 일부로, 미국 산타 바바라 캘리포니아대학UC Santa Babara의 고대 접경지대 연구 포커스 그룹Ancient Borderlands Research Focus Group과 독일 그라이프스발트대학University of Greifswald의 발트해 연안 접경지대 국제연구 교육그룹Baltic Borderlands International Research Training Group 소속 접경 연구자들을 중심으로 유럽과 북미지역의 접경 연구자들이 함께 모여 일궈낸 공동연구의 결과물이다. 서론에 제시한 연구 목표는 "세계 각지의 접경지대에 대한 학문적인 논의의 장을 여는 것"으로, 서양 고대에서 현대에 이르기까지 유럽과 북미지역의 접경지대에서 나타난 정치, 경제, 사회, 문화, 민족, 종교 등의 다양한 변화들을 포착하여 역사적인 관점에서 제시하고 있다. 실제로 '접경지대와 초문화적 연구' 총서 가운데 지리적으로 아메리카 대륙을 벗어난 접경지대를 다루고 있는 연구서들은 모두 이 책 이후에 출간됐다. 그러나 이 책에 소개된 연구들이 진정 '세계화' 라는 타이틀에 걸맞은지는 논의해 볼 필요가 있다.

이 책의 편집을 주도한 존 W. I. 리John W. I. Lee와 미하엘 노스Michael

---

* 이 글은 반기현, 「유럽과 북미에서의 접경지대 연구 동향과 서사의 확장성─『유럽과 북미지역 접경지대 연구의 세계화』 읽기」(『대중서사연구』 26-2, 대중서사학회, 2020)의 내용을 요약·정리한 것이다.

North는 서론에서 '접경지대'를 다음과 같이 정의하고 있다.

접경지대는 물리적이고도 개념적인 상호작용이 발생하는 공간으로 이해
될 수 있다. 접경지대는 국가나 제국 변경에서 벌어지는 군사적인 충돌에서
부터 계급 간 종속 양식, 종교적인 믿음 또는 문화적 관행이 겹치는 지역,
근대 국민국가의 정치적 분계선을 넘나드는 경제활동 등에 이르는 광범위한
과정들을 아우른다. 그러나 이 책의 각 장들은 그러한 개괄적·잠정적인 정의
를 넘어서서 관행처럼 따라왔던 이론적인 접근을 지양하려고 한다. 우리는
접경지대의 공간을 규명하고 접경지대의 과정을 분석하는 다양한 접근법들
을 다루는 학제 간 논의를 진행하고자 한다.

위에 제시된 '접경지대'의 정의는 크게 두 가지의 중요성을 드러내고
있다. 첫째, 접경지대는 군사적인 갈등과 충돌만 일어나는 공간이 아니
라는 것이다. 접경지대에서 발생하는 상호 작용은 제도, 문화, 종교에서
경제활동에 이르기까지 다양하다. 둘째, 접경지대는 물리적이고 지리
적인 개념에 한정되지 않는다는 것이다. 서로 다른 사상을 가진 집단들
사이에는 '개념적 접경지대conceptual borderland'가 존재한다. 심지어 개인
과 개인 사이에도 접경지대는 존재할 수 있다. 따라서 다양한 학문 분야
의 연구 방법론으로 접경연구에 접근해 볼 수가 있는 것이다.
『세계화』는 서양 고대에서 현대까지 유럽과 북미지역의 접경지대에

서 나타난 정치, 경제, 사회, 문화, 민족, 종교 등의 다양한 변화들에 대한 사례연구를 제공하고 있다. 특히, '경계화'의 과정에서 나타나는 문제점들을 진단함으로써 반대로 '접경지대의 유지'가 갖는 이점을 드러나게 한다. 책의 구성 또한 국민국가의 정치적인 분계선이 미치는 영향력의 강화에 따른 '접경지대'에서 '국경'으로의 변화 과정을 강조하기 위해 연대순으로 구성되었다. 목적과 정의를 분명히 하기 위한 서론과 접경연구의 미래에 대한 전망을 다룬 짧은 결론 외에 총 10개의 장으로 구성되었다.

엘리자베스 드팔마 디지저Elizabeth DePalma Digeser는 기독교와 신플라톤주의 사이 개념적 접경지대에 위치했던 오리게네스Origenes의 사례를 들어, '접경지대' 개념이 고대사 연구에도 유용함을 주장한다. 그렉 피셔Greg Fisher와 알렉산더 드로스트Alexander Drost는 로마제국의 북아프리카 및 근동지역 변경과 변경 너머에 살던 이종족 사이 접경지대에 위치했던 '로마화'한 베르베르인 엘리트층과 아랍인 엘리트층을 통한 제국의 간접지배 방식에 대해 다룬다. 만야 올쇼스키Manja Olschowski는 13세기 게르만 식민 지역과 슬라브 식민 지역 사이에서 처음으로 '경계Grenze'라는 용어를 사용한 시토회 수도원의 종교·경제적 접경지대의 건설 및 구조를 설명한다. 앤 마리 플란Ann Marie Plane은 17세기 말 뉴잉글랜드에서 유럽인들을 상대로 범 인디안 반란을 이끈 주술사 스콴도Squando에 대해 다룬다. 스테판 헤르푸르트Stefan Herfurth는 18세기 스웨덴 왕국의 독일 지역 내 속주였던 스웨덴 포메라니아Swedish Pomerania가 자유주의 경제와 장원 경제의 접경지대로 문화전이acculturation가 나타난 지역이었음을 설명한다. 코르트-헤닝 우버Kord-Henning Uber는 17~18세기 일종의 종교적 접경지대로 기능한 쿠를란트 공국Duchy of Courland의 종교적 탈경계화 및 재경계화를 소개한다. 클린턴 F. 스미스Clinton F. Smith는 19세기 초 북미지역에서의 전형적인 서사 구도인 원주민 대 식민주의자 담론에서 벗어나, 라코타Lakota인을 중심으로 친족관계에 기반한 원주민들 사이에서의 접경지대를 드러낸다. 카스티요-무뇨즈Verónica Castillo-Muñoz는 20세기 초 멕시코 최북단 바하칼리포르니아Baja California에서 벌어진 정부 주도의 이주 및 정착으로 인한 인종적으로 혼합된 노동자 공동체 형성을 소개한다. 가브리엘라 소토 라베아가Gabriela Soto Laveaga는 1940~1950년대 멕시코의 공중보건 프로그램이 어떻게 도시와 농촌 간 가상의 경계를 분명히 하는데 활용됐는지 고발한다. 마지막으로 올가 사순케비치Olga Sasunkevich는 유럽 연합과 발트3국의 경제적 접경지대에 대해 다루며, 특히 여성들이 벨라루스와 리투아니아 간 접경지대 무역을 지배했음을 주장한다.

이처럼 『세계화』의 집필진은 탁월한 전문성과 통찰력으로 서양 고대에서 현대에 이르는 다양한 접경지대의 사례들과 특징들을 성공적으로 소개해냈다. 그러나 크게 세 가지 지점에서 한계점 내지는 문제점을 드러내고 있다. 첫째, 편집자인 존 W. I. 리와 미하엘 노스가 서론에서 우려를 나타냈듯, 각 장의 저자들은 접경지대 연구의 용어와 개념들을 사용하는데 있어 일관성과 통일성을 유지하지 못했다. 물론, 이들은 서로의 연구를 충분히 숙지한 상태에서 인용을 해가면서 서술을 했다. 그러나 '변경', '경계', '분계' 같은 가장 기초적인 개념어들도 각자의 해석과 판단에 따라 사용했다. 이는 공동연구에서 흔히 드러나는 한계점이라고 할 수 있겠다. 둘째, 이 책의 『세계화』라는 타이틀이 무색할 정도로 각 장의 주제들은 여전히 특정 지역의 한계를 벗어나지 못했다. 디지저, 피셔, 드로스트가 수행한 후기 고대 시기 로마제국의 접경지대에 대한 연구나 헤르푸르트의 스웨덴-포메리니아에 대한 연구, 그리고 라베아가의 멕시코 도시-농촌 간 공중보건의 접경지대에 대한 독특한 연구 등을 제외하면, 대부분의 연구들이 발트해 연안 지역과 미국 및 미국-멕시코 접경지대에 집중됐다는 사실을 알 수 있다. 이는 접경지대 연구의 전 지구적인 세계화는 고사하고 유럽과 북미지역에서의 세계화도 달성하지 못했다는 인상을 준다. 이는 결론에서 향후 접경지대 연구가 극복해야 할 과제로 제시되었다. 셋째, 여전히 몇몇 연구들에서 '접경지대'의 형성을 제국주의적 팽창에 따른 '변두리'나 '주변부' 지역의 설정으로 이해하려는 관점이 두드러진다는 점이다. 이러한 제국주의적 서사와 담론은 '접경지대'를 충돌과 갈등으로 점철된 수동적인 공간으로 단순화해버린다는 점에서 심각한 문제를 안고 있다.

예를 들어, 스미스는 아메리카 원주민 대 유럽 식민주의자라는 북미사의 전형적인 대립구도에서 벗어나, 19세기 아메리카 원주민들 사이에서도 부족 간 관계 형성 과정에서 접경지대가 존재했음을 알려준다. 시각을 다각화했다는 점에서 유의미한 연구라고 할 수 있으나, 이러한 식의 설명이 아메리카 원주민 사회의 다양성을 드러내기 보다는 자칫 식민주의와 침략을 정당화하는 논리로 이어질 소지가 있기에 다소 우려스럽다. 카스티요-무뇨즈는 기존의 미국인 대 멕시코인이라는 대립 구도에서 벗어나 바하칼리포르니아라는 공간에서 투자와 이민을 통한 미국인과 멕시코인의 공존관계를 드러낸 점이 비상하다. 그러나 여전히 주도적인 미국인과 수동적인 멕시코인이라는 인상을 지우기는 어려워 보인다. 접경지대란 어느 한쪽의 제국주의적인 팽창을 통해서만 형성되는 것인가? 라베아가와 사순케비치의 연구들도 마찬가지이다. 의료와 보건, 그리고 젠더라는 다소 생소한 주제를 중심으로 접경지대를 논하고 있지만, 기본 골격은 도시의 확장(의료, 보건으로 상징되는 문명화)에 따른 농촌과의 구별과 그로 인한 도시와 농촌 간 내적 접경의 형성, 그리고 유럽 연합의 확장에 따른 경제적 접경 형성을 다루고 있다. 모두 주체와 객체가 분명하고 주체의 팽창(제국주의적)에 따른 접경지대의 형성을 다루고 있다 하겠다. 전통적인 제국주의의 담론에서는 벗어났지만 또다시 신제국주의neo-imperialism 서사와 담론의 틀로 찾아들어가는 모습이다. 팽창에 뒤따르는 축소의 과정과 충돌과 갈등에 이은 해소의 과정은 필연적임에도 등한시되었다. 실로 대등한 관계에서 형성되는 화해와 공존의 접경지대는 없는 것인가?

『세계화』에 소개된 글들은 어느 한 시기나 장소에 초점을 맞춰온 종래의 학문적 전통에서 벗어나 고대에서 현대에 이르는 다양한 지역의 접경지대 사례들을 소개함으로써 접경지대 연구가 한걸음 더 나아갈 수 있는 방향을 제시했다. 물론, 핵심 용어와 개념 사용에 있어서 일관성과 통일성을 유지하지 못한 점, 좀 더 적극적인 접경지대 연구의 세계화 작업을 추진하지 못한 점, 제국주의 담론의 틀에서 완전히 벗어나지 못한 점 등은 한계점이자 극복해야 할 과제로 남을 것이다. 그럼에도 불구하고, 이 책의 집필진이 자신의 특정 연구 분야를 보다 광범위한 독자들에게 설명하고자 했고, 동시에 접경지대 연구를 위한 이론적 접근의 범위를 넓혀가며 다양한 주제들을 탐구하고자 했다는 부분은 높이 평가해야 할 것이다. 그런 의미에서 이 책의 집필진과 편집진은 접경지대 연구에 착수하는 모든 이들에게 사고와 통찰, 그리고 영감을 주었다고 생각한다.

최근 한국사회에서 가장 자주 등장하는 화두는 '혐오'이다. 한국사회는 갈등의 종합백화점이었다. 이념갈등, 지역갈등, 빈부갈등, 세대갈등, 젠더갈등까지 갈등 아닌 것이 없었다. 최근 COVID-19 창궐로 인한 방역 위기 상황 속에서 특정 지역과 집단에 쏟아진 공격과 비난은 그러한 현실을 더 명확히 보여주었다. 갈등이 갈등에서 그치지 않고 혐오로 발전한다는 것은 진영 논리와 양극화 현상이 심화되고 있다는 사실을 방증한다. 내부적으로는 협상과 소통의 책임이 있는 위정자들이, 외부적으로는 세계질서 유지와 국제공조의 책임이 있는 신제국주의 국가들이 '확실한 내 편 만들기'

를 위해 오히려 갈등을 부추기고 있는 형국이다. 이렇게 안팎으로 만연한 '혐오'의 정서를 평화와 공존을 위한 '화해'의 서사와 담론으로 바꿔가려는 노력이 필요한 때이다. 『세계화』의 연구들이 '화해학Reconciliation Studies'을 향한 마일스톤의 역할을 하기를 기대한다.

이 책의 번역작업은 2019년 4월에 기획되어 번역 클러스터를 구성(내부 4인, 외부 2인)하고 6월부터 본격적으로 시작되었는데, 연구단의 3년차에 있을 단계평가에 맞춰 7월 출간을 목표로 진행되었다. 실로 촉박한 일정이었지만, 내·외부 연구자와 연구보조원들 간의 탁월한 팀웍으로 효율적인 공동번역이 이뤄질 수 있었다. 이 번역작업을 물심양면으로 지원해 주신 연구단의 차용구 단장님께 먼저 감사드리고 싶다. 개인 연구와 강의, 그리고 각종 행정업무에도 불구하고 번역작업에 함께해 주신 연구단의 라영순 선생님, 중앙대 역사학과 박사과정의 이재훈 선생과 고반석 선생, 석사과정의 손주경 선생, 그리고 고려대 사학과의 차승현 선생님께 진심으로 감사드린다. 끝으로 어려운 시기임에도 학술번역서의 출간을 결심해주신 소명출판의 박성모 대표님과 번역자들의 실수를 꼼꼼하게 바로잡아주신 윤소연 선생님께도 감사의 인사를 전한다.

2020년 7월
중앙대·한국외대 HK+ 접경인문학연구단 출판&홍보팀장
반기현

차례

서론

존 W. I. 리 & 미하엘 노스

이 책은 미국 산타 바바라 캘리포니아대학University of California, Santa Barbara 의 고대 접경지대 연구 포커스 그룹Ancient Borderlands Research Focus Group과 독일 그라이프스발트대학University of Greifswald, Germany의 발트해 연안 접경 지대 국제연구교육 그룹Baltic Borderlands International Research Training Group이 다년간 광범위하게 진행해 온 공동연구의 산물이다. 이 공동연구 프로젝트 는 다양한 범위의 시간과 공간을 연구하고 경계 및 접경지대 연구에 대한 관심을 공유하는 유럽과 북미지역의 연구자들을 한 자리에 모이게 했다. 한 번의 주요 학술대회, 몇 번의 세미나 발표, 그리고 많은 비공식적 대화들 을 모두 포함한 일련의 연구 모임들을 통해 우리 프로젝트에 참여한 연구자 들은 자신들의 분석을 개선하고 서로의 작업과 연계시킬 수 있었다. 따라 서 이 책은 지금도 계속해서 시도 중에 있는 국제적인 학제 간 연구의 일환으로, 세계 곳곳의 접경지대에 대한 학문적인 논의의 장을 여는 것을 목표로 한다. 동시에 로마제국 후기 북아프리카에서부터 21세기 발트해 연안에 이르는 폭넓은 시공간을 다룬다. 특히, 경계의 구축, 유지, 교차 등 복잡한 과정들과 함께 변경지역에서 일어난 경제, 정치, 사회, 윤리, 종교적인 상호 작용을 중점적으로 재조명할 것이다.

'접경지대borderlands'란 무엇인가? 접경지대는 물리적이고도 개념적인 상호 작용이 발생하는 공간으로 이해될 수 있다. 접경지대는 국가나 제국 변경에서 벌어지는 군사적인 충돌에서부터 계급 간 종속 양식, 종교적인 믿음 또는 문화적 관행이 겹치는 지역, 근대 국민국가의 정치적 분계선을 넘나드는 경제활동 등에 이르는 광범위한 과정들을 아우른다. 그러나 이 책의 장들은 그러한 개괄적·잠정적인 정의를 넘어서서 관행처럼 따라왔던 이론적인 접근을 지양하려고 한다. 우리는 접경지대의 공간을 규명하고 접경지대의 과정을 분석하는 다양한 접근법들을 다루는 학제 간 논의를 진행하고자 한다.

물리적으로든 개념적으로든 접경지대는 변경, 경계, 분계의 교차 지점에 놓인 공간이다. 그렇기에 접경지대에 관한 논의는 '변경frontier', '경계border', '분계boundary' 등의 용어들과 연관될 수밖에 없다. 우리는 이 책을 통해 세 용어 모두가 경계를 설정한다는 의미를 갖고 있으나, 동시에 각자 특정한 의미도 갖고 있다는 점을 알게 될 것이다. '변경'은 공간과 행위에 대한 가장 중요한 차원들과 연관되어 있다. 결코 명확하게 정의내릴 수는 없지만, 변경은 정착지 주변부에서 늘 이동하고 확장하는 지역이다. 때때로 변경은 교전이나 충돌로 인해 바뀌기 쉬운 선을 의미하기도 한다. 이와 대조적으로 '경계'는 상대적으로 정적인 형태의 영토적 구분으로, 인공적으로 건설된 경계석, 벽, 울타리 또는 강, 산맥, 인위적으로 경계라는 의미를 부여한 나무 같은 자연 대상 등을 통해 물리적으로 표현될 수 있다. 정치적인 경계(국경)는 근대 국민국가의 경우처럼 아무런 물리적 표식 없이 관료적이고 제도적으로 만들어질 수도 있다. 한편, '분계'는 서로 중첩된 문화, 사회, 윤리, 종교, 언어적인 영역들을 규정 및 구분하는 것을 돕는 정신적인 구상과 담론을 묘사하기 위한 용어로 사용된다. 이 세 용어들— 변경, 경계, 분계 —은 서로 다른 연구자들의 상황, 필요, 흥미 등에 따라 같은 현상이라도 다르게 인식될 수 있다. 또한 자신들이 이용 가능한 증거, 관심 있는 주제, 사용하는 방법론에 따라서도 접경지대에서의 역학 관계와 과정들을 다르게 해석할 수 있다.

본 공동연구 프로젝트에 참여한 모든 연구자들은 하나의 해석적 개념으로 접경지대에 흥미를 갖게 만든 중요한 역사서술 경향과 정치 경향을 인정한다. 유럽 측 연구자들은 접경지대 접근법이 일찍이 많은 역사학자들이 사용했던 프레데릭 잭슨 터너Frederick Jackson Turner의 '변경이론 frontier thesis'과 균형을 맞추는 데 도움을 준다고 했다.[1] 예를 들어, 중세 유럽을 연구하는 역사학자들은 중세 변경사회, 특히 이베리아반도 내의 중세 변경사회 개념을 제시하기 위해 터너의 모델을 사용했다. 로버트 바틀렛Robert Bartlett은 유럽의 등장을 기독교 세계의 변경 확장에 따른 정복과 문화접변의 결과로 설명하고자 했다.[2] 그러나 최근 연구들은 그러한 중세 변경사회 개념에 문제를 제기했는데, 노라 베렌드Nora Berend 같은 역사학자들이 실재하는 변경과 상상 속 변경에 대한 연구의 필요성을 주장하면서부터였다.[3] 데이비드 아불라피아David Abulafia도 경계의 모호성에 대해 강조했다. 아불라피아는 "중세의 변경medieval frontier"을 "인식 가능한 현상, 즉 확실한 사실이라기보다는 개념적인 도구"로 나타내는데, 역사학자들은 그것을 중세의 다양한 가치와 가정들을 가진 사회들

이 조우하면서 비롯된 정치·사회적 발전으로 이해해 왔다.[4]

아불라피아에 따르면, 이러한 경계들은 서로 상이한 관습, 언어, 민족 정체성을 가진 이웃한 사회들이 만나는 가상의 공간이다.[5] 이 사회들은 서로 어느 정도 거리를 두고 평화적 또는 폭력적인 방법으로 상호 작용한다. 상호 작용의 수준은 인구 밀집도에 따라 결정된다. 도시화한 지중해 인근의 사회들에 비해 아일랜드나 발트해 지역처럼 인구밀도가 낮은 지역들은 다른 종류의 접촉을 경험했다.[6] 발트해 동부지역에서는 15세기를 거치면서 게르만인, 에스토니아인, 라트비아인들 사이에서 사회·민족적 분리현상이 극심해졌다. 발트해 남부 정착지에서 서로 가시거리 내에 살던 게르만계, 슬라브계 소작농들의 분계지역 같은 곳에선 사회적인 평준화가 이뤄졌던 것으로 보인다. 이 게르만-슬라브 접경지대는 드넓은 황야가 특징인 지역이었는데, 처음에는 정착과 교류를 하기 위한 충분한 공간을 남겨둬서 집단 간 물리적인 완충지로 기능했다. 그러나 11~13세기를 거치면서 제국주의적 팽창과 군사활동을 통해 빈 공간이 채워지기 시작했고, 그 결과 영토상에 경계를 명확히 하자는 요구가 점차적으로 증가하게 되었다. 이러한 영토상 경계처럼 중근세 시기 에스토니아인, 라트비아인, 게르만인 사이에서의 조우와 접촉들 속에서 사회·문화적 분계지역들도 등장했다.[7]

문화 전이 연구는 물질과 생각 모두를 교환하는 방법과 양식에 대한 관심을 증대시켰는데, 접경지대 연구와 관련된 최근의 논의들을 풍부하게 해주었다. 예를 들어 미하엘 베르너Michael Werner와 베네딕테 짐머만Benedicte Zimmermann은 세계적인 차원과 지역적인 차원에서 동시에 작동한 역사적 과정을 분석하기 위해 교차사histoire croisée라는 개념을 발전시켰다. 교차사는 양자 간의 전이만을 강조하기보다, 많은 동인들이 다양한 차원에서 다양한 방향으로 상호 작용하는 시공간적 구조 내에서 나타나는 다자간의 복잡한 관계들을 조사하는 데 특히 더 유용하다. 최근의 한 연구에서 언급하듯 "교차사는 문화 교류 과정과 연관된 정치, 경제, 지식, 예술, 인간적인 역학 관계들의 공시적인 뒤엉킴을 밝혀낸다".[8]

더욱이 '보이지 않는 경계invisible borders'가 근세 유럽을 연구하는 역사학자들의 관심을 끌었다. 종교개혁과 교파화 과정이 두드러지면서 종교 간 공존이 새로운 양상을 보였고 새로운 종교적 접경지대들이 만들어졌다.[9] 접경지대의 규모와 성격은 '상대편other side'과의 상호 작용으로 결정된다. 그리고 경계가 형성되는 과정이 단순히 정치적인 선을 긋는 것 이상이 되면서 사회화, 통합, 조화 등의 세력들을 아우르기도 했다. 근세 유럽에서 국가의 건설은 공간들의 중첩으로 이해되어온 접경지대를 소멸시켰을 뿐만 아니라 영토의 통일화와 밀접하게 진행된 국가 경계의 강화에도 기여했다. 이 과정은 궁극적으로 국민국가의 국경이 등장하면서 완결되었다.

과거 수십 년 동안 진행된 세계화와 통합의 과정은 경계와 그 인접지에 대한 시각을 다시 한번 크게 변화시켰다. 고대시기 이래 가장 포괄적으로 유럽을 재정립했다고 일컬어지는 유럽 연합European Union을 확대하자는 논의에서 비롯된 최근의 유럽 접경지대 연구는 현대의 탈경계화와 재경계화에 영향을 미친 정치·역사적 경계 형성에 관심을 두는 것을 특징으로 한다. 학자들은 사회·문화적으로 구축된 분계의 중요성에 대한 관심이 커지고 있다는 점에 주목하여 국경의 이상화된 불침투성과 균질성을 더는 중요하지 않게 생각하고 있다. 고정불변의 경계를 중요성을 잃고 결과적으로 문화적인 분계의 중요성이 커지게 되자 유럽에서 접경지대가 갖는 의미가 완전히 바뀌게 되었다. 하나의 통합된 유럽에서 유동성, 상호 작용, 국경을 가로지르는 행위 등은 민족·영토적 접경지대를 영토상의 변두리라는 인식에서 벗어나 관심이 집중되도록 했다.

인문지리학자들도 경계와 접경 공간 개념에 대한 재평가를 활발하게 진행했다. 예를 들어 안시 파시Anssi Paasi와 헹크 반 하우툼Henk van Houtum은 경계를 "세상을 창조하고 형성하는 상상"으로, 그리고 경계지역 너머의 "사회 전체로 '퍼져나가는' 일단의 관행과 담론"으로 묘사했다.[10] 연구자들은 이러한 표현에 의거해서 점차 경계를 사회 교섭 과정의 결과물로 개념화했고 그렇게 접경화의 과정이 집중 조명되었다. 이 과정은 반 하우툼이 정의하듯, "연결성을 갖는 경계화된 영역에 대한 전략적인 제작과 통제인데, 이 연결성은 (효과적인) 지향, 힘, 이완 등을 실체화함으로써 바깥 세계로부터 일정한 보호거리를 갖고자하는 바람이 표현된 것이다".[11] 반 하우툼과 반 내르센Van Naerssen이 강조하듯, "의미상으로 '경계'라는 단어는 부당하게도 시공간상에 고정된 장소들을 가정하는데, 그보다는 '경계화'로 이해되어야 한다".[12] 달리 표현하면, 경계는 연속되는 복잡한 과정이라고 할 수 있는데, 공간 내에 경계선이라는 단순한 정의만으로는 설명할 수 없다. 오히려 사회적으로 역동적인 공간이면서 과정에 따라 공간상의 구분이 이뤄진 것으로 재인식되어야 한다는 것이다.[13] 이렇게 경계와 경계화의 과정을 이해하는 것은 사회 내에 만연한 관습적으로 접경화를 인식하게 강제해온 물질적이고도 물리적인 관점에서 벗어나게 해준다.[14]

북미지역에서 참가한 공동 연구자들도 약간 다른 역사서술 방법을 통해 비슷한 결론에 도달했다. 이들도 마찬가지로 터너의 '변경이론'에서 시작한다. 터너는 서부 개척을 통해 설정된 변경이 미국에게 특별한 것이었다고 주장하면서 이 개척을 미국의 정체성과 연결시켰다. 변경은 야만으로 묘사되는 것들과의 계속적인 접촉이 이뤄지는 곳으로 미국의 특성을 형성하는 데 영향을 미쳤다. 터너의 개념은 아메리칸 인디언들을 (그들이 저항할 시) 제거하거나 극복의 대상으로 봤다. 따라서 인디언들은 어떠한 방식으로든 미국사의 발전에 참여할 수 없었다. 터너 전문가인 유진 볼튼Eugene Bolton은 접경지대 개념을 발전시킴으로써 이러한 목적론적 역사관을 수정했다. 미국사에서 주도적인 역할을 했던 제국주의/식민주의 열강들 사이에서 적어도 원주민들이 협상할 수 있는 장소가 존재했다는 것이다.[15]

미국 원주민사에 대한 관심이 커졌음에도 불구하고, 원주민들 상호간의 네트워크에 대한 연구는 오래도록 진행된 적이 없었다. 오직 리차드 화이트Richard White만이 『중간지대The Middle Ground』에서 접경을 넘나드는 상호 작용에 대해 새롭게 이해하기 시작했다.[16] 화이트를 비롯한 다른 여러 학자들 덕분에 원주민들은 식민지 시대 미국의 형성 과정에서 유럽 식민주의 열강들과 나란히 경쟁하고 협력하기도 한 주체로 진지하게 고려되기 시작했다. 그럼에도 불구하고, 여전히 몇몇 역사학자들에게 '변경이론'은 매력적이었다. 예를 들어 제레미 아델만Jeremy Adelman과 스티븐 아론Stephen Aron은 변경을 유럽-아메리카 원주민 관계를 이해하기 위한 유용한 도구로 봤다.[17] 그들은 접경지대 연구가 영국, 네덜란드, 프랑스 등의 힘의 정치와 영토상 패권 문제를 설명해내는 데 부적절하다고 주장했다. 특히 북미에서 경쟁을 벌인 유럽 식민주의자들을 근거로 주장을 전개했다. 이는 원주민 세력을 이웃한 식민주의적 야심이라는 맥락에서만 이해한 것이었는데, 이를테면 영국과 프랑스의 식민지 관리가 서로 대치하는 국면이었기 때문에 그 사이에서 원주민들이 역할을 할 수 있었다는 것이다.

위와 같은 유럽 열강들에 대한 재조명에 맞서 원주민들을 수동적이기 보다는 중심 요인으로 재인식하려는 접근이 이뤄졌다. 가장 주목할 만한 인물인 페카 하말라이넨Pekka Hämäläinen은 북미에 존재했던 제국들의 명단에 항목 하나를 추가했다. 바로 코만치제국Comanche Empire이다. 하말라이넨에 따르면 코만치인들은 북중미 지역에 스페인 공동체, 프랑스 공동체, 원주민 지역 공동체 등을 하나의 거대한 무역망으로 통합한 제국 조직을 만들었다.[18] 코만치인들이 상호 작용을 위해 많은 지역들을 형성하면서 변경이란 것은 옛것이 되어버렸다. 최근 한 리뷰 논문에서 하말라이넨과 사무엘 트루엣Samuel Truett은 터너에서부터 현재에 이르는 미국 연구에 유용한 연구들의 개요를 제시했다. 동시에 앞으로 접경지대의 역사는 정해진 숫자의 제국주의 대표들뿐만 아니라, 보다 광범위한 주체들에 주목해야 한다는 점을 분명히 했다. 원주민과 유럽에서 온 정착민, 선교사, 상인, 행정관 등이 만나는 영역뿐만 아니라, 멕시코, 아프리카, 아메리카 사람들이 만나는 여러 영역들도 고려해야 했다. 하말라이넨과 트루엣이 서술했듯, "낡은 제국중심 담론과 민족중심 담론"은 오늘날의 "공간 유동성, 상황별 정체성, 지역적 우발성, 권력의 모호성" 등을 의식하도록 조정될 필요가 있다.[19]

근대 멕시코-미국의 정치적 경계(국경)와 그간에 벌어진 경시와 배제는 접경지대에 대한 또 다른 시도를 불러일으켰고, 미국과 유럽의 학자들에게 영향을 미쳐왔다. 글로리아 안살두아Gloria Anzaldúa는 『접경지대/라 프론테라—새로운 메스티소 여성Borderlands/La Frontera : The New Mestiza』에서 운문과 산문을 이용해 치카나Chicana(멕시코계 미국여성)가 멕시코-미국 국경에서 어떤 의미였는지 묘사했다. 안살두아는 과거 콜롬버스 이전부터 현재 치카나에 이르는 멕시코 민족주의의 로맨티시즘적인 신화를 구상 중이지만, 그녀의 접경지대 개념은 집단 간 또는 문화 간 접촉이 어느 곳에서든 존재한다는 점을 강조한다. 그녀는 "접경지대는 두 개 이상의 문화가 서로 맞닿고 서로 다른 인종들이 같은 영토를 차지하며 하층, 중층, 상층 계급이 접촉하는 곳이라면 어디든지 물리적으로 존재한다"라고 서술했다.[20] 접경지대의 상황은 서로 다른 문화, 경제, 정치 공간의 면들이 만나거나 겹치는 어느 곳에서든 일어날 수 있다. 물리적이고 지리적인 감각이나 인식적이고 개념적인 감각에서도 발생하고 단일한 정치 단위나 두 개 이상의 정치체제 사이에 존재하는 물리적인 분계에서도 나타난다.

이 책의 장들은 경계를 넘나드는 상호 작용과 교류의 다양성에 대한 분석들 속에서 경계상의 상호 작용에 대한 전통적인 견해를 재고하기 위해 새로운 고문서 사료와 이론적인 시각에 바탕을 두고 있다. 이 책은 고대에서 현대까지의 사례 연구들을 제공하지만 부분적으로는 일반적인 주제들, 특히 접경지대를 만들고 유지하고 갈등하는 과정에서의 경제, 이주, 종교의 중요성도 드러낸다. 책의 구성도 여러 가지 다른 방법들이 있을 수 있었지만 평이하게 연대순으로 배치하는 방법을 택했다. 이러한 연대순 구성은 경계선이 그어졌을 때 발생하게 되는 경계 넘기에 관한 것뿐만 아니라 국민국가의 정치적인 분계선이 지닌 영향력이 점차적으로 증가되었다는 사실을 강조하기에 적합하다.

접경지대의 개념과 모델은 엘리자베스 드팔마 디지저Elizabeth DePalma Digeser가 논하듯 고대 지중해 세계를 이해하는 데 유용하다. 가장 기초적인 수준에서, 많은 고대사 역사학자들은 '접경지대'라는 용어를 굳건한 정치 지배력을 행사하는 단일한 패권 세력이 없는 물리적인 지역을 설명하기 위해 사용해 왔다. 제국의 주변부에 생겨나곤 하는 이 영역에서 혼종성과 새로운 정체성의 출현은 함께 조성될 수 있다. 그러나 고대시기의 모든 접경지대가 물리적인 지역을 필요로 하는 것은 아니다. 다니엘 보야린Daniel Boyarin처럼 고대 종교를 연구하는 학자들은 개념적인 변경 conceptual frontier에서 형성되는 종교적 정체성에 대해 탐구해 왔다. 접경지대의 접근법은 고대사 연구의 학문 영역과 연관된, 이를테면 고고학, 고전학, 역사학, 종교학 등 다양한 분과들 사이에서 나타날 수 있는 문화적 뒤엉킴, 정체성 형성, 협력, 논쟁 등의 과정을 이해하는 데 도움을 준다는 점에서 가치 있다.

고대 제국들의 지리적 주변부에서 나타나는 경계들 사이에서의 상호작용을 검토하는 것은 국민국가에 익숙한 역사학자들에게 새로운 관점을 제공해준다. 그렉 피셔Greg Fisher가 자신의 글에서 보여주듯, 후기 로마제국(3~8세기)의 주변부는 모래 위에 표시된 것이 아니었다. 피셔는 북아프리카에 있던 로마제국의 경계들을 통해 베르베르인과 아랍인의 제국으로의 통합을 분석한다. 그는 제국의 행정이 이 부족들의 지도자들에게 관직을 할당하고 공인해 줌으로써 어떻게 불간섭주의적인 방법으로 주변부를 지켜냈는지 밝힌다. 제국의 권위라는 것은 종종 '모호한' 형태이긴 하지만 지역이나 부족을 직접적으로 통제하지 않고도 계속되어 왔다. 제국과 인근 부족사회들 간의 지속적인 교섭이 하나의 접경지대를 만들어냈는데, 접촉지역이면서 완충지역인 그곳에서 로마의 통제와 자율적인 자치가 어우러져 혼종적인 행정구조를 만들어냈다.

만야 올쇼스키Manja Olschowski는 중세의 초국경적 경제와 발트해 지역에 형성된 종교·경제적 접경지대의 건설 또는 구조에 집중한다. 그녀는 시토회 수도원에 주목하는데, 이 수도원은 게르만-슬라브인 식민지역에서 처음으로 '경계Grenze'라는 용어를 사용했다. 시토회 수도사들은 비어 있거나 "인구가 적은" 지역에 정착하기 위해 군주들로부터 재산과 특권을 얻었다. 신앙생활과 함께 교육과 농사(가축 사육과 물 관리)를 소개하면서 그들이 만들어낸 수도원 구역은 교역망의 확립을 위해 이웃 마을들과 군주 및 귀족 영지들 사이에 놓인 접경들을 극복해야 했다. 수도원 영지의 제도상 경계들이 새로운 재산을 획득하고 특권이 주어질 때마다 교섭 대상이 되어야 했고, 계속해서 경제적인 상호 작용들이 일어났다. 이러한 교섭은 사회적인 차원에서도 일어났는데, 군주들과 지방 귀족들 일부가 수도원에 들어가고 그곳에 귀족 가문의 장지가 조성되면서 이뤄졌다.

앤 플란Ann Plane이 쓴 주술사 스콴도Squando에 관한 글은 또 다른 종류의 신앙생활을 기저에 깔고 있다. 그는 17세기 말 뉴잉글랜드에 정착한 유럽인들을 상대로 범 인디안 반란을 이끌어낸 인물이었다. 17세기 말 아메리카 원주민의 통제하에 있던 메인Maine은 프랑스와 영국 제국주의 야심가들의 목표물이었다. 1676년 무렵이면 이미 이 지역에 모피, 생선, 목재 교역망이 침투해 있었다. 북쪽으로는 프랑스 가톨릭 선교사들이 능동적으로 활동해 나갔고 남서쪽에서는 영국 프로테스탄트 식민주의자들이 활발히 영역을 확장해 나갔다. 플래인은 스칸도의 식견과 활동들이 뉴잉글랜드를 휩쓴 범 인디안 반란에 어떠한 영향을 미쳤는지를 보여주고 그가 후세에 어떻게 인식되었는지를 조사한다.

코르트-헤닝 우버Kord-Henning Uber는 발트해 지역 남동부 연안에 위치했던 쿠를란트 공국Duchy of Courland에 대해 연구했는데, 다시 한번 종교가 중요한 역할을 차지한다. 유럽의 역사서술에서 근대 초 종교국가들은 고정된 정치적 경계를 갖는 하나의 동질적인 종교적 공간으로 묘사되곤 하는데, 우버는 이렇게 단순화한 담론이 17~18세기 폴란드-리투아니아 연방의 봉지였던 쿠를란트에서 나타난 종교적 상호 작용의 다양성을 정확하게 그려내지 못하고 있음을 보여주었다. 우버가 설명하듯, 이 시기에 쿠를란트는 하나의 종교적인 접경지대였다. 외부 세력의 정치적인 압력과 선도적인 루터파 쿠로니아회Couronian society 내부의 다른 교리와 종교에 대한 대응이 계속해서 종교적인 탈경계화 및 재경계화를 부추긴 것이다.

스테판 헤르푸르트Stefan Herfurth는 18세기 발트해의 또 다른 지역인 스웨덴 포메라니아Swedish Pomerania 접경지대에서의 상호 작용을 추적한다. 스웨덴 또는 스웨덴-핀란드 통합 군주국의 주변부에 위치한 스웨덴 포메라니아에는 한 스웨덴계 관료 귀족이 통치하는 다수의 독일어권 인구가 있었다. 이 스웨덴계 귀족은 결코 다수인 독일어권 인구를 문화적으로 변화시키려 하지 않았지만, 동일 국가 출신의 지식인들은 18세기에 개인의 자유와 사회제도로부터의 자유에 대한 영향력 있는 담론을 만들어냈다. 헤르푸르트는 스웨덴의 지적 중심 지역에서 바다 건너 포메라니아 속주까지 이러한 관념들의 경로를 따라간다. 장원 경제라는 강력한 관념을 특징으로 하는 전통적인 재산 형태와 스웨덴 왕국의 계몽된 백성들이 갖고 있던 새로운 관념들 사이에 존재했던 하나의 문화적 전이 지역으로 포메라니아를 나타낸 것이다.

클린턴 F. 스미스Clinton F. Smith는 19세기 초 북미 대평원North American Great Plain 원주민들 사이에 있었던 타협, 교섭, 폭력 등에 관심을 기울인다. 스미스는 원주민들과 식민지 외부인들 간 상호 작용의 장소라는 접경지대의 일반적인 개념을 넘어선다. 대평원의 사람들이 그 지역을 넘나드는 밀접한 관계망을 형성하는 무역망에 친족 관계망을 더하면서 어떻게 접경지대를 발전시켰는지 보여준다. 이러한 원주민의 접경지대에서 부족 간 유대와 친족 관계는 정체성 형성의 중심이었다. 친족 관계를 기준으로 내부인과 외부인을 구별했기 때문이다. 동시에 모피와 말 교역이 중요한 역할을 했다. 라코타Lakota인은 확장을 위해 필요했던 코만치 말들에 접근하기 위해 샤이엔Cheyenne인과 아라파호Arapaho인과 친족 관계를 바탕으로 동맹을 맺었다. 다른 한편으로 크로우Crow인과 아리카라Arikara인을 상대로 경쟁해야 했는데, 전쟁을 통해 그들을 관계망에 통합시키려고 했다.

베로니카 카스티요-무뇨즈Verónica Castillo-Muñoz가 쓴 20세기 초 토착민 가족과 초국가적 이주에 대한 연구는 이주와 경제 조건에 영향을 받았다. 카스티요-무뇨즈는 멕시코 최북단 바하칼리포르니아Baja California에서의 정착과 경제 발전에 대해 조사했다. 그녀는 어떻게 멕시코 정부가 국경을 넘는 토착민들을 제한하려 했고 동시에 남부 멕시코의 중국계 노동자와 메스티소 노동자들을 바하칼리포르니아로 이주시키고 정착시켰는지를 논한다. 그녀가 밝히듯 이런 식의 새로운 이주 형태는 바하칼리포르니아 접경지대에서 인종적으로 혼합된 노동자 공동체가 형성되게 했다.

가브리엘라 소토 라베아가Gabriela Soto Laveaga는 1940~1950년대 멕시코 공중보건에 대한 연구에서 또 다른 종류의 물리적·개념적 국경을 탐구했다. 이 시기에는 도시와 농촌 공간에 대한 새로운 개념들과 이전까지 불명확했던 멕시코 담론 속의 용어들이 정교해졌다. 소토 라베아가가 보여주듯, 이 과정에 6개월 동안 '사회적으로 배제된' 지역에서 근무하도록 요구받은 멕시코의 의대생들이 결정적인 역할을 했다. 보건과 질병의 개념이 사회·문화적으로 형성되는 동안에 의료의 효용성과 유형들은 더 큰 정치·경제적 목표들을 갖곤 했다. 소토 라베아가는 빈민층을 대상으로 한 공중보건 프로그램에 초점을 맞추어 현대화된 멕시코 국가가 어떻게 도시와 농촌을 나누는 새로운 개념을 만들어냈는지를 밝힌다. 인구를 규정하고 행동을 규제하는 데 사용될 수 있는 가상의 경계들을 국가 내부에 구축했다는 것이다. 의료 접근성이 집권 정부를 위한 강력한 수단이 되면서 젊은 의사들은 '주변부 지역'과 '발전된 지역' 사이 어디에 경계가 그려질 지 확정할 수 있는 아마추어 인구조사원이자 지리학자가 되었다.

마지막으로 올가 사순케비치Olga Sasunkevich는 발트해 지역 국가들 사이 경계에 가로놓인 접경지대에서의 경제적인 상호 작용에 대해 조사한다. 이러한 국경들 가운데 일부는 유럽 연합의 회원국들과 비회원들 간의 경계가 되기도 한다. 사순케비치가 설명하듯, 유럽 연합의 확대가 새로운 모든 외부적 경계들을 통제하는 새로운 국경제도를 설정하려고 했지만, 이러한 국경들에 위치한 주변부 지역에서 사회적인 차이들이 선별적인 개방성과 어우러져 영세 기업활동과 지역 간의 경계를 넘나드는 협력을 촉진시켜 왔다. 특히, 사순케비치는 여성들이 어떻게 벨라루스와 리투아니아 간 접경지대 무역을 지배했는지를 보여주면서 접경지대의 상호 작용에서 젠더의 구성에 더 큰 관심을 기울인다.

종합하면, 이 책의 다양한 글들은 고대에서 현대에 이르는 접경지대 연구가 한발 더 나아갈 수 있는 길을 제시한다. 종래의 학문적 전통에서는 어느 한 시기나 장소를 강조해서 좁게 초점을 맞춘 논의가 이러한 내용의 책에 더 적합했다. 그러나 우리는 공동연구 프로젝트를 통해 광범위한 장소와 시기들에 초점을 맞추는 연구자들을 한데 모으는 것이 보다 가치 있는 일임을 깨달았다. 각각의 전문가들은 자신의 특정한 연구 분야를 보다 넓은 범주의 학계 청중들에게 설명하고 새롭고도 낯선 자료를 접할 수 있는 혜택을 보았다. 동시에 우리 모두는 국경과 접경지대 연구를 위한 이론적 접근의 범위를 넓혀가며 탐구하면서 공통점을 찾아냈다. 우리는 이러한 주제의 다양성이 자극제가 되었고 사고를 촉진하는 대화를 도출해냈다고 믿는다. 그런 의미에서 이 책의 집필진과 편집진은 이 글들이 접경지대 연구에 착수하는 세계의 모든 이들에게 사고와 통찰, 그리고 영감을 주었으면 한다.

주석

1   Frederick Jackson Turner, "The Significance of the Frontier in American History", *Annual Report of the American Historical Association,* 1984, pp.119~227; Frederick Jackson Turner, *The Frontier in American History,* New York : Henry Holt, 1920, pp.1~38.

2   Robert Bartlett and Angus Mackay, eds., *Medieval Frontier Societies,* Oxford : Clarendon, 1992.

3   Nora Berend, "Preface", David Abulafia and Nora Berend ed., *Medieval Frontiers : Concepts and practices,* Aldershot : Ashgate, 2002, pp.x~xv.

4   David Abulafia, "Introduction : Seven Types of Ambiguity, ca.1100~ca.1500", Abulafia and Berend ed., *Medieval Frontiers,* p.5.

5   Abulafia, "Introduction", p.4.

6   Michael North, *The Expansion of Europe, 1250~1500,* Manchester : Manchester University Press, 2012, p.8.

7   Michael North, *The Baltic : A History,* Cambridge : Harvard University Press, 2015, pp.46 ~51 · 104~110.

8   Thomas DaCosta Kaufmann and michael North, "Introduction-Artistic and Cultural Exchanges between Europe and Asia, 1400~1900 : Rethinking Markets, Workshops and Collections", Michael North ed., *Artistic and Cultural Exchanges between Europe and Asia, 1400~1900,* Aldershot : Ashgate, 2010, p.2.

9   Étienne François, *Die unsichtbare Grenze : Protestanten und Katholiken in Augsburg 1648~ 1806,* Sigmaringen : Jan Thorbecke, 1991; Heinz Schilling, *Early Modern European Civilization and Its Political and Cultural Dynamism,* Hanover NH : University Press of New England, 2008, pp.11~32.

10 상상으로서의 경계 – Anssi Paasi, "Boundaries as Social Practice and Discourse : The Finnish-Russian Borders", Paul Ganster and David E. Lorey ed., *Borders and Border Politics in a Globalizing World,* Lanham : Rowman & Littlefield, 2005, p.118.
    경계지역 너머로의 퍼져나감 – Henk van Houtum, Olivier Kramsch, and Wolfgang Zierhofer, "Prologue : B/ordering Space", *B/ordering Space,* Henk van Houtum, Olivier Kramsch, and Wolfgang Zierhofer ed., Aldershot : Ashgate, 2005, p.3.

11 Van Houtum, Kramsch, and Zierhofer ed., "Prologue", p.3.

12 Henk van Houtum and Ton van Naerssen, "Bordering, Ordering and Othering", *Tijdschrift voor Economische en Sociale Geografie* 93, no. 2, 2002, p.126.

13 Benedict Anderson, *Imagined Communities : Reflections on the Origin and Spread of nationalism,* London : Verso, 1996; Passi, "Boundaries".

14 Saskia Sassen, "Bordering Capabilities versus Borders : Implications for National Borders",

Michigan Journal of International Law 30, no. 3, 2009, pp.567~597.

15 Herbert Eugene Bolton, *The Spanish Borderlands : A Chronicle of Old Florida and the Southwest*, New Haven CT : Yale University Press, 1921; Albert L. Hurtado, Parkmanizing the Spanish Borderlands : Bolton, Turner, and the Historians' World," *Western Historical Quarterly* 6, no. 2, 1995, pp.149~167.

16 Richard White, *The Middle Ground : Indians, Empires, and Republics in the Great Lake Region, 1650~1815*, New York : Cambridge University Press, 1991.

17 Jeremy Adelman and Stephen Aron, "From Borderlands to Borders : Empires, Nation-States, and the Peoples in between in North American History", *American Historical Review* 104, no. 3, 1999, pp.814~841.

18 Pekka Hämäläinen, *The Comanche Empire*, New Haven : Yale University press, 2008.

19 Pekka Hämäläinen and Samuel A. Truett, "On Borderlands", *Journal of American History* 98, no. 2, September 2011, pp.338 · 352.

20 Gloria E. Anzaldúa, *Borderlands/La Frontera : The New Mestiza*, San Francisco : Aunt Lute, 1987, p.19.

제1장

서양고대사에서 접경지 개념이 갖는 유용성

괴물 오리게네스의 사례

엘리자베스 드팔마 디지저(Elizabeth DePalma Digeser)

키케로Marcus Tullius Cicero는 「카틸리나 탄핵 연설Against Catiline」(63 BCE)에서 로마를 장악하려고 시도했던 반영웅antihero 카틸리나를 "저 괴물이자 쓰레기(2.1.1 : monstro illo atque prodigo)"라며 공개적으로 격렬하게 비난했다. 키케로의 혹평은 카틸리나가 로마인으로서의 본질Romanness을 상실한, 즉 적절한 경계 내에 스스로의 행위를 붙들어 매지 못한(자제력을 잃은) 반역자라고 묘사하였다. 한 세기 뒤에 문화비평가 아울루스 겔리우스Aulus Gellius(17.1)는 신들에 대한 불경하고 삿된 생각을 옹호하는 사람들을 "인간들 사이에 속한 괴물들monstra hominum"이라고 말하였다. 라틴어 단어 monstrum이 특히 신학적인 문제들에 있어서 경계를 거스른 반역적 죄인을 의미한다면, 알렉산드리아의 오리게네스Origen가 적역이라 하겠다. 오리게네스는 3세기 전반기에 그리스Hellene(즉, "이교도pagan") 플라톤주의 공동체와 기독교 공동체에 몸담고 있었다. 그러나 훗날 그는 자신이 불경하고 거짓된 신학 관념을 소개했다는 이유로 양쪽 진영 모두로부터 반역자로 낙인찍히게 되었다.[1] 오리게네스를 공격한 이들은 물론 그리스어를 썼겠지만, 이 라틴어 단어를 그의 반역적인 상태를 드러내 데 가장 적절한 표현으로 여겼으리라 생각된다.[2]

제프리 제롬 코헨Jeffrey Jerome Cohen은 "괴물들"이 개념적이고 물리적인 변경의 끝을 표시하는 혼종체라고 주장한 바 있다.[3] "그 괴물의 몸은 문화적인 몸이다. 그야말로 두려움, 욕망, 걱정, 환상 등이 결합되어 그것에게 생명력과 기묘한 독립성을 부여한다." 계속해서 코헨은 이 괴물이 극단적인 것들 사이에서 충돌이라는 문제를 야기하는 "범주 위기의 전조harbinger of category crisis"라고 했다. 동시에 괴물은 "육신을 만들어낸 차이difference made flesh", 즉 괴물스러움을 만들어낸 문화적 차이를 과장한 것이기도 하다. 괴물들은 어떤 종류의 다름도 대표할 수 있는데, 보통 "문화적, 정치적, 인종적, 경제적" 또는 성적인 차이 등을 대변한다.

괴물들에 대한 식별은 내부나 중심(일단 이 개념들에 대해선 막연한 채로 내버려 두고)에 있는 사람들이 자신들에게서 얼마간 떨어진 변경(정치·군사력이 도달하는 끝에 있는 공간)이나 접경지역(지배적인 정치·군사력이 없는 곳)을 인지했다는 사실을 나타낸다.[4] 달리 말하면, 괴물들은 표면적으로 안정된 지역의 속성이 무언가 "다른other" 속성과 중첩되는 지역을 차지하고 있다.[5] 이 책의 장들 대부분이 물리적인 변경과 접경지대에 초점을 맞춘 데 반해, 오리게네스처럼 괴물 같은 반역자와 이단자들은 개념적 공간(리John W. I. Lee와 노스Michael North는 어떤 물리적인 공간이 분계나 변경, 또는 접경지대가 되는 유일한 이유가 누군가의 마음이 그렇게 서술하고 정의했기 때문임을 상기시키지만)에서 더욱 자주 등장한다.[6] 이 장에서 오리게네스가 양 진영에 의해서 괴물로 낙인찍힌 것이, 그들 사이에 존재하는 개념적 접경지대를 차지한 것을 의미할 수도 있다는 가능성을 탐구하고자 한다. 실제로, 플라톤주의자들이나 기독교도들 중 어느 한 집단에서 혼종적이라고 규정했던 오리게네스의 특징들은 그가 다른 집단과 공유했던 속성들과 정확히 일치했다. 따라서 코헨의 "괴물" 공식을 개념적 접경지대라는 관념에 관한 유용성 탐구의 진입점으로 사용하고자 하며, 이는 후기 고대시기 "이교도들("그리스 플라톤주의자Hellene Platonists"를 포함한 집단)"과 기독교도들 간에 상호 범주의 성격이 변화하는 것에 대해 연구하는 것을 목표로 한다.[7]

개념적 접경지대는 텍스트에서뿐만 아니라 인간의 몸이나 물리적인 학교나 교회 같은 집단에서도 존재한다. 정부가 집단들을 특정한 지역에 국한시키려고 정치적 분계선을 그었듯이, 사람들은 그렇게 특정 집단에 속하거나 그것에서 배제되는 규칙들을 분명하게 해서 문화적이거나 이념적 분계선을 정한다. 예를 들어, 우리는 "이교도" 플라톤주의자들(또는 "그리스인들", 스스로 그렇게 불렀기에)이 예수를 신의 아들로 인정하지 않았던 반면에 기독교도들은 인정했다고 이야기함으로 문화적 분계선을 확인했다고 생각할 수 있다. 그리고 이 두 집단이 가진 나사렛 예수에 대한 개념으로 나눈 이념적인 구분 선들에 따라 깔끔하게 따로 모일 수 있다고 생각한다.

그러나 물리적 경계선에 익숙한 사람이라면 그러한 선들이 인공적인 칸막이임을 인정할 것이다. 그 경계선들은 늘 그어짐으로써 나뉘게 되는 영역 전반에 걸쳐 살아가던 주민들에게 부과될뿐 아니라, 법적으로 옳든 그르든 간에 이주민들은 정적인 경우가 거의 없고 일상적으로 국경을 넘나든다. 이렇게 뒤죽박죽인 상태가 경찰력을 지닌 근대국가들에 실재한다면, 그 국경은 관세 납부기가 새긴 분계선이라기보다는 담론에 의해 형성된 분계선에 해당된다 하겠다. 다니엘 보야린이 강조했듯, 학자들은 더 이상 종교적인 범주(정교와 이단)가 "본질로 이해되는understood as essences" 집단들을 문제없이 분류해낼 것이라고 생각하지 않는다. 그보다는 그러한 집단들이 시간이 지남에 따라 사람들의 담론을 통해 구성된다고 주장한다. 이 사람들은 자신들이 공통된 정체성을 공유하거나 공유하지 않는다는 것을 인식하기 위한 '진실'이 무엇인가라는 생각에서부터 거리상으로 다양한 위치에 놓인 사람들을 회유하려고 시도한다.[8]

더욱이 개념적 분계는 물리적 경계 보다 사람들을 별개의 상호 배타적인 범주들로 잘라낼 수 없다. 즉, 변경(거리에 따라 영향력이 감소하는 하나의 지배적인 힘을 가정했을 때)이나 접경지(완전한 패권을 주장할 수 없는 경쟁세력들을 가정했을 때)에는 항상 일정 규모의 혼종 인구가 존재할 수 있다.[9] 오리게네스에 대해 특히 더 흥미를 갖게 하는 점은 그가 4세기 말 그리스인들과 기독교도들 사이에 존재했던 하나의 접경지대를 정의해 주는 것으로 보인다는 점이다. 그리고 그 두 집단에 비추어진 그의 괴물 같은 특징이 바로 그의 역할이 접경지대였음을 나타낸다.

개념적 접경지대 모델을 고대 종교 집단에 대한 연구에 적용하는 것은 전혀 새로운 것이 아니다. 왜냐하면, 이미 보야린이 4세기 후반까지도 많은 사람들이 기독교와 유대교 '사이'에 위치한 개념적 공간을 차지하고 있었다고 주장한 바 있기 때문이다.[10] 그러나 이러한 이론적인 틀을 오리게네스의 혼종성과, 그가 세상을 떠난 뒤 이에 대해 특정 기독교도들과 그리스인들이 보인 적대적인 반응을 탐구하는 데 사용한 것은 몇 가지 중요한 결과들을 낳았다. 첫째, 근대적인 범주화 과정과 고대 종교에 대한 논쟁에서 승리한 측이 주장한 이분법들을 경솔하게 답습해 온 경향에 학자들이 관여하도록 만들었다. 오리게네스의 사례는 '기독교', '이교'와 같은 용어들을 근대학자들이 사용할 때 그 용어들에 대한 고대인들의 습관 및 생각과는 정확히 일치하지 않는다는 것을 증명한다.

둘째, 그러한 이분법들을 해체하고, 그 대신 오리게네스 같은 혼종적 인물이 활약했던 개념적 접경지대에 주목하는 것은 후기 고대시기[late an-tiquity]의 종교적인 삶과 관행을 훨씬 더 정밀하게 이해할 수 있게 해준다. 유대인들과 기독교도들에 대한 보야린의 분석을 연관시켜보면, 오리게네스의 경험은 로마 학계의 일부가 다원적이고 보편적인 것에서 정체성들이 점차 양극화되어 가는 방향으로 변모했음을 보여준다. 이러한 과정은 콘스탄티누스 황제(재위 306~337)가 주교들을 자신의 국정 동업자로 삼았을 때, 그들이 지역의 권력 중개인이나 후원자가 되기 위해 다른 도시의 엘리트들과 경쟁하면서 얻은 권력에 기인한 것이었지만, 오리게네스의 경험은 그 과정이 이미 콘스탄티누스가 첫 번째 기독교 황제가 되기 이전부터 시작됐음을 시사한다.[11] 그리고 이전 세대 학자들이 뭐라고 주장해 왔든, 목소리 큰 그리스식 평론들은 후기 로마 플라톤주의가 소멸하지 않았음을 입증한다.[12]

마지막으로, 이 책에서 가장 중요한 것은, 이러한 특정한 개념적 접경지대들을 탐구하기 위해 접경지대 이론을 효율적으로 사용하는 것이 후기 고대시기 사람들의 경험을 다른 시대와 장소에 사는 사람들의 경험과 원활하게 소통할 수 있게 한다는 점이다. 하나의 사례 연구를 어떤 특정 사례로 전환하는 것인데, 이 경우 다원주의가 번성하고 쇠락하는 조건들에 관한 예가 될 것이다.[13] 이 장의 범위를 넘어서는 것이겠지만, 하나의 잠재적인 공동연구 프로젝트로 후기 고대시기의 개념적 종교 접경지대들이 존재하고 축소된 것을 종교개혁기와 그 이후 빠르게 퍼졌다가 사라진 종교적 접경지대들과 비교할 수도 있을 것이다.[14] 이 유사성은 3세기와 16세기의 지적 소요에 관해 무엇을 이야기해 줄 수 있을 것인가? 경험상의 차이들이 (근대 초기와는 다르게 후기 고대시기의 종교적 접경지대들은 줄어들긴 했어도 완전히 사라지진 않았다) 로마제국 후기, 비잔틴제국, 초기 근대국가 간 차이들에 대해 무엇을 보여줄 것인가?[15]

비록 코헨의 생각은 중세문학 연구에서 비롯된 것이지만, 오리게네스가 직면했던 공격들의 형태는 후기 고대시기 종교문화와 '괴물 이론monster theory'의 연관성을 나타내준다.[16] 그럼에도 불구하고, 코헨의 모델은 좀 더 복잡해질 필요가 있는데, 그러한 공격들이 오리게네스가 사망한 지 한 세대 뒤에 매우 신학적인 후기 그리스 플라톤주의와 매우 철학적인 기독교의 대표들로부터 시작되었기 때문이다. 첫째, 이러한 공격들은 **두** 공동체 모두로부터 나온 것인데, 두 집단 모두 그가 '상대편'에게서 너무 많은 것들을 가져왔다는 이유로 괴물 같다고 낙인찍어버렸다. 이것은 오리게네스의 경력이 두 진영 **사이** 접경지대에서 펼쳐졌음을 시사한다. 아마도 그들 사이에 아주 결정적이고 중요한 차이는 없었을 것이지만, 서로 상대방에 맞섬으로써 자신들의 정체성을 형성해 나갔던 것이다.[17] 반대로 코헨이 분석했던 괴물들은 보통 물리적으로 안정된 세계의 가장자리를 차지하고 있어서 아마도 다른 정체성 형성 과정을 거쳤을 것이다.

둘째, 오리게네스의 괴물화가 그의 사후에 일어났다는 점은 그 집단들이 처한 환경이 그의 정체성을 위협적으로 보도록 변화했음을 알려준다. 그가 일반인이 아닌 하나의 괴물이 되었다는 것은 우리로 하여금 양 진영을 양극화한 세력들을 탐구하게 만든다. 이 경우, 두 집단 모두 오리게네스가 '상대편'의 특성들을 찬양했다고 비난했기 때문에, 필자는 이들이 복잡한 정체성 협의 및 확정과 연관된 패권 장악을 위한 투쟁에 깊이 휘말리게 되었다고 주장할 것이다. 요컨대, 초점을 변경을 어슬렁거리는 괴물에서 그 괴물을 상상했던 각 진영에 편성된 공동체로 초점을 넓히는 것은 두 가지 사실을 알려줄 수 있다. 이 공동체들이 직접 경쟁하고 있었던 정도, 그리고 어떻게 집단 정체성들이 접경지대의 집단들과 지역 문화들을 넘나드는 상호 작용망의 긴장이 변화함에 따라 발전했는지를 말이다.[18]

고대 세계의 기독교도들 가운데 알렉산드리아의 오리게네스(184/5~253/4)처럼 교회 내부에서 논쟁적이었던 인물은 드물다. 오리게네스는 최초의 체계적인 신학자이자 가장 유명한 성서 원전 비평가로, 몇몇 기독교계에서 영웅적인 인물로 두각을 나타냈다. 3세기 말, 그는 유대인과 기독교도가 개종하는 것을 제한하려고 했던 세베루스 황가 황제들 치하에서 활발하게 활동했고 여러 순교자들에게 영감을 주었다.[19] 전설에 따르면, 그는 여학생들을 가르친 것으로 구설수에 오르는 것이 두려워 거세했고, 고령기에는 희생제의를 치르기 위한 데키우스 황제의 소환을 거부했으며, 합법적인 박해에 익숙한 이교적인 비판들에 맞서 자신의 신앙을 지켜냈다. 오리게네스는 알렉산드리아 외부에서 가르치거나 설교해선 안 된다는 주교의 명령에 불복했기 때문에 파문당했고, 그의 플라톤주의화한 신학 이론 때문에 죽은 지 40년 뒤 한 번, 403년에 다시, 그리고 6세기 중반에 또다시 괴물 같은 이단자가 되었다.

그러나 오리게네스에 대해 좀 더 면밀하고 체계적으로 들여다보면, 그의 생애에서 예외적인 행적들이 많았지만, 몇몇 행위들은 사후에야 논쟁거리가 됐음이 분명해진다. 오리게네스의 삶과 행적에 대해 가장 자세히 다루고 있는 두 사료는 티레의 포르피리오스Porphyry of Tyre와 카이사레아의 에우세비우스Eusebius of Caesarea가 남긴 것이다. 전자는 3세기 후반 오리게네스의 행위에 가장 분노했던 그리스 플라톤주의자였고 후자는 4세기 말 오리게네스를 지켜내기 위해 노력했던 학자이자 주교였다. 에우세비우스는 기독교도들의 공격과 포르피리오스의 비판으로부터 자신의 지적 스승인 오리게네스를 지켜내려 했다. 두 사료 모두 신뢰할 만한 것들로, 포르피리오스는 잠깐이나마 오리게네스의 제자였기에 스승의 지인들과 친밀했다.[20] 에우세비우스의 경우, 시리아 팔라이스티나Syria Palaestina 속주의 주도인 카이사레아의 학자로 오리게네스의 서고에 출입했었고 그의 신학적 전통을 이어받은 주교 팜필루스Bishop Pamphilus의 제자였다.[21]

포리피리오스와 에우세비우스가 언급한 오리게네스에 대해 좀 더 주의 깊게 살펴보면, 그들이 이야기했던 방식과는 반대로, 그가 매우 놀라운 인물이었음을 파악하게 된다. 오리게네스는 3세기 초 알렉산드리아의 플라톤주의 및 아리스토텔레스 철학을 수학하는 학생들뿐만 아니라 자신이 동류라고 인식하지 못했던 기독교인 교사, 학자, 학생들 사이에서 꽤나 용이하게 움직였다. 젊은 시절 오리게네스는 부친을 여읜 뒤(에우세비우스에 따르면 순교한) 생계유지를 위해 기지를 발휘, 교회에 들어가기 원하는 입문자들을 가르치기 시작했다. 에우세비우스는 오리게네스가 곧 학생들이 묻는 대다수의 질문에 답할 만큼의 필수적인 기량과 지식을 갖추지는 못했다는 걸 깨닫게 되었다고 하였다. 그런 연유로 한 철학교사 밑에서 공부했는데(Eus., HE 6.19.12), 포르피리오스는 그가 암모니우스 사카스Ammonius Saccas였다고 밝혔다.(Porph. ap. Eus., HE 6.19.5) 이 인물은 쓰기보다 가르치는 걸 선호하는 철학자였기 때문에(Long. ap. Porph., Vita Plot. 20) 확실히 알려진 게 거의 없다. 그러나 포르피리오스는 그를 플로티누스Plotinus가 특유의 플라톤주의를 만들게 한 영감이자 원천으로 파악했다.(Vita Plot. 3, 14)[22] 우리는 오리게네스의 다방면에 걸친 철학적 훈련의 영향을 그의 첫 번째 책들 가운데 하나인 『첫 번째 원칙들에 대해On First Principles』에서 쉽게 목격할 수 있다. 이 책에서 그는 알렉산드리아의 스토아학파들 사이에서 인기를 끌던 일종의 은유적인 성서 해석을 적용했을 뿐만 아니라, 암모니우스의 학당에서 밀고 있던 읽기와 해석의 기술들을 차용했고, 플라톤주의 형이상학의 수혜를 받은 기독교 신학 이론을 명확하게 설명하였다.[23] 요컨대, 오리게네스는 암모니우스의 교실에서 발전시킨 성서 해석 도구들을 기독교 성서 해석에 사용했다. 이는 플로티누스가 훗날 플라톤의 가르침을 위해 할 일이었는데, 학생들을 최고의 진리인 신에게로 인도할 수 있는 지적으로 일관된 **최고의 신학 이론**summa theologica을 만들고자 분투하였다.

오리게네스는 자신만의 독특하고도 철학적인 신학 이론을 발전시키고 있던 즈음, 본인이 알렉산드리아의 로마 권력층과 기독교 권력층 모두와 문제가 있다는 사실을 깨달았다. 그러나 그러한 어려움은 바울의 기독교 복음과 서신들을 동시대 플라톤주의자들의 가정 및 방법들과 엮어낸 신학 이론에서 비롯된 것은 아니었다. 오히려 그는 몇몇 학생들에게 유대인들과 기독교도들의 개종을 금지하는 세베루스의 칙령을 거부하도록 부추겼기 때문에 잠시 동안 로마 당국의 수배를 받았다.(Eus., HE 6.3) 그 결과 학생들은 체포되어 순교자가 되었다.(에우세비우스가 말했듯)[24] 그리고 그는 팔라이스티나로 가서 거기서 주교의 허락 없이 서품을 받았기 때문에 알렉산드리아 주교의 끊임없는 반대를 감내해야 했다.(Eus., HE 6.19)

알렉산드리아에서 추방된 오리게네스는 여생을 카이사레아에서 보냈다. 그는 방대한 서고를 카이사레아로 옮겼고 거기서 알렉산드리아 기독교 공동체에 다시 합류하기 위해 여러 운동들을 벌였다. 그중 하나는 로마에 가서 표면적으로는 황실 주교와 상담하면서 실질적으로는 그를 통해 알렉산드리아 주교에게 압력을 넣는 방법이었다. 당시 황제였던 필리푸스와 황후 마르키아 오타킬리아 세베라Marcia Otacilia Severa에게도 호소했다는 증거가 남아 있고 심지어 플로티누스의 학교에 방문하기까지 했다.[25] 오리게네스는 죽을 때까지 본인의 알렉산드리아 교회 복직에 대한 로마와 알렉산드리아 주교들의 반발 외에는 그 어떤 논쟁도 맞닥뜨린 적이 없었던 것 같다. 실제로 그는 때때로 신학상의 논쟁에 초청을 받았던 존경받는 학자이자 신학자였다.[26]

플라톤주의자들은 오리게네스가 예수를 숭배했기 때문이 아니라 최고의 형이상학적 원리(왕, 성부 또는 일자the One)와 두 번째, 세 번째 원리들(Porph., Vita Plot. 3)[27] 간 관계에 대한 견해 때문에, 그리고 호메로스의 작품에 대한 독해(Proclus, In Tim. 20 D Diehl) 때문에 반대론을 펼 정도로 그를 존중해줬다. 오리게네스는 말년에 포르피리오스의 스승이었고,

데키우스 황제가 모든 로마시민권자들에게 이교적 숭배의식 행위를 하도록 강제한 지 얼마 지나지 않아 죽었다. 황제의 본 의도는 제국의 모든 시민들을 향한 것이었지만 역사상 최초로 제국 전체의 기독교도를 대상으로 박해를 했다는 꼬리표를 달게 되었다.[28]

　오리게네스가 학생들에게 황제의 칙령을 거부하도록 부추긴 것이 로마 권력층을 불쾌하게 했음은 명백하지만, 사후에 한참이 지나도록 플라톤주의 동료들의 분노를 불러일으켰다는 증거는 없다. 현전하는 공격들 가운데 최초는 아마도 290년경 포르피리오스의 공격일 것이다.[29] 오리게네스의 혼종성 내지 기독교 성서를 플라톤주의 방법론과 형이상학으로 해석하기로 한 결정은 수십 년 전에 잘 나갔었지만(그리고 그를 따랐던 제자-교사들 여럿에게 동기를 부여할 정도로 인기 있었지만), 사후 40년 뒤에 포르피리오스가 공격하기 이전까지 그 혼종성은 그리스 플라톤주의나 기독교 신학 공동체들 사이에서 그다지 논쟁적인 주제는 아니었다.

　포르피리오스는 한편으로 자신이 오리게네스의 플라톤주의 교육 덕분에 기독교 신학의 어떤 부분을 '바로right'잡게 됐다는 점, 예를 들어 (많은 기독교도들이 믿는 신앙 교리인) 육신의 부활을 부정하는 지점에 대해 칭찬한다.[30] 그러나 다른 한편으로 오리게네스가 그리스식으로 가르쳤음에도 "법을 어긴 채 기독교도처럼 살았다"고 비판했다.(Porph. ap. Eus., HE 6.19.7) 로마식 표현으로 오리게네스를 일종의 신학적 반역자가 되게 함으로써 괴물 같이 만든 것이다.

　포르피리오스의 불평은, 그의 단편적인 글들로 종합해 볼 수 있듯, 오리게네스가 기독교 성서를 해석하려고 플라톤주의의 도구들과 형이상학을 잘못 적용해서 사용했다는 점이었다.[31] 복음서들은 서로 모순된

점이 있기 때문에 예수에 관한 어떤 사실도 진실임을 입증해내지 못했다. 예수에 대해서 말할 수 있는 건 기껏해야 그가 경건한 사람이라는 것 정도였다. 영적 인도자로 보일 순 있으나 숭배의 대상이어서는 안 된다는 것이었다. 게다가 적어도 포르피리오스에게는 바울의 편지들이 그렇게 권위 있게 다가오지 못했는데, 예수의 다른 제자들인 베드로, 야고보와 바울 사이에 깊은 분열이 있다고 확신했기 때문이었다.[32] 포르피리오스의 관점에서 보면, 오리게네스는 이 텍스트들에 철학적인 허울과 권위를 부여함으로써 자신의 추종자들이 한 인간을 숭배하도록, 의식적으로 오염되도록 부추긴 것이었다. 포르피리오스는 지식인들이 진정한 철학(이를테면 플라톤주의)에서 멀어짐에 따라 그들을 존경했던 일반 시민들마저 진정한 의식(이를테면 로마 인민들이 따르던 전통의례)에서 멀어지게 될 것이 위험하다고 보았다. 포르피리오스가 보기에 플라톤주의는 단순히 신도들을 신께 인도하는 사고체계가 아니라 정의를 튼튼하게 뒷받침하는 것이었다. 실제로 이런 형이상학을 통해 신을 알고 있는 철학자의 안내를 받아야만, 황제들은 신성한 법에 따라 공정하게 통치하기를 바랄 수 있게 되는 것이었다. 게다가 로마제국의 도시들에 존재하는 많은 오염된 사람들이 제국을 위험에 빠뜨리고 있었다.[33]

무엇이 포르피리오스로 하여금 기독교도들을 공격하게 만들었을까? 필자는 다른 곳에서 290년대에 포르피리오스가 자신의 멘토인 플로티누스가 육성했던 암모니우스 학파가 위기에 처했음을 인지하고 이에 대응한 것이라고 주장한 바 있다. 포르피리오스가 쓴 『플로티누스의 삶 *Life of Plotinus*』(2장)은 270년에 플로티누스가 죽고 나서 그의 추종자들이 모두 흩어졌다고 분명하게 전한다. 10년이 지난 어느 시점에 철학자 이암블리쿠스Iamblichus는 포르피리오스 본인으로부터 플로티누스의 가르침을 전해 받고자 서쪽으로 여행했다.[34] 이암블리쿠스는 이미 기독교 주교인 라오디카이아의 아나톨리우스Anatolius of Laodicaea에게서 피타고라스주의와 아리스토텔레스의 철학을 배운 터였는데 고국인 시리아(정확히는 안티오키아 근교의 다프네Daphne)에 돌아와 자신의 학파를 세웠다. 이암블리쿠스는 플로티누스에 심취한 동안에 포르피리오스의 입장과는 전혀 다른 철학의 한 형태를 가르치기 시작했을 뿐 아니라, 자신과 함께 공부할 적어도 한 명의 학생을 다프네로 끌어들였다(그래서 그 갈등은 개인적이며 동시에 전문적인 것이었다). 공교롭게도 포르피리오스가 이암블리쿠스의 가르침과 겪게 될 갈등의 핵심은 그가 오리게네스의 후계자들이 쓴 저술에서 발견한 잘못된 주제들과 매우 유사한 것이었다. 두 경우의 가르침들 모두, 포르피리오스가 그들이 텍스트를 성서로 잘못 독해했다고 봤던 것에 기초한 것이었다. 오리게네스의 경우는 물론, 복음에 등장하는 사건들을 예언하고 해설하기 위해 히브리 성서(구약)를 사용하는 식이었다.

이암블리쿠스의 경우, 신성한 점술에 근거한 진술 모음집인 『칼데아 신탁Chaldaean Oracles』에 의지했는데, 신자들이 신과 접촉하게 해준다고 믿는 의례적 영감의 한 형태였다. 이암블리쿠스와 오리게네스 둘 다 후기 플라톤 철학을 자신들의 신학 이론을 위한 형이상학적 기초로 삼았지만, 추종자들에게 혼이 신께 오르기 위해서는 물질과 관련된 의식들이 필요하다고 가르쳤다. 이암블리쿠스에게 그 물질은 희생제물(일정한 동물제물)이었고, 오리게네스에게는 물론 성찬식Eucharist이었다.

두 집단 모두 그들의 가르침이 보편적이라고 가르쳤다. 평범한 도시 거주자에서 학식 있는 철학자에 이르기까지 모든 사람들의 영혼이 신성한 근원으로 올라갈 수 있다고 설파한 것이다. 왜냐하면 포르피리오스는 자신이 플로티누스의 역할을 계승했다고 여겼고, 플로티누스의 가르침과 마찬가지로 이 모든 학파들이 그 뿌리를 알렉산드리아의 암모니우스의 가르침에 두고 있었기 때문이었다. 그리고 마지막으로, 포르피리오스는 이러한 가르침들이 지적으로 잘못되었을 뿐만 아니라 제국을 오염시키고 위태롭게 한다고 믿었기 때문에, 이암블리쿠스주의와 기독교에서는 보편적인 방식으로 보이는 어떠한 형태의 체계도 반대했다.[35]

포르피리오스의 관심은 단순히 암모니우스-플로티누스 플라톤주의 전통을 온전하게 보존하는 데 있었을지도 모르겠으나, 보다 열성적인 플라톤주의자들은 오리게네스에 반대하는 그의 글들을 기독교에 반대하는 선전 운동을 부추기기 위한 좋은 소재로 사용했다. 이를테면 갈리에누스 황제(268년 사망) 치세 이래 기독교도들이 누려오던 사실상의 관용을 침해했고, 303~311년의 기독교 대박해로 절정에 이르렀던 것이다.[36]

포르피리오스의 오리게네스에 대한 공격은 정교한 알렉산드리아 철학교육을 받지 않은 기독교도들의 관심을 끌었다. 그들은 특히 점차적으로 커지는 박해 요구에 대한 압박으로 그의 플라톤주의 신학 이론을 배우는 것에 아연실색했다. 그들의 반응이 가져온 결과는 소아시아(오늘날의 터키) 남서부 출신의 기독교 교사인 올림푸스의 메토디우스Methodius of Olympus(300년경 활약)가 쓴 저술에서 쉽게 찾아볼 수 있다. 그의 작품 역시 오리게네스에게서 많은 영향을 받았다. 메토디우스는 초기 작품인 『심포지움Symposium』에서 주변을 전혀 의식하지 않고 오리게네스의 성서 해석 기술과 형이상학을 활용했다. 그러나 후기 작품에서는 플라톤주의 철학과 가장 밀접하게 연관된 오리게네스의 교리들과는 조심스럽게 거리를 두었다. 예를 들어 오리게네스는 (포르피리오스처럼) 육신의 부활을 거부했다. 메토디우스는 『심포지움』에서 이 관점을 공유했으나 후기 작품인 『아글라오폰Aglaophon』이나 『부활에 관하여On the Resurrection』에서는 이전의 입장을 거부했다. 후기 저술들에서 메토디우스는 자신이 이전에 내세웠던 입장들 때문에 공격받았다고 솔직하게 털어놓는다.[37] 메토디우스의 오리게네스주의가 의도치 않은 관심을 끌었다는 점은 팜필루스와 에우세비우스가 동시에 쓴 『오리게네스에 대한 변론Defense of Origen』에서 분명하게 드러난다.[38]

우리는 에우세비우스가 자신의 지적 스승인 오리게네스의 철학적 권위 및 자격을 되찾기 위해 갖은 노력을 기울일 때, 그가 알렉산드리아 기독교 공동체의 생활 및 규범에 대한 자신의 확고한 헌신과 적극적인 참여를 선언하는 동시에 오리게네스에 대한 기독교도들의 공격이 갖는 '괴물' 같거나 혼종적인 성격 또한 엿볼 수 있다. 에우세비우스가 저술하고 있던 대박해Great Persecution의 시기에 독자들에게 중요할 수 있었던 순교 행위(HE 6.20f)를 진지하지 않게 고려하기까지 했다.

306년에 처음 출판된 에우세비우스의 『교회사Ecclesiastical History』에는 에우세비우스와 포르피리오스 사이에 오고 간 격론이 남아 있는데, 이를 통해 근대학자들은 오리게네스에 대해 알 수 있었다.[39] 오리게네스주의와 이암블리쿠스주의를 반박한 포르피리오스의 논문들은 단편적이고, 오리게네스의 저술들은 여러 번 비난받았기 때문에 (그래서 살아남은 부분은 심하게 수정되거나 삭제되었다) 에우세비우스의 글은 우리에게 있어 오리게네스에 대해 알려주는 중요한 사료이다.[40] 따라서 오리게네스의 성격에 대한 포르피리오스와 에우세비우스의 논쟁은 그에 대한 후대의 평판과 양극화, 그리고 한 지적 공동체를 다른 공동체로부터 분리했던 사건들보다는 알 수 있는 것이 적다. 근대 학자들, 특히 18세기 이래 학계에서 우위를 점하게 된 초기 교회의 프로테스탄트화된 관점을 비판 없이 받아들인 이들도 오리게네스를 일종의 괴물 같은 인물로 보았는데, 이들이 어떻게 순수한 초기 교회를 그리스 철학과 결합함으로써 '이교주의'로 타락시키는 것을 오리게네스와 연루시켰는지 쉽게 알 수 있다.[41] 실제로 대부분의 근대 학자들은 탁월한 플라톤주의자이자 평생에 걸쳐 그리스인들과 지적인 관계를 맺어온 기독교 신학자를 상상할 수 없었다.

그 결과 학자들은 꽤 오랫동안 오리게네스를 두 명의 "더 순수한" 인물들로 나누게 되었는데, 바로 "이교도"인 플라톤주의자 오리게네스와 "기독교도"인 알렉산드리아의 오리게네스였다(같은 시기 같은 장소에서 동시에 잘나갔고 같은 사람들을 알고 있었던 인물들이었다).[42] 실제로 근대의 교회 사가들은 무엇이 기독교도이고 무엇이 "이교도"인지(에우세비우스의 수사학이 거둔 승리에 힘입은 바가 큰) 분명한 생각을 가지고 그것들을 분류하려는 19세기적 충동에 사로잡혀 있었기 때문에 포르피리오스와 에우세비우스가 그랬던 것처럼 자주 혼종성에 대해 자주 불편하게 생각했다. 따라서 3세기에 혼종성이 번성할 수 있었던 개념적 접경지로 보이는 오리게네스의 '괴물성monstrosity'은 그를 관통하는 선을 그음으로써 무력화되었다.

실수로 오리게네스를 두 명의 서로 다른 인물(플라톤주의자와 기독교도)로 나눈 것처럼 이교도와 기독교라는 이분법적인 집단들 내에서의 민음은, 오랫동안 실제 혼종적인 오리게네스의 역할이 후기 플라톤주의 공동체 내에서 제대로 이해되지 못해 왔다는 것을 의미하였다. 이 책의 한 장에서 앤 마리 플란Ann Marie Plane이 서술하였듯이, 오리게네스를 이분화하는 경향은 식민화 과정에서 이뤄지는 폭력의 이동을 반영하는 것이기도 하다.

교회사가들은 "이교도", 특히 포르피리오스가 오리게네스더러 괴물monstrum 같다고 공격했던 것을 어느 정도 알고 있었지만, 그들은 대부분 그 공격을 기독교 일반에 대한 것으로 보았다. 포르피리오스의 비판들은 다신교도들이 기독교도들을 향해 말했을 법한 것들로 쉽게 분류된다. 특히 기독교가 공식적으로 용인되고(311년) 종교적으로 동등하게 인정받아(312년) 마침내 법적으로 로마제국의 유일한 종교가 되기(392년) 전까진 말이다. 그럼에도 포르피리오스의 비판들은 심각하게 받아들여졌는데, 이는 그가 자신과 자기 학파를 문화적인 중심에 위치시키려 노력한 것만을 의미하지는 않는다. 그 비판들은 그가 플라톤주의 형이상학과 성서 해석 전략의 핵심적인 측면들을 기독교 성서들을 해석하는 데 적용시키려고 도용한 바 있었던 오리게네스와 신학자들의 많은 후계자들을 하찮은 존재들로 전락시키려 하고 있었다는 것 또한 보여준다. 따라서 포르피리오스의 비판은 기독교도들과 그리스인들이 배우고, 말하고자 했고 서로 영향을 주려했던 초창기(누가 어디로 분류됐는지에 관해 지나치게 걱정하지 않았던), 즉 오리게네스 생전의 상황들에 대해 알 수 있게 해준다. 그리고 이 비판은 그의 혼종성이 3세기 말 무렵 얼마나 큰 위협이 되었는지 보여준다. 아마도 이런 혼종적 기독교도들이 학교들을 운영하고 문화 엘리트의 일부가 되는 데 성공을 거뒀기 때문일 것이다. 다시 말해, 포르피리오스가 이 괴물들을 "정착된"

상태에서 멀리 떨어뜨리려고 했다는 점은 갈수록 자기 학파의 지위와 영향력이 그러한 괴물들에 의해 침해당하고 있다는 걸 느끼고 있었다는 걸 시사한다.

그러나 기독교도 측에서 오리게네스를 괴물처럼 본 것으로 인해 또 다른 요소가 이 분석에 포함되었다. 코헨이 분석한 중세 유럽인들은 중심보다 정치력과 군사력이 덜 강하게 느껴지는 지역인 변경지대에 괴물들을 위치시키는 걸 좋아했는데, 오리게네스의 괴물 같은 성격은 두 체제 사이의 접경지대, 즉 지배적인 세력이 **없는** 지역에 자신을 위치시킨 것처럼 보였다. 그러나 최근까지도 고대사 연구자들은 오리게네스의 이중적인 괴물성을 탐구할 수 있는 이론적인 틀을 가지고 있지 않았다. 비록 변증법적으로 구성된 '이단heresy'의 성격이 이제 초기 기독교 연구에서 널리 알려지게 되었고 포르피리오스 본인의 혼종성도 최근에 성공적으로 탐구되었음에도, 이러한 상황은 사실이다.[43]

이 책의 그렉 피셔가 「후기 고대의 아랍인과 베르베르인Arabs and Berbers in Late Antiquity」에서 주장한 것처럼, 필자의 주장은 미국 남서부에서 발트해 지역에 이르는 근대 접경지대의 변화하는 권력 관계와 정체성 정치학을 설명하는 데 갈수록 많이 사용되고 있는 이론적 모델들이 고대 제국의 변두리에 살고 있던 사람들에게 적용할 때에도 동일하게 매우 유용한 도구들이라는 것이다. 그러나 필자는 그곳에 살고 있는 사람들의 정체성과 접경지대의 영역에 집중하는 대신, 이러한 이론들을 개념적 접경지에도 동일하게 적용할 수 있다고 주장했다. 오리게네스의 경우, 플라톤주의 형이상학과 성서 해석 방법론에 대한 활력, **그리고** 기독교 신학 이론에 대한 열의 모두를 대표했기 때문에 괴물처럼 보였고 4세기 말에는 어느 한 편이 다른 한 편을 포괄할 수 없었다. 그 세기가 끝날 무렵 기독교 주교들은 기독교 황제들의 지원을 받아 다루기 힘든 신학자들을 길들였고 그들의 플라톤주의 해석학을 자신들의 목적을 위해 전용했다.[44] 실제로 330년대에 주교가 될 에우세비우스는 바로 그러한 결과의 전조였다.

따라서 이교적인 기독교 신학자였던 오리게네스와 같은 사람들을 연구하기 위해 '접경지적 접근 borderlands approach'을 차용하는 것에는 분명한 이점이 있다. 우리가 이전 근대학자들이 저지른 오랜 범주화의 오류를 파악하고 고대 지중해의 종교적인 지형에 대한 보다 면밀한 시야를 가지도록 도와줄 수 있다. 또한, 오리게네스의 삶은 일종의 지적 황무지를 점유했던 한 젊은이에 대한 사례 연구이다. 그는 알렉산드리아 플라톤주의 교사의 철학 속에 몸담고 자신이 배운 것을 적용하여 기독교 성경 속의 미결 문제들에 답하기 위해 헌신한 인물이었다. 3세기 전반, 제국이 황위 찬탈, 역병, 외침 등으로 분열되는 시기에, 오리게네스는 주교의 허락 없이 서품되었다는 이유로 파문당했음에도 불구하고 신학적인 논쟁을 피할 수 있었다.

3세기 후반 오리게네스의 가르침이 수용된 것은 또 다른 사례 연구라고 할 수 있다. 새롭게 활력을 얻은 플라톤주의와 점점 더 교양과 매력을 갖추었던 기독교 사이의 패권 다툼을 그리며, 최상위 계층에서 양쪽 모두를 지지하는 사람들을 점점 더 많이 볼 수 있게 된다.[45] 따라서 우리는 적어도 후기 고대시기에 있어서 다원주의가 번성할 때의 사례와 흔들릴 때의 한 사례를 가진 것이다. 그러나 이러한 역사적 질문을 이 특정한 이론적 구조 내에 위치시키는 것의 진정한 가치는, 이제는 이런 사례 연구들이 더욱 폭넓은 역사적 과정들을 대표하고 있는지 어렵지 않게 질문할 수 있다는 것에 있다. 다시 말해, 이론적 구조가 이 같은 과정들이 비교된다는 것을 증명해 준다면, 비교사적인 작업이 더욱 수월해질 것이다. 예를 들면, 이제 3세기를 유럽의 종교개혁 시기와 비교할 수도 있다. 두 시기 모두 종교적인 순수성을 갖고 다투던 시기이자 동시에 전환기였기 때문이다.

필자는 미하엘 노스Michael North와 존 리John Lee의 도움과 인내심에 매우 감사한다. 그들이 없었다면 이 글은 결코 존재하지 못했을 것이다. 캘리포니아대학교 고대 접경지대 멀티캠퍼스 연구단UC Ancient Borderlands Multicampus Research Group의 고고학자 친구들에게도 신세를 졌다. 그들은 개념적 접경지대에 대해 보다 깊이 생각할 수 있도록 용기를 북돋아 주었다.

주석

1 필자는 "그리스 플라톤주의자(Hellene Platonist)"라는 용어를 이 학파에 속했으되 예수를 숭배하지 않는 철학자들을 가리키기 위해 사용했다. 그 이유에 대해서는 이후 서술할 것이다.

2 이러한 연관성을 주목한 것은 저자가 처음이 아니다. Cf. Ilaria L. E. Ramelli, "Origen, Patristic Philosophy, and Christian Platonism : Re-thinking the Christianisation of Hellenism", *Vigiliae Christianae* 63, 2009, p.227.

3 Jeffrey Jerome Cohen, "Monster Culture(Seven Theses)", Jeffrey Jerome Cohen, ed., *Monster Theory : Reading Culture*, Minneapolis : University of Minnesota Press, 1996, pp.3~25.

4 James F. Brooks, *Captives and Cousins : Slavery, Kinship, and Community in the Southwest Borderlands*, Chapel Hill : University of North Carolina Press, 2002, pp.36~55.

5 John W. I. Lee and Michael North, 이 책의 서론 3쪽을 보라.

6 Lee and North, 이 책의 서론을 보라.

7 여기서 "이교도"라 함은 물론 예수를 숭배하지 않거나 유대인이 아닌 사람을 뜻한다. 그러나 매우 문제가 있는 용어로, 여기서는 시대착오적이고 부적절하기도 하다. 4세기 말 아우구스티누스가 처음 사용했을 때에는 기독교도가 되길 거부하는 사람들에 대한 욕(라틴어 paganus는 '촌놈'이라는 뜻이다)이었다. 여기선 부당하게도 다신교도란 의미를 포함하게 되었다. 게다가 우리가 사람들을 깔끔하고 상호 배타적인 범주들인 기독교도와 '이교도'로 분류할 수 있다는 것은 혼종을 허용하지 않겠다는 걸 의미한다. 예를 들어, 주요 사료 가운데 하나인 포르피리오스는 예수를 일종의 영적인 인도자로 인식했기 때문에 그 용어 자체가 특히 더 문제적일 수 있다. 그럼에도 불구하고, 필자는 여기서 '이교도'라는 용어를 일종의 약칭으로 사용해서 필자의 입장을 분명하게 유지할 것이다.

8 Daniel Boyarin, "Hybridity and Heresy : Apartheid Comparative Religion in Late Antiquity", Ania Loomba et al. ed., *Postcolonial Studies and Beyond*, Durham : Duke University Press, 2005, 340f.

9 Richard Rothaus, "Christianization and De-paganization : The Late Antique Creation of a Conceptual Frontier", Ralph W. Mathisen and Hagith S. Sivan ed., *Shifting Frontiers in Late Antiquity*, Aldershot : Variorum, 1996, pp.299~308, 특히 pp.302~305.

10 Daniel Boyarin, *Border Lines : The Partition of Judeo-Christianity*, Philadelphia : University of Pennsylvania Press, 2004.

11 이 문제에 대한 통찰력 있는 논의에 관해서는 H. A. Drake, "Lambs into Lions : Explaining Early Christian Intolerance"(*Past and Present* 153, 1996, pp.3~36)을 보라. Peter Brown, *Power and Persuasion in Late Antiquity : Towards a Christian Empire*(Madison : University of Wisconsin Press, 1992)도 보라.

12 많은 예들 가운데 하나로 E. R. Dodds, *Pagan and Christian in an Age of Anxiety : Some*

Aspects of Religious Experience from Marcus Aurelius to Constantine (Cambridge : Cambridge University Press, 1965)을 보라.

13 Charles C. Ragin and Howard Saul Becker, *What Is a Case? Exploring the Foundations of Social Inquiry,* Cambridge : Cambridge University Press, 1992.

14 Lee and North, 이 책의 서론.

15 적어도 그리스인들의 경우, 아테네에 6세기까지 플라톤주의자들의 학당이 남아 있었다 (Agath., *HE* 2.30〜31). 그리고 상당수의 사람들이 (이를테면 요하네스 필로포누스 John Philoponus) 자신들의 핵심 정체성이 기독교도인지 그리스인인지 확실하게 정의하기 어려운 처지였다.

16 Jeffrey Jerome Cohen, "Midcolonial", Jeffrey Jerome Cohen ed., *The Postcolonial Middle Ages*, New York : Palgrave, 2001, pp.1〜18도 보라.

17 따라서 프레드릭 바스(Fredrik Barth)의 주장을 입증하는 것은 각 집단을 "정의하는" 표현 어휘들의 목록이 아니라 분계선들을 창조하는 상호 작용의 과정인 것이다. Fredrik Barth, *Ethnic Groups and Boundaries : The Social Organization of Culture Difference*, Fredrik Barth ed., Boston : Little Brown, 1969)의 서론을 보라.

18 필자는 몇몇 언어를 Brooks, *Captives and Cousins*, pp.30〜37에서 빌려왔다.

19 Eusebius, *Historia Ecclesiastica* 6.2.2, p.12; Scriptores Historiae Augustae, *Vita Severi.* 17.1.

20 예를 들어, 포르피리오스가 나중에 모신 스승들인 아테네의 철학자 롱기누스(Longinus)와 후기 로마 플라톤주의자 플로티누스(Plotinus) 둘 다 알렉산드리아에서 암모니우스 사카스(Ammonius Saccas)의 학생으로 지낼 때부터 오리게네스를 알고 있었다. Porphyry, *Life of Plotinus*, 20을 보라.

21 팜필루스가 오리게네스와 직접적으로 공부한 적은 없으나, 그의 스승인 알렉산드리아 출신 학자 피에리우스(Pierius)가 "소 오리게네스(Origen Junior)"로 불렸다. 히에로니무스의 짧은 전기인 Jerome, *On Famous Men* 76을 보라.

22 Elizabeth DePalma Digeser, *A Threat to Public Piety : Christians, Platonists, and the Great Persecution*, Ithaca : Cornell, 2012, pp.25〜72. 플로티누스는 흔히 "신플라톤주의의 아버지"로 일컬어진다. 그러나 포르피리오스가 스승의 사고방식과 계통에 대해 옳게 봤다면 그러한 호칭을 일축해버렸을 것이다. 왜냐면 플로티누스의 철학은 암모니우스도 수용한 전제에 기초했기 때문이다. 그의 학파는 플라톤을 주의 깊게 읽고 그 텍스트들이 정확한지 확인함으로써 마침내 플라톤이 옳다는 것을 받아들였다. 또한 플라톤이 피타고라스의 사고와 아리스토텔레스의 사고를 연결한다고 믿었고 적절하게 읽었으며 이전 스승의 가르침에 대한 통찰을 주었다.

23 Digeser, *A Threat*, pp.54〜62.

24 *Prosopographia Imperii Romani* 1 S 681; T. D. Barnes, "Origen, Aquila, and Eusebius", *Harvard Studies in Classical Philology* 74, 1970, p.314.

25 Digeser, *A Threat*, pp.67〜69 · 75.

26 Digeser, *A Threat*, pp.67〜71; Gregory Thaumaturgos, *Oration*. Henri Crouzel의 프랑스어 번역본(Paris : Ed. du Cerf, 1969)을 보라.

27 Denis O'Brien, "Origène et Plotin sur le roi de l'univers", Marie-Odiel Goulet-Cazé, Goulven Madec, and Denis O'Brien ed., *Chercheurs de sagesse : Hommage à Jean Pépin*, (Paris

: Institut d'études augustiniennes, 1992, pp.317~342.

28 James B. Rives, "The Decree of Decius and the Religion of Empire", *Journal of Roman Studies* 89, 1999, pp.135~154. 오리게네스는 데키우스 황제의 법령 때문에 죽은 것은 아니지만, 황제가 사망한지 얼마 되지 않아 사망했다. Thomas Böhm, "Origenes, Theologe und (Neu-)Platoniker? Oder : Wem soll man misstrauen, Eusebius oder Porphyrius?" *Adamantius* 8, 2002, pp.7~23.

29 Digeser, *A Threat*, p.168.

30 증거는 메토디우스(Methodius of Olympus)의 『아글라오폰(*Aglaophon*)』에 있다.

31 콘스탄티누스 황제는 325년 이전 언젠가 포르피리오스가 "기독교도들을 반대하며" 쓴 저술들을 모두 태워버리라고 명령한 바 있다(Socrates, *Historia Ecclesiastica* 1.9). 그게 포르피리오스에 맞서 쓰인 기독교도 측 논문들에 인용된 그의 저술들이 대개 단편적으로만 전해지게 된 이유이다. Digeser, *A Threat*, pp.9~11 · 165~171을 보라.

32 Elizabeth DePalma Digeser, "Porphyry, Julian, or Hierokles? The Anonymous Hellene in Makarios Magnes' *Apokritikos*", *Journal of Theological Studies*, n.s., 53, 2002, pp.478~485.

33 Digeser, *A Threat*, pp.146~163 · 173~188.

34 Eunapius, *Vitae Sophistarum* s.v. "Iamblichos".

35 필자는 이 주장에 대한 근거를 다음의 논문에서 설명했다. "The Power of Religious Rituals : A Philosophical Quarrel on the Eve of the Great Persecution", N. Lenski and A. Cain ed., *The Power of Religion in Late Antiquity*, Aldershot : Ashgate, 2010, pp.81~92; Digeser, *A Threat*, pp.98~127.

36 Digeser, *A Threat*, pp.164~191; W. H. C. Frend, "Prelude to the Great Persecution : The Propaganda War", *Journal of Ecclesiastical History* 38, 1987, pp.1~18을 보라.

37 Elizabeth DePalma Digeser, "Methodius and Porphyry", *Studia Patristica* 46, 2010, pp.21~26; Digeser, *A Threat*, pp.128~163.

38 Digeser, *A Threat*, pp.130~131.

39 R. W. Burgess, "The Dates and Editions of Eusebius' *Chronici canones and Historia ecclesiastica*", *Journal of Theological Studies* 48, 1997, pp.471~504.

40 필사본에 특히 심각한 문제가 있다.

41 Jonathan Z. Smith, *Divine Drudgery : On the Comparison of Early Christianities and the Religions of Late Antiquity*, Chicago : University of Chicago Press, 1994. 한 예로 Edwin Hatch, *The Influence of Greek Ideas and Usages upon the Christian Church*, London : Williams and Norgate, 1907, pp.74~79를 보라.

42 E.g., R. Goulet, "Porphyre, Ammonius, les deux Origène et les autres", *Revue d'histoire et de philosophie religieuses* 57, 1977, pp.471~496. 그러나 Elizabeth DePalma Digeser, "Origen on the *Limes* : Rhetoric and the Polarization of Identity in the Late Third Century", R. M. Frakes, Elizabeth DePalma Digeser, and Justin Stephens ed., *The Rhetoric of power in Late Antiquity in Byzantium, Europe and the Early Islamic World*, London : I.B. Tauris, 2010; Ramelli, "Origen"; and Böhm, "Origenes".

43 Jeremy Schott, *Christianity, Empire, and the Making of Religion in Late Antiquity*, Philadelphia : University of Pennsylvania Press, 2008; Gillian Clark, "Translate into Greek

: Porphyry of Tyre on the New Barbarians", Richard Miles ed., *Constructing Identities in Late Antiquity*, London : Routledge, 1999, pp.112~132.

44 Susanna Elm, *Sons of Hellenism, Fathers of the Church : Emperor Julian, Gregory of Nazianzus, and the Vision of Rome*, Berkeley : University of California Press, 2012를 보라.

45 락탄티우스(Lactantius)의 『박해자들의 죽음(*On the Deaths of the Persecutors*)』 10-20, 그리고 『기독교 신학 강요(*Divine Institutes*)』 5.2는 디오클레티아누스 황제의 궁정에 놓인 희생제물 앞에서 십자가를 짊어졌던 기독교 성직자들(299년경)과 그 궁정에서 기독교 관련 주제로 연설했던 한 플라톤주의 철학자(303년경) 모두를 묘사한다.

제2장

후기 고대시기 접경지대에서 나타난 권력의 구조

아랍인, 로마인, 베르베르인

그렉 피셔(Greg Fisher) · 알렉산더 드로스트(Alexander Drost)

이번 장에서는 후기 고대시기 북아프리카와 근동지역의 아랍계 엘리트층과 베르베르계('무어인Moors' 또는 '마우리인Mauri') 엘리트층의 정치권력 구축 과정을 이 두 지역에 대한 로마 지배의 유산과 연관지어 비교 및 대조한다.[1] 이 두 집단은 고대 세계에서 아주 드물게 거론됐지만 상당수 유사성이 있기에 비교해봄 직하다.[2] 다른 비로마인 작가들이나 후대의 아랍계 무슬림 작가들도 마찬가지였다.[3] 최근에서야 포스트식민주의 학계에서의 사상적인 관심 때문에, 또는 그 결과물로서 베르베르인[4]과 아랍인[5]에 대한 더 세밀한 묘사가 기존 연구 성과들을 바탕으로 하면서도, 벗어나기도 하면서 이뤄졌다. 정착 아니면 유목이라는 식의 이분법으로 아랍인과 베르베르인을 이해해온 문제에 대한 재평가들도 이 두 집단들을 더 세밀하게 조사하기 위한 기반을 마련하는 데 도움을 주었다.[6] 마지막으로, 대부분의 북아프리카와 근동지역 대부분은 고고학 작업을 방해하고 있는 비슷비슷한 안보 문제들을 계속해서 겪고 있다. 연관된 문제로 두 지역 모두에서 현대적인 조사를 계속해서 방해하는 이념적 압박이 여전히 존재한다.[7]

여기에 소개된 비교연구는 북아프리카에서 로마 세력과 베르베르계 엘리트층 사이에 존재했던 모호한 관계에 대해 최근에 이뤄진 더 세밀한 분석에 기초했고, 후기 고대시기 로마인과 아랍인의 관계에 대한 최근의 연구에 비추어 그들을 평가한 것이다. 모데란Yves Modéran은 베르베르인을 '세 가지 범주three circles'로 특성화했다. 각각 로마 관할 내부, 가장자리, 외부에 살면서 그 지역의 로마 세력과 서로 다른 이해관계를 맺고 있던 사람들이었다. 이 분류는 아랍인들이 로마의 근동지역으로 통합되어가는 과정에서 나타난 서로 다른 층위와도 유사했다. 하트라Hatra 같은 도시에 거주하는 아랍계 인구가 있었던 반면, 아예 제국의 통제권 바깥에서 살던 사람들도 있었고, 로마 세력권의 끝인 변경을 넘나드는 지역에 살던 사람들도 있었다. 이 '두 번째 범주second circle'에 해당하는 북아프리카와 근동지역의 변경 공간은 특정한 지리적 유사성을 갖는다. 두 지역에서 '두 번째 범주'를 향해 뻗어가던 로마의 팽창은 산, 사막, 초원지역 등에 이르러 주춤하게 되는데, 그 지역 너머에 살고 있는 주민들과의 관계는 강압적인 위협이 뒷받침된 외교를 통해 유지되었다.[8] 시리아 사막, 아라비아 히자즈Hijāz의 '팜 그로브즈Palm Groves(야자 숲)', 알제리아 일부 지역 모두 이론상으로는 로마의 세력이 도달하는 범위 내에 있었지만, 전적으로 또는 일관되게 제국의 공식적이고도 직접적인 통제하에 있던 건 아니었다. '두 번째 범주'에서 아랍인과 베르베르인은 로마 세력의 어휘들을 기존의 정치 구조에 결합시키면서 자신들의 정치, 문화, 종교적 정체성을 흥정했다. 이 '두 번째 범주'가 이번 장의 초점이라 하겠다. 넓은 의미로 접경지대borderlands, 일관된 지배력을 발휘하는 특정 정치체가 없는 사잇공간interstitial spaces, 일시적이고 협상 가능한 정체성들이 존재하는 공간 등을 가리킨다.[9]

이 사례 연구에 제시된 접경지대는 다면적인 성격을 갖고 있다. 이 책의 여러 장들에서 논의된 것처럼 하나의 물리적 변경이면서, 어떤 면에서는 엘리자베스 드팔마 디지저가 탐구한 것과 유사한 하나의 개념적 변경이기도 하다. 또는 (이 책의 다른 필자들이 검토한 것처럼) 서로 다른 '유형'의 기독교적 신앙 고백이 상호 작용하는 하나의 종교적 접경지대이기도 하다. 상호 작용과 상호관계는 다차원의 공간을 만들어낸다.[10] 이러한 이해는 리차드 화이트Richard White의 "중간지대middle ground"와 비슷한 아이디어인 "사이에 위치한 장소places in between"에서 일어나는 일들에 중심을 제공한다. 또한 로마와 베르베르인 사이에 교섭이 이뤄진 접경지는 도린 마씨Doreen Massey의 "위치해 있는 지식situated knowledge" 또는 오스카 마르티네즈Oscar Martinez의 "장소에 기반한 지식place-based knowledge"에 의지하고 있다. 로마와 베르베르(그리고 로마와 아랍)의 접경지대는 문화적·종교적 정체성들이 계속해서 교섭을 거듭하면서 끊임없이 변화했다. 이러한 맥락에서 글로리아 안잘두아가 발전시킨 접경지대 개념이 특히 유용하다는 것이 입증되었다. 이것은 미하엘 노스와 존 W. I. 리가 이 책의 서론에서 강조했듯이 문화적 접촉을 강조한다. 이러한 관점에서, "중간지대"는 문화적 접촉 공간에 한정된 것이 아니라, 행위자들이 의도적으로 상호 작용해서 공통의 장을 형성하는 하나의 공간을 아우르는 것으로 이해되어야 한다. 후기 고대시기에 로마인과 베르베르인들이 착수했던 국가 형성 과정은 협조와 소통을 통한 공통성의 창조를 반영한다. 적어도 북아프리카에서는 이러한 과정이 미하엘 노스와 존 W. I. 리가 지적한 것처럼 현대 유럽의 접경지대 학계에서 강조해온 "다시 경계짓기re-bordering"를 암시한다는 것 또한 흥미롭다. 알렉산드리아, 카르타고 같은 로마의 해안 도시들이 지닌 탁월함은 결국 내륙의 카이로, 콰이라완Qayrawān을 바라봤던 이슬람화한 북아프리카에 자리를 내주었다. 중세 초기 북아프리카의 지리적, 종교적 경계들을 다시 그리게 한 '내륙 이동'은 이 장에서 검토하게 될 접경지대의 역학관계에 따른 결과물로, 무슬림들의 침입 이전부터 순조롭게 진행되고 있었다. 이 장은 알타바Altava, 티아렛Tiaret, 아우레스Aurès 같은 내륙의 장소들에 다시 한번 주의를 집중시킨다. '다시 경계 짓기'는 서유럽의 로마인들과 게르만인들 사이에서 수세기에 걸쳐 진행된 상호 작용의 결과이고, 필자는 북아프리카와 근동지역에 대한 사례 연구들을 보다 넓은 유럽이라는 맥락 내에 위치시킴으로써 이번 장을 마무리할 것이다.

화이트의 "중간지대"가 단지 문화들이 만나는 장소에만 국한되지는 않는다는 점은 주목할 만 하다. 그 너머에 있는 낯선 사람들이 의도적으로 상호 작용할 수 있는 공간이기도 한 것이다. 타자의 장소에 들어가 그에게 자신이 획득한 공정하고 합법적인 관행들을 납득시킬 수 있어야 한다.[11] 수용 정도를 가늠하는 교섭은 불평등한 권력 관계를 맺지 않고, "이상적인" 관계를 바탕으로 "서로에게 유익한" 상호 작용을 위한 토대를 마련한다.[12]

상업 또는 외교 관계에서 있어서 "중간 지대"와 관련 세력 지형은 일반적으로 교환의 영향을 받고, 때로는 지역적 지식이나 상황적 지식에 대한 무지로 인해 각각 다른 영향을 받는다. 결국 지역적 지식이란 접경지역에서 살아가는 것과 같은 개인의 경험에서 우러나오는 특정한 관습과 통찰들로 구성된다.[13] 교섭과 지역적 지식은 "접경인들borderlanders"이 지리적으로 고립됐거나, 정치적으로 소외된, 그것도 아니면 둘 다인 지역에서 살아남을 수 있게 한다.[14] 간단하게 말해서 성공하기 위해 스스로 "접경인들"의 지식에 익숙해지는 게 필요하다. 그리고 성공의 전제조건은 종족성과 이동성의 패턴, 그리고 제국(또는 기타 국가)의 행정조직이 불간섭적인 방법으로 주변부를 확보하기 위해 수행하는 전략과 관행이 포함될 수 있는 지역 상황 등에 익숙해지는 것이다.[15] 후에 논의될, 아우레스산에서 발견된 마스티에스Masties의 새김글은 이런 종류의 익숙함을 정확하게 제시한다. 그리고 제정기에 발전된 로마의 전략은 접경지대와 접경인들에 대한 정교한 이해를 반영한 것이다.

결정적으로, (이 책에 수록된 다른 글들과 마찬가지로) 여기서 분석할 역사 문제에 이론적 바탕을 적용하는 것은 특정하고도 이질적인 사례들을 서로의 역사적 담론 내에 자리 잡게 하고 후속 연구를 가능하게 해준다. 예를 들어 종교적인 접경지대는 시리아 속주의 기독교 칼케돈파(정교파)와 단성론파(반정교파) 사이에서 가장 두드러지게 나타나는데, 코드-헤닝 우버의 쿠를란트 연구(6장)에서도 비슷한 사례들을 찾을 수 있다. 그곳에선 종교적인 갈등이 사회에서 '옳은correct'(또는 로마 말로 '정통인orthodox') 신앙의 장소를 그리기 위해 거듭됐던 교섭의 과정을 반영하고 있었다. 정치적 충성들 간의 충돌, 서로 다른 집단들(또는 '종족들ethnicities') 간의 협상, 그리고 로마 지배하 북아프리카와 근동지역 주변부의 주요 특징이라고 할 수 있는, 멀리 떨어진 제국이나 국가의 주체들이 그 지역에 권한을 행사하려는 시도 등은 근대적 맥락으로도 쉽게 해석될 수 있다. 파키스탄 정부의 통제 모두 약한 파키스탄 연방 직할 부족지역Pakistan's Federally Administered Tribal Areas, 또는 라즈Raj시기(빅토리아 여왕시기 인도—역자 주) 영국 관리들이 지역 조건(관련 서술은 아래를 보라)에 주의를 기울이면서도 국가 중심과 식민지 주변부의 영향력을 강화하려고한 시도 같은 경우이다. 또 하나의 유사한 사례는 근래에 조나단 스틸레Jonathan Steele와 아흐메드 라시드Ahmed Rashid가 요약했듯, 근대 아프가니스탄에서 국가의 주변부 지역들을 관리하려는 중앙정부의 시도를 방해한 문제들이다.[16] 스테판 헤르푸르트의 글(7장)도 관련이 있는데, 스웨덴 포메라니아Swedish Pomerania(1648년 이후, 신성로마제국의 제후이기도 한 스웨덴 왕이 지배했던)는 우리가 여기서 논의할 북아프리카와 아라비아의 변경과 매우 비슷한 혼종성과 주변적 위치를 갖고 있었다.

우리는 엘리자베스 드팔마 디지저가 탐구한 오리게네스Origenes의 '괴물monster' 개념에서 또 하나의 유사한 사례를 찾을 수 있다. 오리게네스는 서로 다른(그러나 연관된) 두 집단들 사이의 개념적 연결고리 입장인데, 이 장에서 논의할 아랍 지도자인 알-문디르al-Mundhir의 위치를 떠올리게 한다. 알-문디르는 시리아에서 단성론파의 대변자로 등장했지만, 콘스탄티노플에서는 황제와의 사적인 관계에 더해 칼케돈파와 매우 가까웠다. 알-문디르는 단성론파를 이끈 성직자의 배신이라는 죽음의 본질이 증명하듯, 중재자이면서 때로는 배신자이기도 했다. 칼케돈파와 단성론파 간의 "의도적인willful" 상호 작용과 양 진영의 대표들(단성론파인 에페수스의 요하네스John of Ephesus와 칼케돈파인 여러 로마 황제들 같은)이 상대방에게 진실된 입장을 납득시키려 한 시도는 접경지대 이론의 관점에서 신앙고백의 경계들 사이에 개념적인 공간을 고려하는 것이 이롭다는 것을 보여준다. 여기서 단성론파와 칼케돈파 간의 갈등을 다루는 데 사용한 것과 같은 이론체계를 하나의 내재하는 유사성을 제시하는 상황들에 적용시키는 것 또한 이점이다. 예를 들어, 현재 수니파Sunni와 시아파Shi'a 사이에서 고조되고 있는 갈등이라던가, 근래에 북아일랜드에서 나타나는 구교와 신교 간의 문제에 내재하는 유사성 말이다. 톰 시즈고리히Tom Sizgorich가 연구한 기독교와 이슬람교 사이의 종교적 접경지대에 대한 연구나 다니엘 보야린이 연구한 기독교와 유대교 사이 공간 같은, 그러한 연구 담론으로 진입하기 위한 탐구는 이 장이 다루는 범위를 벗어나는 것일지도 모른다. 그러나 이 책이 강조하는 학제 간 연구의 가치에 주목하는 데는 도움을 줄 수 있을 것이다.

이 모든 것들은 여기서 논의될 사례 연구가 후기 고대시기에 국한된 것이 아님을 강조하기 위함이다. 오히려 하나의 중앙집권화한 국가가 주변부의 이해당사자들과 효과적으로 교섭하기 위해 벌이는 투쟁이나 서로 다른 종교 '유형들' 간의 갈등처럼 되풀이되는 상황의 사례라 하겠다. 이러한 상황들, 그리고 그 상황들이 제시하는 문제, 염려, 도전들은 (이를테면) 1750년 전 중동과 중앙아시아 지역의 로마 군인, 시민, 정치인들과 연관되어 있는 것처럼, 현재 그 지역의 군인, 시민, 정치인들과도 연관된다.

이 장은 총 네 부분으로 나뉜다. 첫째, 절에서는 로마 지배층이 어떻게 베르베르인과 아랍인을 제국의 행정으로 편입시켰는지 조사한다. 로마의 정책들이 매우 한정된 숫자의 전달자들에게 집중됐기 때문에 베르베르계 지도자들과 아랍계 지도자들이 국가와 인민들 사이에서 중개인이 되도록 보장했음을 강조한다. 이것은 모호하고도 혼종적인 형태의 엘리트 권력이 형성되게 했는데, 베르베르계 지도자들과 아랍계 지도자들이 교류하고 있는 인민의 범주를 효과적으로 다루기 위해 필요한 요건이었다. 이들은 로마의 정무관, 교회의 지도자, 시골의 공동체, 그리고 그밖에 로마의 권력 구조와 관계된 다양한 층위의 사람들이었다. 둘째, 세 가지의 관련된 사례 연구들을 다룬다. 5세기 말 누미디아에서 작성된 라틴어 비문을 통해 알려진 마스티에스의 사례와 6세기 초 마우레타니아에서 작성된 라틴어 비문으로 알려진 마수나Masuna에 대한 사례, 그리고 6세기 초 로마제국의 변경에서 82년 동안 동맹 세력으로 활동해 온 아랍 자프나 가문Jafnid family의 지도자들에 대한 것이다. 이러한 분석은 후기 고대시기에 활동한 베르베르계 엘리트층과 아랍계 엘리트층이 국가로 볼 수 있는 몇몇 특징들을 갖는 정치체를 구축하기 위해 각자의 지역에서 어떻게 로마 정책들의 뿌리 깊은 혼종성에 적응했는지를 강조한다. 셋째, 절에서는 주요 변수들을 식별하고 결론을 도출해내기 위한 시도로, 아랍 세력과 베르베르 세력의 구조들을 비교하여 크리스 위크햄Chris Wickham이 후기 고대시기 '이상적인' 국가의 형태를 이해하기 위해 발전시킨 기준에 맞춰 고려해 본다.[17] 마지막으로 앞선 세 가지 사례 연구들의 의미를 폭넓게 가늠하기 위해 후기 고대시기 로마를 '계승'한 게르만 국가들의 체계에 대해 논의한다. 이 장에서 주장하고자 하는 바는, 세 가지 사례들 모두 다소 다른 상황임에도 불구하고 로마 멸망 이후 세계 각지에서 특정한 방식으로 발생한 초기 국가 형성 과정의 유사성과 로마의 일부 정책들이 아프리카와 근동지역에 미친 영향에서 비롯됐다는 것이다.

로마인과 베르베르인, 그리고 로마인과 아랍인

북아프리카 부족사회는 정치적으로 겐스^{gens}(씨족)로 구성된 씨족 집단을 중심으로 건설되었고, 그 집단의 권한을 나타내기 위해 렉스^{rex}(왕)와 같은 칭호를 사용하는 통치자가 이끌었다. 부족은 다양하게 조직됐고 유연성을 특징으로 했다. 렉스는 세습적인 지위이긴 했지만 반드시 그럴 필요는 없었다. 출생지로 부족 구성원의 자격을 결정하지도 않았던 것 같다. 씨족들은 더 큰 집단으로 결합하거나 더 작은 개체로 분리될 수도 있었다. 그리고 부족들마다 종교나 언어 선택이 다양할 수 있었다. 통합은 종족적이거나 종교적인 것이 아니라 정치적인 특성에 따라 이뤄졌다. 부족이란 임차인들이 귀족 소유 토지에서 노동하고 있는 북아프리카에서 키비타스^{civitas}(로마시민권자)와 사유지를 조직하는 것을 대신하는 정치적인 대안 조직이었다. 그러나 공동체 조직의 유연성을 고려할 때, 플라비우스 누벨^{Flavius Nubel}의 가족 구성원들처럼 저명한 부족 지도자들이 굳이 로마시민권이나 사유지와 관련된 일상에서 배제될 필요는 없었다. 씨족 구성원이 된다고 해서, 라틴어로 말하고 로마 시민권을 갖고 있으며 로마의 군사나 행정에 종사하는 로마인들과의 관계가 나빠지지는 않았다.[18] 모데란의 북아프리카 부족사회에 대한 설명은 이 장에 요약해서 제시했듯이 고대 근동지역을 이해하기 위해 발전시킨 분절된 씨족 기반 혈족이란 개념과도 호환 가능하다. 그 개념은 여기서 그 개념을 6세기 아랍 부족들을 이해하기 위한 틀로 사용될 것이다.[19] 베르베르 부족 세력과 아랍 부족 세력은 정착생활도 하고 유목생활도 했다. 로마 지배하 아프리카와 시리아의 차이가 로마인들이 일반적으로 근동의 남동부 주변지역을 따라 아랍 부족 지도자들과 조우했고, 그곳에서 로마 권력자들이 유목 부족들을 발견하기 쉬웠다는 걸 의미하지만 말이다. 정착과 유목의 경계는 자주 모호해지기 때문에 부족을 정치적인 개체의 맥락에서 이해하는 것이 바람직하다.[20] 역사적인 차이도 지상에서의 상황을 바꿔놓았다. 예를 들어, 트라야누스 황제 시기 로마의 공격적인 확장 정책과 동부지역 예속왕국client kingdom들을 체계적으로 무력화시킨 정책으로 인해 동쪽 변경의 더 많은 지역들이 로마의 직접적인 지배하에 놓이게 됐다. 메소포타미아에서 철수한 것과 마우레타니아 팅기타나Mauretania Tingitana를 포기한 것만 유사했다. 그러나 이러한 지역적인 차이에도 불구하고, 로마의 아랍 부족들과 베르베르 부족들을 통제하기 위한 접근법은 대체로 비슷한 철학에 근거한 것이었다. 로마인들은 부족 엘리트 집단을 끌어들여 조종하려고 했고 그들에게 로마군, 로마 식민시 시민, 로마 정무관들과 좋은 관계를 유지하기 위한 기회를 제공하려고 했다. 부족 지도자들이 이용할 수 있는 혜택들도 다양했다.

로마가 북아프리카에 공통되게 적용했던 정책은 로마인들이 프린켑스princeps(우두머리)라고 부른 씨족 집단의 지도자들을 공식적으로 인정하는 것이었다. 이것은 통합을 위한 매우 불간섭주의적인 접근법이었고, 로마의 군 장교를 개별 부족의 담당관으로 배치하는 것과는 대조적인 방법이었다(후술할 것이다). 이 방법은 엘리트층을 겨냥한 것이기도 했는데, 직접적인 통제 없이 그들을 부족의 자원에 접근하기 위한 수단으로 사용하는 것이었다. 부족의 주요 인사들로부터 지지를 얻기 위한 로마의 시도는 점차 양측 모두에게 이득이 되었고, 부족 엘리트층을 중개자로 이용하는 것은 라인-도나우 변경지역을 대상으로 포괄적으로 연구된 바 있는 일반적인 로마의 피호인 관리와도 잘 맞아떨어졌다. 그 지역에서 토착 지도자들은 로마와 동맹관계를 통해 권한을 위임받았고 동시에 로마인들은 잠재적으로 불온한 사람들을 통제하기 위한 비용 대비 효율적인 방법을 확보했다.[21] 북아프리카에서 이러한 현상이 가장 잘 드러난 사례는 마우레타니아 팅기타나의 바나사Banasa에서 발견된 청동판에 새겨진 두 장의 편지가 전하고 있다.[22] 첫 번째 편지는 공동 황제인 마르쿠스 아우렐리우스와 루키우스 베루스가 속주 징세관에게 보낸 것으로 율리아누스Julianus라는 사람과 그의 가족에게 보기 드문 충성심에 대한 보상으로 시민권을 준 내용을 담고 있다. 두 번째 편지는 9년 뒤의 기록으로, 아마도 그의 아들로 추정되는 또 다른 율리아누스에게 같은 권한을 준 내용을 담고 있다. 그는 프린켑스 겐티움 제그렌시움이기도 했다.[23] 여기서 로마 시민권을 수여한 것은 이례적인 일이며, 문맥에서 분명히 드러나는 것은 율리아누스 가문이 로마에 보여줬다는 뛰어난 충성심만이 그러한 보상을 가능하게 했다는 것이다. 비록 시민권은 얻기 힘든 보상이었지만, 프린켑스 겐티움principes gentium(씨족의 프린켑스)에 대한 로마의 동의는 비교적 흔한 사례였다.[24]

율리아누스는 2세기에 로마에 협조한 대가로 시민권을 획득했다. 4세기에 플라비우스 누벨의 가족은 다른 사례를 제공하는데, 야심 있는 베르베르계 엘리트층이 이용 가능했던 기회들에 관한 것이다. 누벨은 로마 기병대 지휘관인 기사계층 인사 사투르니누스Saturninus의 아들이었다.[25] 누벨의 두 아들인 피르무스Firmus와 길도Gildo도 높은 지위를 얻었다. 길도는 아프리카에 주둔한 부대의 지휘관이 되었다.[26] 누벨의 가족 구성원은 각자 스스로 로마의 체제에 편입된 것으로 유명하다. 피르무스와 길도가 최후를 맞게 될 그들의 반란도 그저 지엽적인 반란이 아니라, 로마의 계층사회 내부에서 벌어진 권력을 향한 투쟁이었다.[27] 길도는 황실과 매우 가까운 관계였는데, 그의 딸인 살비나Salvina가 황실로 시집을 갔으니 손자들도 그곳에서 자라났을 것이다.[28] 살비나는 콘스탄티누스 황제의 어머니인 헬레나Helena가 관여된 성십자True Cross 숭배와도 관련이 있었다. 이러한 기독교적 특성은 누벨 가문의 로마-야만 혼종적 정체성에서 중요한 부분을 차지했고, 살비나의 경우뿐만 아니라 알제리 타멘파우스트Tamenfoust의 바실리카에 헌정된 누벨과 아내의 비문을 통해서도 드러난다. 그 비문에 "플라비우스"라는 이름을 채택한 것은 콘스탄티누스가 가졌던 플라비우스 왕조와의 연관성을 나타내기 위한 것인데, 갈수록 상투적인 표현이 되어갔지만, 다시 한번 기독교 제국인 로마와의 강력한 연관성을 제시한 것이었다.[29]

누벨의 가족은 베르베르계 엘리트층이 얼마나 멀리 갈 수 있는지를 보여주는 중요한 사례를 제공한다. 그러나 모든 베르베르 부족의 지도자들이 그러한 기회에 접근했던 건 아니었다. 일부 씨족들은 로마의 군직이나 정무직에 접근하거나, 시민권을 부여받거나, 지도자들이 씨족의 프린켑스로 인정을 받기보다, 로마가 선임한 프라이펙투스praefectus(담당관)들의 통제를 받았다. 이들은 대부분 로마의 기병대 장교들이었는데, 부족과 국가 사이의 불균등한 권력 관계를 시각적으로 상기시켜 주었고 동시에 로마 권력의 대표자 역할을 했다.[30] 이렇게 프라이펙투스들을 사용한 위임 통치의 형태는 북아프리카에만 국한된 것이 아니라 원수정기 시리아에서도 사용된 적이 있었다. 그곳에서 로마 총독들은 속주 내 각 지역들의 업무 효율성을 높이기 위해 프라이펙투스들에게 권한을 제공했다. 프라이펙투스 겐티움Praefectus gentium(씨족의 프라이펙투스)들은 로마 지배하 스페인에서도 발견된다. 보다 최근의 유사한 사례는 영국의 권력층이 인도의 북서쪽 변경지역에서 주재관들을 활용했던 것이다.[31]

프린켑스의 통제를 받았든 로마 프라이펙투스의 통제를 받았든 간에, 씨족들은 로마의 보호하에 반독립적인 형태의 자치를 유지했고 최소한의 노력과 지출로 우호관계를 만들어내는 실용적인 접근 속에서 로마법의 보호를 받았다. 이러한 정책은 몇 번의 수정을 거쳤지만 5세기까지 계속되었다. 405년 7월의 한 법률은 로마 프라이펙투스들을 포함시킨 이중적인 제도가 여전히 유효했음을 보여준다. 420년에 작성된 성 아우구스티누스의 편지는 프라이펙투스들의 통제하에 놓였던 부족들을 언급하고 있다.[32] 그러나 아우구스티누스 시대에 이르러서는 이 제도가 그 과정에서 기독교화한 부족 자체를 선택하기보다 프라이펙투스 선택을 선호하기 시작한 것 같다. 이 현상은 근동지역과 제정 후기에 전반적으로 선호되었고, 기독교화는 전형적으로 정치적인 충성 역시 가져왔다.[33]

이렇게 서로 다른 사례들은 로마인들이 바라는 직접 통제의 정도에 따라 등급이 나뉘는데, 프린켑스들보다 적극적인 감독을 실시하는 프라이펙투스들과 함께, 그리고 부족의 엘리트층이 로마와의 관계에서 얼마나 많은 것들을 얻어낼 수 있을지에 따라 달라진다. 프린켑스와 프라이펙투스 모두 제국의 정책이 좁게 규정된 전달자를 중심으로 기능한다는 공통점을 갖고 있다. 로마인들은 씨족들과 합의를 도출해낸 것이 아니라, 프린켑스 아니면 프라이펙투스들과 타협했다. 제국과 화해함으로써 일차적인 수혜를 입은 인물은 누벨의 아들들이었지 그들의 씨족이 아니었다. 그들은 프린켑스/프라이펙투스 체계의 한계를 뛰어

넘어 로마 공직의 '주류'라고 할 수 있는 상류층에 진출했기 때문에 보기 드문 동화의 사례로 남았다. 대다수의 사람들에게 로마 지배하 북아프리카로의 통합은 거기까지였고, 로마의 정책이 엘리트층에 집중해서 나온 중요한 결과물은 유연하고 순종적인 부족 조직까지 포함한 것은 아니었다.[34] 그러나 동시에, 권력을 나타내는 로마의 언어는 제국의 기저에서 북아프리카 부족들이 충분히 겪었던 경험의 일부였다. 적어도 그것을 휘두른 엘리트층은 후기 고대시기에 로마의 통치가 시들해져도 그 관련성을 유지했던 것이었다. 이러한 여건을 수반한 이중성은 부족의 엘리트층이 부족 내 대다수보다 더 동화될 수 있는 기회를 많이 얻고 그 기회를 얻는 과정에서도 더 많은 기회들을 얻는 곳으로, 5세기 말과 6세기 초 누미디아와 마우레타니아의 접경지대에서 연속성과 유사성을 찾게 될 것이다. 베르베르계 지도자들이 로마 이후 아프리카에서의 세력 구축을 추구하듯이 말이다.

로마제국이 동방에서 필라르코스φύλαρχος(부족장) 직책을 통해 아랍인들에게 적용한 정책들도 비슷한 이중적 접근법을 따랐다. 엘리트층에 집중하는 한편, 대다수를 통합시키는 데에는 불완전한 기회들만을 제공하는 식이었다. '필라르코스'라는 용어는 지역 부족의 장을 가리키는 중립적인 명칭으로 처음 등장했다. 그러나 제정 후기 로마 권력층이 변경지역과의 관계를 공식화하고자 하면서 점차 행정적인 지위를 갖기 시작했다. 거의 전적으로 로마인들과 동맹관계에 있는 아랍 부족장들을 나타냈다.[35] 필라르코스는 로마제국 정부가 선정했는데, 해당 속주 또는 지역에 주둔한 로마군 계층과 함께 일했고 여러 책임들을 맡고 있었다. 그들은 황제를 대신해 변경지역들을 지켰는데, 로마인들이 멀리 떨어진 지역에 군대를 주둔시킬 필요를

덜어주는 실용적인 조치였다. 예를 들어, 프로코피우스Procopius는 '팜 그로브스'라고 불린 해안지역의 필라르코스인 아부 카립Abū Karib에 대해 기록했다. 그 지역은 '팔라이스티나 너머'에 위치해 있었다(아마도 아카바만Gulf of Aqaba 동쪽의 히자즈Hijāz 지역이었을 것). 아부 카립이 유스티니아누스 황제에게 선물한 지역이었다. 프로코피우스는 최근에 이뤄진 바나사에서의 시민권 증정을 "불신 감수와 현실 정치의 멋들어진 혼합"이라고 비꼬면서, 유스티니아누스의 팜 그로브스 지역에 대한 소유는 일종의 수사적 표현일 뿐 실질적인 가치는 없다고 꼬집었다.[36] 실질적으로 황제를 대신해서 그 지역을 통치한 이는 아부 카립이었기 때문이다.[37] 여기서 중요한 것은 물론, 로마의 실용주의적 접근법이다. 앞선 율리아누스의 사례처럼, 아부 카립도 로마의 제도적 범위 내에서 실질적인 지분을 제공받았다. 전자는 황제의 임명을 받았고 후자는 시민권을 받았다. 최소한의 지출로 원격조종하는 통치였던 것이다. 아랍계 필라르코스들은 529년에 일어난 사마리아인의 반란 같은 반란들도 진압했다. 이름이 밝혀지지 않은 팔라이스티나의 필라르코스와 함께 그 지역의 로마군 지휘관이 인정사정없는 진압작전을 수행했다. 필라르코스들은 로마군과 함께 사산조 페르시아나 그 지역의 아랍 부족들에 맞서 싸우기도 했다. 그리고 이러한 군복무에 따른 혜택을 누렸다. 요하네스 마라라스John Malalas는 사마리아 반란을 진압한 필라르코스가 에티오피아와 페르시아의 노예상들에게 수천 명의 사람들을 팔아넘겼다고 기록했다.[38] 자프나 가문의 지도자인 알 하리트al-Harith는 아라비아의 필라르코스였는데, 541년 유스티니아누스를 위해 파견 복무를 하는 동안 약탈로 부자가 되려고 휴가를 내기까지 했다.[39]

'팜 그로브스'를 쓸모없고 주거하기에 적합하지 않은 지역으로 폄하한 프로코피우스의 평가는 다음과 같이 말하고 있다.[40] 로마인들은 필라르코스 직위를 로마군에 추가적인 인력을 제공하는 수단으로 보았을 뿐만 아니라, 완전하게 로마 정부의 통제 안에 있다고 할 수도 없고 바깥에 있다고도 할 수 없는 변경 너머 지역에 살고 있는 사람들을 통제하기 위한 수단으로도 보았다. 때때로 로마의 군사 원정이 도달하곤 했던 북부 아라비아도 하나의 사례이다.[41] 5세기 말과 6세기 초에 로마의 사절들은 그곳에 사는 몇몇 종족들을 페르시아와의 동맹으로부터 때어놓기 위해 그 지역에 파견됐다. 로마인들이 사용한 전략은 카이인Qay들을 로마에 우호적인 동맹으로 확보하기 위해 필라르코스 직을 제안하는 것이었다. 528년 유스티니아누스는 페르시아제국의 아랍계 동맹들이 경쟁하고 있던 변경 너머 지역에서 로마의 우위를 강요하기 위해 자프나 가문(아래에서 논함)에서 '최고' 필라르코스를 만들어냈다. 필라르코스는 토착인 프라이펙투스 또는 프린켑스의 군대 버전이었다. 이러한 모든 사례들에서 공통되게 발견할 수 있는 점은 정확히 같은 종류의 연결고리가 좁게 이어져 있다는 것이다. 하나의 단일한 직책을 통해 국가 자원과 통신을 연결하는데, 부족과 국가 간의 주된 연결고리로 기능하기도 하고 부족을 제국 세력으로부터 지근거리에 붙들어 놓기도 한다. 혜택은 엘리트층에게만 주어졌다. 아랍계 필라르코스들은 칭호, 보조금, 황제와의 접견 등의 보상을 받았으나 그러한 혜택들이 부족 전체를 대상으로 확대되지는 않았다.[42]

필라르코스, 프린켑스, 프라이펙투스 모두, 로마인들이 부족의 엘리트층을 로마의 군사, 행정, 정치 구조로 통합하기 위해 약간씩 다른 방법들을 동원했음을 보여준다. 몇몇 베르베르계 지도자들은 로마인들과 협력한 대가로 괄목할 만한 상을 받았다. 따라서 피르무스와 길도는 어떤 면에서는 제그렌스 씨족의 율리아누스나 로마 지배하 시리아의 수많은 아랍계 필라르코스들보다 제정 후기 정계의 최고위층에서 중요한 역할을 담당했던 야만인 출신의 스틸리코나 실바누스와 더 유사하다. 그러나 이 두 지역에서 로마의 정책은 부족들을 불완전한 형태로 동화시킴으로써 부족의 구조와 지도력이 그대로 유지되게 했다. 동시에 베르베르계 부족 엘리트층과 아랍계 부족 엘리트층은 제국과의 우호관계를 유지하면서 부족들에 대한 지도력도 유지하는 현실 정치에 직면했다. 그 결과는 근본적인 혼종의 형태로 후기 고대시기 북아프리카와 근동지역에서 나타났다.

북아프리카와 근동에서의 부족 세력 구성하기

북아프리카

마우레타니아 카이사리엔시스Mauretania Caesariensis의 알타바Altava에서 발견된 라틴어 비문과 누미디아의 람바이시스Lambaesis와 팀가드Timgard 남쪽에 위치한 산악지역인 아우레스에서 발견된 라틴어 비문은 후기 고대시기 베르베르인 세력의 혼종성에 대한 통찰을 제공한다. 알바타는 알제리 해변으로부터 남쪽으로 50킬로미터가량 떨어진 곳에 위치해 있다. 로마 지배하 포마리아Pomaria 트레켄Tlecen의 동쪽, 그리고 티아렛Tiaret의 남서쪽에 있었다. 알타바는 셉티미우스 세베루스Septimius Severus 황제 시대에 건설된 변경의 군용 가도, 노바 프라이텐투라nova praetentura와도 가까웠다. 이 도시의 요새에서 발견된 비문은 속주력으로 468년, 즉 508년에 작성된 것으로 그 내용은 아래와 같다.

무어인과 로마인의 왕 마수나의 건강과 안전을 위하여.[43] 마수나께서 설립하신 이 요새는 사파르의 담당관(prefect of Safar) 마스기빈(Masgivin)과 카스트라 세베리아나(Castra Severiana)의 징세관 이이데르(Iider)가 알타바에 건설했다. 속주력 468년에 알타바의 징세관 막시무스가 공사를 마무리했다.[44]

두 번째 비문은 아우레스의 아리스에서 발견된 연대를 알 수 없는 마스티에스의 라틴어 묘비명인데, 모리조트Morizot가 1941년에 발견해서 카르코피노Carcopino가 1944년에 출판했다.[45] 내용은 아래와 같다.

망자들의 영혼에 바침. 나 마스티에스는 67년간 둑스(dux)였고, 10년간 임페라토르(imperator)를 지냈다. 나는 결코 로마인과 무어인에 대한 신뢰를 배신하거나 저버린 적이 없었다. 그리고 나는 평화만큼이나 전쟁에도 복종했기 때문에 그러한 나의 행위로 말미암아 신께서 내게 은혜를 베풀었다. 나 바르타이아(Vartaia)가 형제들과 함께 이 묘비를 세웠다. 이를 위해 100 솔리두스를 지불했다.[46]

두 비문은 공통된 특징을 갖고 있다. 둘 다 무어인과 로마인에게 호소하고 있고, 라틴어로 새겨졌으며, 한 때 로마의 통치하에 있던 지역에서 발견됐다(알타바의 경우, 통치 기간이 짧다). 그리고 둘 다 라틴어로 표현된 권력의 어휘들(rex, dux, imperator)을 사용했다. 이 두 비문들은 표면적으로는 로마 이후 지중해 각지에서 나타난 특정한 현상에 대한 사례들을 알려준다. 야만인 지도자들은 자신의 권한을 확립하기 위해 로마 권력의 표시와 상징들을 사용하곤 했다. 익숙한 로마식의 칭호를 사용했던 이이데르, 마스기빈, 막시무스 등의 존재가 이러한 가정을 뒷받침한다. 다른 것들은 알려진 바 없지만, 아마도 지도적인 위치의 관료였을 것이다.[47] 이러한 아프리카의 사례들을 로마 세계의 다른 지역들의 사례들과 함께 살펴볼 필요가 있는데, 그 첫 단계는 '렉스rex', '둑스dux', '임페라토르imperator' 같은 용어들의 기능을 보다 면밀히 조사하는 것이다. 그리고 그 용어들 밑에 깔려 있는 정치적인 구조들에 대해 이해할 수 있는 부분들을 파악하는 것이다.

렉스, 둑스, 임페라토르

위에 언급했듯이, 마수나가 사용했던 '렉스'라는 칭호는 부족의 우두머리를 뜻하는 데 사용될 수 있다. 이런 식의 용례는 다양한 사료로 뒷받침된다. 바쿠아스인Baquates 가운데 한 렉스 겐티스rex gentis(씨족의 우두머리)가 볼루빌리스Volubilis에 기록되었고, 작은 카빌리Little Kabylie에서 발견된 6세기의 비문에서는 렉스 겐티스 우쿠타마노룸rex gentis Ucutamanorum (우쿠타마누스인 가운데 한 씨족의 우두머리)라는 내용이 발견되었다. 코리푸스Corippus는 저서인 『요하네스에 관하여Johannis』에서 한 렉스에 대해 다뤘고, 성 아우구스티누스는 부족의 리더십이라는 맥락에서 렉스들에 대해 언급했다.[48] 그러나 이 칭호에 대해서 모데란이 진행한 광범위한 논의는 군 지휘관으로 해석될 수 있는 가능성도 열어주는데(『요하네스에 관하여』에서 렉스 마르마리둠rex Marmaridum(마르마리드인의 지휘관)으로 사용되듯),[49] 부족의 구조가 갖는 유연성 때문에 정확한 정의를 제공하기는 어렵다. 따라서 무엇이 아니었는지를 말하는 게 더 쉬울 것이다. 아마도 왕국, 국가, 제국 등의 왕정을 의미하는 것보다는 부족 내부의 엘리트층 개념을 나타내는 데 국한됐던 것 같다. 테르툴리아누스와 락탄티우스의 기록에 따르면, 베르베르계 부족들이 사후 '신격화된' 렉스들에 대한 애착을 갖고 있었다는 점은 설득력이 있다.[50] 그러면 '둑스'는 어떨까? 이 용어는 마스티에스의 비문에서 '임페라토르'와 함께 쓰였다. 카르코피노는 마스티에스가 발렌티니타누스 3세에 의해 로마군 지휘관으로 둑스에 임명되었을 것이라고 주장한다. 그러나 마스티에스의 경력에 대해 알려진 것이 없기 때문에 확인은 어렵다.[51] 모데란은 (『요하네스에 관하여』에 쓰인 '둑스'의 광범위한 용례를 바탕으로) 그 칭호는 '렉스'와 마찬가지로 한 부족의 지도자로 해석되어야 할 것이라고 주장한다."[52]

'렉스'와 '둑스' 둘 다 마스티에스의 비문에 있는 '임페라토르'라는 용어에 집약되어 있는 제국 권력의 광범위한 권한에 상응할 수는 없을 것이다. 여기서 '임페라토르'는 서로마제국의 황위 계승을 주장하기 위해 고안된 것이었을까? 카이기Kaegi는 마스티에스를 고르디아누스 1세나 6세기의 총대주교 그레고리우스 같은 황제 참칭자로 보았다.[53] 만약 그것이 마스티에스의 진짜 목적이었다면, 그다지 성공적이었던 것 같지는 않다. 그의 세력은 아우레스 너머로 뻗어나가지 못했다.[54] 여기서 '임페라토르'는 아마도 베르베르어 아메누칼amenukal(대족장) 또는 신페니키아어 메노카드mēnokad(대족장)에 상응하는 용어였을 것이다. 둘 다

여러 부족들을 거느리는 권한을 부여받은 지역의 지도자를 가리켰다. 베르베르인의 렉스와 둑스가 가리키는 뜻에 더 가깝다 하겠다.[55]

권리 주장의 장소와 시기는 또 다른 가능성을 열어주는데, 사람들에게 로마와 기독교가 계속된다는 느낌을 주는 것이 필요했음을 시사한다. 아우레스산맥은 트라야누스 황제 시기 이래 계속해서 누미디아 속주에 속했다. 모리조트와 여러 학자들은 항공 촬영과 고고학 조사를 통해 그 일대의 로마인 정착지에 대한 훌륭한 밑그림을 제공했다.[56] 3세기에서 5세기 사이 아우레스는 최소 18개의 도나투스 또는 가톨릭 교구들에 에워싸인 지역이었고, 때문에 여러 개의 기독교 관련 명문들이 발견되었다.[57] 넓은 맥락에서 후기 고대시기 북아프리카 지역에서 발견된 금석학 증거들은 엘리트층이 기독교와의 연관성을 비문을 통해 드러내려 했다는 사실을 명백하게 보여준다. 십자가나 X(chi)/P(rho), A(alpha)/Ω(omega) 같은 상징들이 사용되었다. 이러한 상징들은 지역의 유지들이 (제국 내 다른 지역들에서처럼) 바친 교회 헌정사에 사용됐는데, 이우그메나ugmena의 경우, 헌정사에서 본인을 '프라이펙투스'라고 불렀다.[58] 5세기에는 마우레타니아 카이사리엔시스처럼 지역 곳곳에서 주교들의 수가 411년 28명에서 484년 120명으로 급증하기도 했다.[59] 따라서 누구든 권력을 추구하려면 이러한 현실 감각이 있어야 했고 지역 주민들 가운데 서로 다른 부류와 효과적으로 협상할 필요가 있었다.

마스티에스도 아우레스에서 그랬을까? 어느 정도 그랬던 것 같다. 마스티에스의 비문은 제작 연대가 알려져 있지 않지만, 언어학적·고문서학적 특징들을 분석해내면 대략 5세기 말에서 6세기 초쯤으로 추측된다. 이 비문은 프로코피우스가 서술했던 그 시기에 일어난 반란과 연관성이 있을 수도 있다. 이 반란은 아우레스 지역을 영구적으로 반달족의 통치 외곽으로 밀어냈고, 비타의 빅토르Victor of Vita가 남긴 귀중한 기록에 따르면 아리우스파였던 반달족의 왕 후네릭Huneric이 정교회 신자들에게 가한 박해(484년)로 인해 힘을 얻었을 수 있다.[60] 알타바에서 발견된 비문과는 달리, 마스티에스의 묘비문은 기독교인들에 대한 명백한 권리 표현을 하고 있다. "신께서 내게 친절을 베푸셨다"라고 언급하면서 십자가도 사용했다. 마스티에스는 아우레스 지역에 침투한 기독교를 무시할 수 없었다. 그리고 후네릭의 박해 전후로 양산된 방대한 양의 반아리우스파 문헌이 가르키는 감정의 힘도 무시할 수 없었을 것이다.[61] 신성한 권위에 기초했던 콘스탄티누스와 그 이후의 정치적 모델과 반드시 연결되는 임페라토르 직위의 차용은 상황을 유리하게 이끌어가기 위한 영리한 방법이었다. 마스티에스는 박해가 벌어지는 것을 염두에 두고, 아우레스 지역의 인민들을 위해서 로마적이고도 기독교적인 용어로 표현되는 대안을 제시한 것이다.[62]

'임페라토르'는 '로마적인' 권위의 형태를 도용하려고 한 욕망에 의해 사용됐다고 보는 것이 타당하다. 함께 사용된 '둑스'는 부족적인 관점에서 타당하다 하겠다. 일종의 기회주의적인 양다리 걸치기로, 가능한 한 많은 사람들의 관심에 들기 위해 고안된 것이다. 비기독교적인 정형문구인 dis manibus(망자들의 영혼에게)도 마찬가지이다. 그러나 누군가는 마스티에스의 출신에 대해 궁금해 할 것이다. 엘리자베스 펜트레스Elizabeth Fentress와 앤드류 윌슨Andrew Wilson은 후기 고대시기 북아프리카 지역에서 발견된 사하라 특유의 무덤 양식과 일부 언어적인 변화를 근거로 사하라에서 북쪽으로 인구 이동이 있었다고 주장한다. 가장 잘 알려진 것은 제다르djeda이고 나머지는 아우레스, 음실라Msila 또는 네그린Négrine 근방에서 유래한 것으로 알려져 있다. 일부는 로마식 건물들에서 자재들을 떼어다 재활용했다. 놀랄만한 점은 이 건축물의 표상들은 로마식 공동묘지에서는 어디서도 찾을 수 없는 요소라는 것이다. 사하라식 무덤의 원형과 연관된 것이 분명해 보인다. 펜트레스와 윌슨은 사하라 오아시스들과 로마 속주들을 연결시키는 교역망에 생긴 균열들(이용 가능한 지하수가 줄어들었기 때문인 게 분명한)이 사하라 지역으로부터의 이주를 촉발시켰으며, 이러한 이주가 새로운 무덤 건축 양식을 소개하는 새로운 형식과 생각을 가져왔다고 주장한다.[63] 그런데 이것이 마스티에스와 무슨 상관이 있는 것일까? 누미디아에서는 '사하라식'으로 식별 가능한 무덤들이 사막에서 북쪽으로 향하는 길의 종착점에서 발견되었다. 이러한 구조물들이 후기 고대시기에 등장하는 것은 누미디아의 리메스limes(변경지역)을 따라 일어난 소란들을 다룬 문헌 사료들 상의 희소한 징후들과 결합되어, 성공적인 반란을 통해(또는 후에) 부족의 용어와 로마의 용어로 권력의 정당성을 주장하는 한 지도자가 거의 동시대에 등장하는 것이 결코 우연이 아님을 시사한다. 위크햄은 다른 연구에서 마우레타니아의 사례들을 로마 몰락 이후 웨일즈 지역과 비교한다. 두 곳 모두 6세기 무렵에는 로마의 직접적인 지배에서 벗어난 지역으로, 누벨과 같은 강력한 부족 리더십 모델을 추구하여 부족의 사회 구조에 좀 더 깊숙이 연결되면서 '내부inside'로부터의 '재부족화retribalization'를 수월하게 만들었다. 따라서 마수나에게는 '렉스'가, 마스티에스에게는 '임페라토르'가 어울렸던 것이다. 비록 펜트레스와 윌슨이 제기한 가설은 부족적인 대안이 아우레스에서만큼 강력했다는 점을 시사하고 있지만, 라구아트인의 침략 때문에 트리폴리타니아에서 부족 구조가 다시 등장한 것처럼, 내부적인 것보다는 외부적인 추동에 따른 이주가 있었다는 것이다.[64] '임페라토르'라는 용어의 등장을 완벽히 이해할 수 있게 만드는 것은 아리스와 알타바의 차이이다. 알타바의 비문은 후기 고대시기 인구 구성원들에게 기독교적 정체성이 계속해서 연관됐음을 분명하게 드러낸다. 그러나 반달족에 의한 박해, 제국 내 누미디아의 역사, 아우레스 지역에서의 기독교 전파 등과 거리상·시간상으로 근접하다는 점은 마스티에스가 왜 '임페라토르'를 칭했는지 완벽히 이해할 수 있게 해준다.[65]

표현상의 차이에도 불구하고, 마스티에스와 마수나는 둘 다 자신들의 권력을 드러내기 위해 라틴어, 기념비문, 전문용어처럼 익숙한 로마의 양식과 상징들을 이용했다. 누벨처럼 로마제국에서 경력을 쌓은 강력한 베르베르계 엘리트의 사례는 로마식 관용구들로 공을 들인 베르베르계 권력자의 전형을 제시한다. 이것이 로마 몰락 이후 마우레타니아에서 재등장하게 된 부족의 권력을 보증하는 것과 완벽하게 맞물린 점은 로마인들이 수세기 동안 프라이펙투스들에게 권력을 위임해 왔고 지역의 프린켑스들을 승인해 온 결과물이라 하겠다. 위에 서술했듯이 로마인들은 베르베르인 부족 지도자들이 통치함에 있어 일정 수준의 혼종성을 수용하는 것을 보장했었다. 로마식으로 표현된 지방의 권력자를 부족들이 수용하는 것은 부족의 구조들이 갖는 유연성과도 잘 어울린다. 그러나 로마의 정책들이 갖는 연속성은 로마의 표식과 상징들을 단순한 수용 이상으로 사용되게 했는데, 베르베르계 엘리트들이 권력을 주장하기 위한 요건이 되도록 보장한 것이었다. 한 흥미로운 논의에서 모데란은 공화정기 토착세력의 지도자들이 표현한 '권력의 집합

the panoply of power'과 베르베르인 지도자들이 통치의 기초를 제공하기 위해 로마 황실의 표식을 계속해서 요구했다는 프로코피우스의 유명한 논평 사이에서 유사점을 찾아낸다. 논의 대상이 된 지도자들은 533년 반달족으로부터 은 지팡이를 포함한 권력의 의례적인 상징물들을 받아놓은 상태였다. 그러나 그것들을 신뢰하지 않았고 대신에 유스티니아누스의 군대로부터 권위를 구하려 했다. 그렇게 해서 프로코피우스가 언급한 것처럼 백성들에게 베르베르인의 지도자로 받아들여질 수 있었던 것이다.[66] 상징물들(왕홀, 백색 튜닉, 왕관)은 다양한 표현 방식으로 나타나며 유바 2세와 프톨레마이오스의 주화들까지 거슬러 올라간다. 그리고 프로코피우스가 쓴 구절에도 나타난다. 프톨레마이오스의 주화들에는 고관 의자Curule chair도 나타난다.[67] 그리고 트리폴리타니아 내륙지역의 기르자Ghirza에서 발견된 부조에도 나타나는데, 고위 원로원 의원이 사용했던 교차다리 의자와 매우 유사한 것에 앉아있는 사람이 왕홀을 들고서 수행원들과 함께 법적 처벌을 하는 장면을 보여준다.[68] 위크햄의 말에 따르면 그들은 "점점 더 덜 지주 같고 점점 더 족장 같아 보였다". 그러나 족장들은 아마도 친숙함 때문에, 그리고 필요성 때문에 로마 세계에서 유래한 시각적인 표식들을 차지했을 것이다.[69] 그렇게 오랜 시간동안 토착 엘리트들은 로마의 권력을 상징하는 물품들을 사용해 왔다. 이 상징물들은 그들의 권력과 불가분의 것이 되어 세대를 거쳐 전승되었다.

정치 구조

마수나의 권력이 확고해지면서 정무관들은 프로쿠라토르procurator(징세관) 막시무스와 이이데르, 그리고 프라이펙투스(담당관) 마스기빈처럼 익숙한 로마식 호칭을 사용했다. 볼루빌리스에서 발견된 6~7세기경의 묘비에는 "프린켑스"와 "부 프라이포지투스praepositus(부사령관)"라는 호칭이 나타난다.[70] 알제리 서부에서 발견된 13개의 제다르djedar 기념비들은 알타바에서 동쪽으로 대략 150km 떨어진 티아레 인근에서 두 그룹으로 발견됐는데, 이 논의에 또 다른 시각을 제시해준다. 3개의 제다르 기념비로 구성된 제다르 'B' 그룹은 방사성 탄소 연대 측정법에 따르면 5세기 중반 또는 말엽에 만들어졌고, 10개 정도의 기념비로 구성된 제다르 'F' 그룹은 잠정적으로 6세기에 만들어진 것 같다.[71] 위에서 논의한 누미디아 무덤과 같은 건축물들은 로마의 기독교식 장례 건축과는 공통점이 없고 사하라에서 근원을 찾는데, 그것들이 남쪽에서 유입된 이주자들에 의해 지어졌음을 시사한다.[72] 그럼에도, 한 제다르 기념비에 새겨진 일부만 판독 가능한 라틴어 비문은 판독 불가능한 속주력과 함께 에그레기우스Egregius라는 한 지도자를 언급한다. 몇몇 기독교식 문양들은 정무관들이 아닌 장인들의 산물인 것으로 보인다. 그러나 이러한 문양들은 알타바와 볼루빌리스에서 발견된 기독교식 장례 기념물로 알려진 기하학적 장식들과 비슷하다.[73] 호칭의 사용과 문양의 유사성은 그것들이 보다 광범위한 공동체를 반영하고 있을 지도 모른다는 점을 시사한다. 그리고 인상적이고 기념비적이며 추측컨대 세우는데 돈이 많이 들었을 제다르 기념비들 자체가 정치적인 자신감과 권위에 대한 공개 성명이라 하겠다. 마수나를 위한 기념물들은 군 주둔지와 연관되어 있었다.[74] 그가 정치적으로 온당치 못했다 하더라도 우리는 물을 필요가 있다. 마수나와 마스티에스가 대표하려고 했던 정치 구조의 유형은 과연 무엇이었는가?

이 문제는 위크햄이 후기 고대시기의 '이상적'인 상황을 이해하기 위해 개발한 기준에 따라 평가하는 게 도움이 될 것이다. 간략히 요약하면, 이 기준에는 ① 중앙집권화(군권과 사법권을 포함), ② 재임자들의 임기보다도 오래 지속되는 정부의 위계, ③ '공권력public power'의 관념, ④ 지배 엘리트층이 가용한 안정적인 자원, ⑤ 잉여를 제공하는 계층화된 계급체계 등이 포함된다. 충분한 경제적 자원(④와 ⑤)은 정치적인 안정성을 위해 필수적이다.[75] 우리가 다루는 증거들의 본질을 고려했을 때 이 다섯 가지 기준들을 의심의 여지없이 분명하게 식별하기란 불가능한 일이다. 그러나 몇 가지 (아주) 개괄적인 결론들을 도출해낼 수는 있다. 마수나의 금석문에 적혀 있듯이 알타바의 요새화는 제다르 기념비의 경우처럼 그 작업의 자금을 댈 자원과 노동력을 통제하고 있었음을 나타낸다.[76] 마수나가 사용한 '렉스'라는 엘리트 호칭과 프로쿠라토르 및 프라이펙투스들의 존재는 행정(또는 정부)의 위계뿐만 아니라 오래도록 사용되어온 호칭들을 활용하는 권력의 개념을 나타낸다. 그러나 이 위계는 공공 또는 시민의 권위를 대표하는 것처럼 보이지는 않는다. 프라이펙투스는 현실적으로 군사 관련 직책이거나 위에 서술했듯 황제가 임명한 직위의 반복일수 있었다. 그리고 보통 레스 프리바타res privata(사유재산)와 관련된 세금 징수자인 프로쿠라토르는 황제의 직위와 거의 동일시되었다. 성 풀겐티우스St. Fulgentious에 따르면, 프로쿠라토르의 직위는 반달인 지배시기에도 여전히 존재하고 있었다. 풀겐티우스 본인이 비자케나Byzacena의 한 마을에서 그 직위에 있었다. 그에게 "명령하고 충고하고 다스릴 수 있는" 광범위한 능력이 주어졌다.[77] 같은 텍스트에 루스페[Ruspe]에서 활동한 프로쿠라토르에 대한 정보도 있다.[78] 그러나 그가 가진 직위의 본질이 무엇이었는지는 명확하지 않다. 학자들은 반달족이 이제 자신들의 영지가 된 그곳에 풀겐티우스를 '관리인'으로 임명한 것이라고 주장했다. 그러나 모데란은 이 용어가 보다 일반적인 방식으로 사용됐다고 주장했다. 『풀겐티우스의 삶*Vita Fulgentii*』에서 최소 두 번은 자치적인 책임을 갖는 용어로 사용됐기 때문이다.[79] 공적인 직위를 잠재적으로 나타내기 위해 그 용어를 사용했다는 것은 알타바 비문도 그런 관점으로 볼 필요가 있을 가능성을 높인다. 그러나 반달 왕국의 구조에 관한 기록들의 상태가 조악하기 때문에 (모데란도 인정했듯) 어느 쪽으로도 결론을 내리기는 쉽지 않다.[80] 그러나 그 권력의 본질이 무엇이든 간에 트렘켄[Tlemcen]의 정치적 중심지로서의 수명은 813년까지 계속됐고 볼루빌리스는 9세기까지 계속됐다. 이렇게 지속된 정치적 안정성은 아마도 마수나가 표현하고자 했던 것과 유관할 것이다.[81] 알타바에서 발견된 라틴어 비문들이 마수나 관련 비문 이후로도 81년 동안이나 계속해서 목격된다는 점도 주목할 가치가 있다. 그리고 트렘켄 근방에서 발견된 비문들은 91년 동안 계속 목격됐다. 이러한 사실들은 마수나로부터 비롯된 통치의 언어가 갖는 유용성이 지속되고 있음을 보여준다.[82] 필자는 로마식 칭호가 나타나는 서로 다른 증거들, 제다르 비문, 알타바 비문, 트렘켄과 볼루빌리스의 역할 등이 (분명히 만족스럽지 못한 방식으로) 앞서 소개한 바 있는 상당수 기준들에 부합될 수 있다고 주장한다. 세부사항들은 확인하기 어렵다. 제다르 비문이 자원의 배치를 나타낸다면, 그 자원들이 어디서부터 왔는지가 불분명하다. 한 부족의 렉스로서 마수나는 지주였는가 아니었는가? 세금을 부과한 건 프로쿠라토르였는가 다른 이들이었는가? 서로 다른 요소들이 따로 떨어져 있더라도(예를 들면 마수나와 아무런 관계도 없지 모를 제다르 비문), 알타바에서 발견된 증거들만으로도 마수나가 일부 국가와도 같은 특징들을 갖는 정치적 개체로 작동하고 있었음을 알려준다.

마스티에스도 유사한 국가 구조를 만들었을까? 이것은 훨씬 더 대답하기 어려운 문제이다. 마스티에스 비문에는 계층구조에 관한 증거가 없고 트렘켄이나 볼루빌리스에서도 비교할 만한 것들이 없기 때문이다. 마스티에스가 주장한 권력이 더 폭넓은 정치활동의 일부였을 지도 모른다는 그런 증거들 말이다. 사료의 증명에 관한 문제들도 답하기 어렵다. 다른 한편으로, 마스티에스도 공공의 중요성을 갖는 호칭들을 사용했다. 그리고 『요하네스에 관하여』에서 530년대에 둑스와 동일하게 표현되었고 마스티에스의 후계자일 수도 있는 베르베르계 지도자인 이아우다스Iaudas의 존재는 마스티에스가 본인 사후에도 지속될 수 있는 정치 구조를 건설하는 데 성공을 거두었음을 시사한다.[83]

아우레스에 존재했던 계층구조를 실제로 확인할 수는 없지만, 어떤 종류의 정치사회 구조가 마수나와 마스티에스의 리더십 아래 놓여 있었는지 궁금할 수 있다. 거기에서 부족적인 요소는 '둑스'와 '렉스'로 표현됐고, 제다르 비문의 비기독교적이고도 사하라식인 비문 배치는 그곳의 민중이 비로마적이고 비기독교적이었다는 사실을 보여주는 증거이다. 마우리인의 영역 전반에 걸쳐서 로마와의 통합과 문화 접변과는 다른 역사들을 뒷받침하는 증거들이 있을 거라는 생각은 타당하다. 그러나 로마인들도 그곳에 있었다. 그들은 아프리카 속주에서 벌어지는 깊은 정치사회적 변화를 이어받은 자들이었고, 마수나와 마스티에스는 그들의 존재를 고려해야만 했다. 농민들이 '공동체의 인정'[84]을 받기 위해 교회에 의지했듯이, 3~4세기 이후 성장을 거듭해온 기독교 공동체의 구조는 쉽게 무시할 수 없는 것이었다. 5세기 무렵, 마을의 주교는 토지를 담보로 농촌 공동체의 '권력 지형'[85]에 새로운 역할을 제공했다. 그리고 농민들은 이전까지 도시생활의 전유물이었던 생각들과 상품들을 점점 더 많이 전용하게 되었다.[86] 성직자가 제공한 네트워크를 중심으로 시골에서의 일상에 다시 집중을 하면서 시작된 변화들은 '소규모 지역' 제조업상의 변화를 수반한 것이었다. 시골지역 공동체에 가마와 공방이 제공됐고 몇몇 공동체에서는 생산한 제품들을 해외로 판매하기도 했다.[87] 이를 통해 농촌 인구로부터 소득을 거둬들일 수 있는 기회도 있었지만, 정치적인 시각도 존재했다. 후기 고대시기 북아프리카의 농촌 공동체는 3세기에서 4세기 사이에 교회의 구조 안으로 편입되었고, 따라서 교회가 로마 시민권을 대신하는 것처럼 여겨졌다. 씨족에 대응하는 교회 공동체의 구성원은 로마인이 되었다. 한편, 마우리인은 공화정기 이래 북아프리카 정치 지형의 일부를 차지한 씨족으로 남겨져 있었다.[88] 그러다가 5세기 후반과 6세기 초 무렵에 사하라사막에서 온 새로운 이주민들을 수용했을 지도 모른다. 이것은 알타바와 아리스에서 발견된 증거들이 전하는 혼종성을 다시 한번 설명하는 데 도움을 준다. 둘 다 무시할 수 없는 경제적·정치적 존재감을 지닌 로마인들의 시민 공동체에 호소해야 했다. 티아레 근교의 제다르 비문들과 누미디아 전역에서 발견되는 비로마식 무덤들은 분명 로마식 전통에 속한 것이 아니었다. 그리고 마스티에스와 마수나는 그들이 새로 유입된 이주자였건 아니건 간에 서로 다른 집단들에 양보를 할 필요가 있었다. 그들은 로마인들과 거리상 멀리 떨어져 있어서 거의 접촉이 없었기에 로마 권력이 나타내는 상징과 별로 관련이 없었을 것이다.[89]

요약하면 우리는 알타바와 아리스의 비문이 국가 형성 과정에 대한 짤막한 정보들을 전해 준다고 주장할 수 있다. 부족에서의 리더십은 알타바 '내부'와 아우레스에서 발견된 재부족화(위크햄에 따르면)의 사례처럼 두 지역에서 중요하게 작용했다. 만약 그 이주 이론을 그대로 받아들인다면, 부족 리더십의 부활은 외부 요인들로부터 강하게 영향을 받은 것이었다. 마우레타니아에서 마수나는 도시에 기반을 둔 정치체제를 이끌고 있었는데, 넓은 의미에서 정치적으로 독립된 형태를 취하고 있었고 여러 가지 방식으로 8세기 또는 9세기까지도 유지되었다. 반면에 누미디아에서 마스티에스는 농촌에 기반한 정치체제를 이끌고 있었는데, 아우레스의 촌락들에 거주하고 있는 기독교도인 로마 시민권자들에게 자신의 권리를 호소하는 데 많은 노력을 기울였다. '기독교 강조'의 정도 차이는 반달족의 기독교 박해와 밀접하게 연관되어 있음이 보다 명료해졌고, 같은 비문에 "망자들의 영혼에 바침dis manibus"과 십자가를 함께 포함시키는 것에 모순점이 없다고 생각했던 어떤 한 사람의 정치적인 기회주의로 해석될 수 있다. 마지막으로 그 둘의 차이를 연결해 주는 것은 공화정기 이래 베르베르계 권력층의 어휘들 가운데 일부였던 로마의 공식언어가 제공하는 합법성이었다.

근동

로마와 사산조 페르시아라는 두 열강들 사이에서 계속된 갈등은 군사적인 위협이이라는 측면에서 제국의 서부지역에서는 찾아볼 수 없는 유형의 것이었다. 이 열강 세력들은 서로 상대방에 대한 우위를 점하기 위해서 사막, 산지, 초원지대에서 새로운 동맹들을 찾아내기 위해 노력했다.[90] 로마와 아랍인들 간에 이뤄진 초기 접촉은 변경지대에서 발견된 약간의 비문들에 반영되어 있는데, 우호적인 관계를 수립한 사례와 엘리트층을 대리인으로 이용한 사례 등이 나타나 있다.[91] 5세기 말엽 로마인들은 북부 아라비아의 '후즈르 가문Hujrids'이라는 한 아랍 가문의 환심을 사서 아라비아반도 내륙지역까지 영향력을 확장시켰다. 6세기 초 로마인들은 관심을 동쪽으로 돌려서 시리아의 자프나 가문으로 알려진 한 가문과 돈독한 관계를 맺었다. 이는 사산조 페르시아의 아랍계 피호인들을 활용한 간섭에 맞서 이중의 완충지대를 만들기 위한 것이었다. 사산조 페르시아의 아랍계 피호인들은 이라크의 알-히라al-Ḥīrah에 근거한 나스르 가문Naṣrids으로 알려져 있다.[92]

로마와 후즈르 가문의 동맹은 528년에 끝났다. 그리고 거의 동시에 유스티니아누스가 이례적으로 자프나 가문의 지도자인 알-하리트al-Ḥārith를 시리아의 기타 아랍 부족들을 통솔하는 직위로 승격시켰다.[93] 유스티니아누스 황제의 지지는 알-하리트가 아라비아 속주의 필라르코스라는 원래의 직책을 기반으로 하게 다. 알-하리트(재위 528~569)와 그의 아들 알-문디르(재위 569~582)의 재량은 필라르코스 직위에 한정됐다. 오히려 프린켑스 직위처럼 국가로부터 어느 정도 거리를 둔 선에서 활동하게 했고 길도Gildo에게 했던 방식으로 로마군의 지휘권을 맡지 못하도록 했다.

근동지역에서도 로마의 군 고위직이나 민간 고위직에 도달하는 데 서로 다른 장애물들이 있었던 것으로 보이는데, 아마도 유바Juba에서 마시닛사Masinissa를 지나 마스티에스에 이르는 수세기에 걸친 로마인과 베르베르인의 접촉에 따른 차이 때문이었을 것이다. 따라서 베르베르계 엘리트층은 로마 정계에서 상대적으로 신참인 아랍계 엘리트층보다 더 잘 받아들여졌다. 어쨌든 자프나 지도자들 가운데 둑스나 마기스테르 밀리툼magister militum(군 지휘관)이 된 경우는 없었다. 2009년에 요르단에서 발견된 하나의 증거는 알-문디르가 코메스comes(황제의 동료—황제로부터 직접 군사 및 행정에 관한 명령권을 받은 직위, 백작count의 어원)의 지위에 올랐을 수도 있음을 시사하고 있지만, 실제로 군사적인 책임이 주어졌는지 여부는 불명확하다.[94]

자프나 가문은 필라르코스라는 직책이 자신들에게 부여하는 직위상의 제한사항에도 불구하고 일반적으로 후기 로마의 엘리트층과 관련된 활동들에 참여했다. 그들은 공공 건축에 관여[95]했고 많은 증거들에서 보이듯 파트리키오스patrikios(귀족)라는 존칭[96]을 얻었다. 주목할 만한 것은 적어도 두 개의 비문이 그들의 집권시기와 연관되어 있다는 것이다.[97] 그들은 황제와의 접견을 위해 콘스탄티노플에 초대되기도 했었다. 피호인 지도자들이 기대한 방식으로 접견이 이뤄진 경우가 두 번 있었는데, 하나는 알-하리트가 아들인 알-문디르가 로마와의 동맹을 이어나가는 데 적합한지 논의하기 위한 것이었고, 다른 하나는 알-문디르가 티베리우스 2세로부터 왕관을 수여받은 것인데 공화정 말기와 제정기 동안 피호인들에게 주어졌던 '권력의 줄'을 상기시키는 상징적인 행위였다.[98] 그러나 콘스탄티노플에 초대된 다른 이들의 사례는 또 다른 숨은 의미를 드러낸다. 자프나 가문은 시리아와 아라비아에서 자신들이 단성론파 기독교도들의 지지자임을 성공적으로 나타냈다. 단성론파 기독교도들은 6세기 동안 간헐적이고도 폭력적으로 박해를 받았다. 알-문디르는 황실의 칼케돈파와 시리아-아라비아의 단성론파 간에 화해를 도모하는 시기에 중재자이자 막후 실력자로 중요한 역할을 했다. 특히 타협안을 찾으려는 노력을 위태롭게 만드는 단성론파 내부의 분열들을 종식시키려고 노력했다.[99]

자프나 지도자들은 길도, 피르무스, 프랑크인 실바누스, 스틸리코 같은 인물들이 유입돼서 자리를 차지한 제정 후기 로마의 야만화한 정치 영역으로 어느 정도 진입했다. 그러나 그들은 계속해서 '두 번째 범주'에 머물러 있기를 선택했다. 그들은 제정 후기 로마의 교회 정치라는 혼란한 세계에 개입해서 콘스탄티노플에 가게 됐지만, 그들이 지지했던 기독교 공동체들에 대한 대부분의 표현들은 시리아와 요르단의 농촌지역에서 나온 것이었다. 변경지역에 위치한 일련의 유적지들에서 발견된 비문과 모자이크들은 그들이 단성론파 수도원들(팔미라 인근의 두 곳을 포함한)과 연관되어 있음을 입증해 준다.[100] 성 세르기우스St. Sergius 숭배와도 연관이 있어 보이는데, 이 성인에게 헌정된 요르단의 두 교회는 자프나 가문을 환영하고 있었다.[101] 알-문디르는 유프라테스와 칼리니쿰Callinicum의 도시에 가깝지만 페르시아인들과 수없이 경쟁했던 북부 시리아의 레사파Reṣāfa에 위치한 주요 숭배 장소에 교회 같은 구조의 건물을 지었다. 그곳에서 순례자들과 유목민들이 서로 거래할 수 있었고 그 건물의 앱스apse에 그리스어 명문으로 기려진 알-문디르는 그곳에서 방문객들을 접견할 수 있었다.[102] 6세기의 정치 현실에 대한 이해를 나타내는 하나의 정돈된 표현으로, 이 건물은 요새화한 도시 성벽 내부가 아니라 정교한 북쪽 관문이 제공하는 '프로필라이움prophylaeum'에 가까운 외부에 위치해 있었다.[103] 자프나 지도자들은 다소 주변부적인 입장을 유지하면서, 최고 수준의 로마 궁정 정치에 관여하는 것이나 칼케돈 정교를 지지하는 것과는 되도록 거리를 두려 했다. 대신 그들은 시리아와 요르단의 농촌 공동체들 사이에서, 그리고 그 지형 속에 산재한 단성론파 수도원들에서 자신들의 권력과 영향력을 구축했다. 알-하리트와 알-문디르는 제정 후기 로마 세계의 종교적인 접경지대에서 활동한 개인으로, 앞서 디지저가 다룬 오리게네스와 같은 괴물은 아니었지만, 서로 다른 형태의 기독교 공동체들 사이에 위치한 개념적인 공간 내에서 중요한 기능을 수행했다.

정치 구조

자프나 가문이 쥐고 있던 권력은 결코 미미하지 않았다. 로마가 승인한 활동들을 하는 데 대한 지원으로 보조금을 정기적으로 지급하고 있던 황제 이외에 또 어느 곳에서 자금을 끌어왔는지는 불분명하지만, 자신들과 연관된 건물 몇 채를 건설할 만한 재원을 분명히 이용할 수 있었다.[104] 아마도 자프나 가문은 세금을 올릴 수 있는 능력이 있었을 것이다. 훗날 일부 아랍계 무슬림들은 알-히라al-Hirah에서 페르시아의 왕들이 아랍계 피호인들에게 그러한 증세를 허락했다는 주장을 남겼다. 그리고 유스티니아누스의 황실 재정에 부담으로 작용했을 대외 전쟁과 사산조 페르시아인들에게 지급한 보조금 등을 고려해 봤을 때, 자프나 가문이 직접 자금원을 찾도록 장려했을 법도 하다.[105] 자프나 가문이 소유한 토지에서 세입을 거둬들였는지 또는 그들 밑에 토지 소유로 수입을 얻은 일종의 귀족이 있었는지 여부도 확실치 않지만, 자프나 가문에 가장 중요했던 재원은 로마 정부로부터의 보조금이었고, 그밖에 어떤 재원을 가졌더라도 안정적이거나 독립적이지는 못했던 것 같다. 따라서 안정적인 정치 구조를 만들어내기에는 제한적일 수밖에 없었다.

자프나 가문은 황제와 제국의 자원에 접근한 결과, 거의 확실하게 계층화된 사회 조직을 이끌게 됐을 것이다. 그들이 가진 정치권력의 불균형은 로마의 지원에 의존한 결과였는데, 582년 마우리키우스^Mauricius 황제가 알-문디르를 무자비하게 체포하고 추방함으로써 엄정한 현실임이 밝혀졌다. 자프나 왕조와 로마의 동맹이 끝난 사건이었고, 정치적인 실패인 동시에 단성론파들 가운데 알-문디르의 지위가 몰락하는 것으로 종결된 사건이었다.[106]

로마가 후원하는 세력이 부족 지도자들을 중심으로 계속해서 중앙집권화된 것은 결국 하나의 초기 국가 형성에 기여했을 수 있다. 그리고 게르만인에 대한 로마의 지원도 비슷한 방식으로 지배층을 중심으로 구체화된 유의미한 정치세력을 키워냈을 것이다.[107] 후기 고대시기의 국가 형성을 이해하기 위한 위크햄의 기준으로 돌아오면, 자프나 가문은 이미 중앙집권화한 형태의 권력을 유지하고 있었고 동시에 로마의 동맹으로 함께 싸우고 있었다. 자금도 융통했고 로마와의 동맹을 유지했으며 로마의 후원이라는 권력을 직계 가족에게 분배해서 엘리트층의 계층화를 가능하게 하는 계층 기반 사회를 촉진하는 형태에 근접했을 가능성이 매우 크다. 예를 들어 알-하리트와 알-문디르 외에 알-하리트의 동생인 아부-카리브Abū-Karib도 필라르코스로 중요한 역할을 수행했다. 두 개의 기독교 문헌에서 명백하게 드러나는데, 하나는 시리아의 삼마Sammā'에서 발견된 것으로 "탁월한 필라르코스 아부-카리브"에게 보호를 요청하는 내용[108]이고 다른 하나는 팔미라 인근의 한 단성론파 수도원에서 발견된 시리아어 고문서로 아부-카리브가 "아보카리브 왕"으로 적혀[109] 있다. 알-하리트와 아부-카리브는 예멘의 마리브Marib 댐에서 발견된 유명한 비문에도 기록되어 있는데, 548년 히먀르의 왕 아브라하Himyarite king Abraha와의 교섭을 목적으로 사절들을 파견했다고 적혀 있다.[110] 이 정도로 '국제적'인 권력정치와 교회 관련 문제들에 개입한 것은 자프나 가문이 자신들을 위한 일종의 '공권력 개념'을 창안해냈음을 시사한다. 그러나 입증하기는 어렵다. 자프나 가문이 전문화된 정부의 역할을 만들어냈는지 또는 지배 엘리트층 밑에 놓인 관료 조직(프로쿠라토르나 프라이펙투스 같은)을 만들어냈는지도 답하기 어려운 문제다. 로마의 행정적인 용어들이 우세하게 나타나는 볼루빌리스와 알타바의 증거들, 또는 트리폴리타니아의 기르자에서 발견된 법적 처벌의 이미지를 가진 트리부누스tribunus들과 대조적으로, 우리가 가진 자료들은 자프나 가문이 가질 수 있었던 권력의 내적 작동 방식에 관해 대체로 침묵하고 있다. 이것에 대한 손쉬운 설명은 자프나 가문이 독립적이지 않았다는 것이다. 그들은 어느 정도 반 자치 상태를 누렸으나 로마인과 자프나 가문 사이의 권력 균형은 북아프리카의 경우들보다는 애매한 정도가 훨씬 덜했다. 만일 그랬다면 로마인들은 마수나(또는 클로도베쿠스나 테오도리쿠스)에게 했듯이 미래의 위계질서뿐만 아니라 보다 중요한 현재의 위계질서를 위해 본보기를 제공했을 것이다. 자프나 가문은 그

본보기의 범위 안에서 활동해야 했고 그것으로부터 얻어낼 수 있는 것을 끌어내거나 그것과 투쟁해 나가야 했다. 그러나 후자를 택하려는 의향을 내비치자 알-문디르는 시칠리아로 추방당했고 그의 아들은 체포됐으며 최종적으로 권력으로부터 돌이킬 수 없이 멀어지게 되었다.

유사 국가의 구조를 건설하는 것은 로마의 근동지역에서만 가능했다. 콤마게네Commagene와 팔미라처럼 강력하고 확고하게 자리 잡은 피보호국들조차 로마의 직접적인 통제에서 살아남지 못했다. 그러나 자프나 가문은 북아프리카에서 유사한 경우들을 찾을 수 있는 부족 구조를 유지하고 있었다. 남부 시리아의 자발 새이즈Jabal Says에서 1964년 발견된 한 아랍어 비문은 보스트라력으로 423년째 되던 해(서기 528/529년)에 새겨졌는데, "알-하리트의 말릭l-Hrth l-mlk"이 새이즈 주둔군에 파견한 루카임Ruqaym이라는 사람을 언급하고 있다.[111] 여기서 '말릭mlk'이라는 표현은 왕국임을 자처하기 위한 왕권을 암시하는 것인가? 아니면 부족 사회에서 엘리트 지위를 가리키기 위해 사용된 '렉스'나 '둑스'같은 용어와 비슷한 용어로 고려해야 하는 것인가? 새이즈에서 발견된 이 새김글은 유일하게 그 용어가 자프나 가문과 연관돼서 아랍어로 쓰인 경우이다. 그러나 위에 다룬 시리아어 고문서에서도 자프나 가문의 아부-카리브가 '말릭'으로 표현됐다. 북아프리카에서 로마인들이 "rex gentis(씨족의 왕)"을 허용했던 것처럼, 시리아와 아라비아에서도 아랍의 동맹세력들에게 '말릭'의 사용을 허용했다. 이것은 그 용어가 '렉스'와 마찬가지로 로마의 권력을 찬탈하려는 도전으로 여겨지지 않았음을 나타낸다. 이것은 우리가 가진 두 증거들 가운데 하나는 외딴 시리아 스텝 지대에서 발견됐고 다른 하나는 단성론파 수도원에서 발견됐다는 사실과 일부 관련이 있을 것이다. 이 문제를 흥미롭게 만드는 것은 아라비아반도에서도 더 남쪽에서 발견됐다. 그곳에서 히미아르 왕국의 지도자들은 "우리 아랍 백성들"[112]에 대한 왕권을 주장했다. 그러나 동시에 킨다의 지도자인 후즈르Hujr가 "왕mlk"[113] 호칭을 사용하더라도 반대하지 않았다. 히미아르인과 후즈르 간의 관계는 로마와 자프나 가문 간의 관계보다 약간 더 모호하다. 그리고 히미아르인이 "우리 아랍 백성들"에 대한 왕권을 주장하면서 '말릭'이라는 용어를 사용했다는 사실이 문제를 더 복잡하게 만든다. 그러나 이후에 후즈르의 후손들을 포함한 친히미아르 왕조가 로마인들에 의해 성공적으로 선임되기까지 그 지역에 대한 장악력을 계속해서 유지했다는 사실은, 히미아르 왕조의 왕들이 자신들의 권력이 침해되지 않는 한 후즈르의 후손들이 '말릭'이라는 용어를 사용하도록 용인했음을 시사한다. 알-하리트와 후즈르의 사례는 말로바우데스Mallobaudes의 경우와도 유사한 점들이 많은데, 그는 황실 근위대장이자 프랑크인들의 왕이라는 이중 정체성을 갖고 있었지만 378년 그라티아누스 황제에게 충성하는 데 있어 상대적으로 거의 문제가 없었다.[114] 시리아 스텝지역 아랍인들에게 알-하리트는 말릭일 수 있었다. 그러나 그의 아들 알-문디르는 로마인들에게 있어, 즉 콘스탄티노플에서나 그리스어 비문에서 파트리키오스나 필라르코스로 묘사되었다.

아랍인들과 베르베르인들

이 장에서 다룬 아랍인 지도자들과 베르베르인 지도자들은 로마의 용어와 부족의 용어를 사용해 비슷한 방법으로 자신들의 권력을 내세웠다. 자프나 가문의 엘리트층이 구축한 권력 구조는 국가 같은 특징들을 일부 가지고 있었다. 자원으로의 접근 권한이나 정치적인 위계를 중앙집권화 하는 형태, 그리고 공권력의 형태 등이 해당됐다. 그러나 그 권력의 후원자인 로마제국은 그들이 그 이상의 정치적인 발전을 이뤄내도록 허용하지 않았다. 북아프리카에서 마스티에스가 만들어낸 농촌 정치조직은 유스티니아누스가 재정복하기 전까지 이아우다스 지배하에 지속됐을 것이다. 그 후 로마제국 북아프리카 지역의 일부로 재통합되면서 자프나 가문이 겪어야 했던 것들과 유사한 장애물들이 생겨나게 되었다. 로마인이나 반달족의 정치적인 권한은 6세기 서부 마우레타니아까지 도달하지 못했고 그 기간을 거쳐 8세기에서 9세기까지 트렘켄과 볼루빌리스가 계속해서 정치 중심지로 남아 있게 했다.

여기서 논의한 북아프리카와 근동지역의 상황들 사이에는 또 다른 분명한 차이점들이 존재한다. 첫째, 필라르코스는 베르베르계 렉스와 달랐다. 로마가 용인한 자프나의 말릭과 히미아르인 후원자들이 용인한 후즈르의 말릭muluk은 북아프리카에서 정치적인 지위를 두고 로마 권력층과 협상했던 부족 지도자인 렉스 또는 둑스에 가까웠다. 필라르코스는 국가가 승인한 형태의 정치적 통제력을 갖는다는 점에서 베르베르의 프린켑스와 더 비슷했다. 그리고 그 지위를 통해 엘리트층 수혜자들에게 상당한 혜택이 주어졌다. 필라르코스나 프린켑스를 배정하는 것은 동시에 그러한 수혜자들이 로마의 정치적인 위계질서에 제한적으로만 접근할 수 있었다는 사실을 확증한다. 이러한 관점에서 볼 때, 제그렌스인 율리아누스는 알-하리트와 별다를 것 없이 고위 장교가 되어 로마군을 이끌었다. 그러나 렉스, 필라르코스, 또는 프린켑스를 다루었든 프라이펙투스를 통해 권력을 전달했든 간에, 로마의 정책은 국가에서 파견한 관료들을 통해 사람들을 다스린다기보다는 그러한 개개인을 통해 통치하는 식으로 좁은 길을 따라 연결하는 것이었다. 간접통치를 위한 정치적 모호성은 물론 마우레타니아에서 베르베르인 사회가 갖고 있었던 능력, 즉 내부로부터 빠르게 부족의 정체성을 다시 주장하고 재부족화를 추구했던 감수성(위크햄이 검증한 기르자의 이미지들에서도 보이듯)에 대한 하나의 설명이 될 수 있다. 마찬가지로 로마 세력의 끝자락에 있던 아랍인들의 능력, 즉 7세기 이후 남쪽에서 쳐들어온 새로운 침입자들(부족의 과거와 현재를 공유해 온)과 자신들의 위치를 놓고 재협상하기 위해 로마의 과시적인 요소들에 동참할지 말지 애매한 태도로 일관한 것에 대한 설명도 될 수 있다.[115]

마수나와 마스티에스의 사례와 자프나 가문의 사례에서 각각 드러나는 또 다른 차이점은 도시/농촌 간 불균형이다. 자프나 가문의 세력은 주로 현재 요르단과 시리아에 속하는 농경지가 사막과 접하는 농촌의 변경지대를 중심으로 형성됐다.[116] 레사파Reṣafa와 보스트라에만 도시와의 연관성을 나타내는 증거들이 존재한 가운데, 자프나 가문은 레사파에서 의식적으로 그리고 의도적으로 자신들을 도시 성벽 외곽에 위치시켰다. 에페수스의 요하네스에 따르면, 보스트라에는 582년 폐위된 알-문디르의 무기와 갑주들이 보관되어 있었다. 그러나 이 도시가 자프나 가문의 권력 기반에서 정확하게 어떠한 역할을 수행했는지는 미지수다.[117] 후대에 아랍계 무슬림들이 다마스쿠스라는 도시에 기반을 둔 자프나 가문의 세력이 존재했음을 주장했으나 입증된 바는 없다. 골란 고원 어딘가에 있었던 것으로 여겨지나 결코 밝혀지지 않은 알-자비야al-Jābiya의 마을 기반 세력에 대한 오랜 전승도 입증된 바는 없다.[118] 자프나 가문에게 어울리는 그림은 사막지역의 남동부 변경지대를 따라 자리 잡은 농촌 정치체제의 모습들 중 하나였다. 마스티에스의 경우와 유사하게 반달족의 통제력 바깥에 위치한 아우레스의 마을, 교회, 농촌 등은 하나의 생산적인 농촌 권력의 밑바탕이 되었다.

마스티에스와 자프나 가문의 공통점은 로마의 비인격적인 권력에 대한 지역적인 대안을 정도에 따라 다르게 제공하는 기독교 공동체였다는 점이다. 북아프리카에서의 '지역적 대안'은 위에 간략하게 다뤘듯이 교회의 위계질서와의 연관성에 근거한 것이었다. 기존에 도시인들urbani 의 전유물이었던 것들에 농촌 사람들이 그 어느 때보다 더 긴밀하게 관여함에 따라 그 경계가 허물어진 것이 특징이었다. 이것은 토착문화의 부활까지는 아니었고, 북아프리카 농민들의 활동은 분명하게 계속해서 로마 세력의 범위 내에서 유지되었다. 농민들의 활동은 일견 반항적으로 비춰질 때도 있었지만 현실적으로 국가에 의지하고 있었다. 그래서 농민들은 지역의 기독교 성직자에게로 눈을 돌려 기독교 공동체를 중심으로 하나의 정체성을 형성했다. 그들은 제국 내에서 자치적인 정치 생활을 위한 조직적이고도 공동체적인 대안을 마련했을 때조차 로마의 기독교적인 정체성을 유지했다.[119] 근동지역의 상황에도 몇몇 유사점들이 있다. 542년 자프나 가문의 지도자 알-하리트는 6세기에 벌어진 반칼케돈파 성향의 단성론파 기독교도들을 대상으로 한 간헐적인 박해의 맞서 이아코부스 바라다이우스Iacobus Baradaeus와 테오도루스Theodorus의 서임을 도운 바 있었다.[120] 이로써 시리아의 단성론파를 위한 대안적인 성직자 위계질서가 축성되기 시작했고, 이후 에페수스의 요하네스처럼 단성론파 사이에서도 더 강경한 성직자들이 칼케돈 정교에 반대하는 것으로 점점 더 자신의 정체성을 규정해 나가면서 단성론파가 진정한 정교이고 칼케돈파는 이단이라고 주장했다.[121] 주목할 만한 것은, 이러한 입장이 상대방의 유지 및 지속을 요구했고, 제국이 어느 입장이 올바른 믿음이 될지를 두고 벌어진 싸움에 해결책을 내놓으려는 시도를 강경파들이 계속해서 방해했다는 점이다. 깨지기 쉬우나 강경한 단성론파 기독교 공동체의 등장은 북아프리카에서 발견된 경우와 비슷한 종류의 조직적인 대안을 제공했다. 주교, 수도원, 그리고 자신들을 기꺼이 수호자로 묘사하지만 적극적으로 전복시키려고 했었던 국가의 조직으로 인해 유지됐던 아랍계 엘리트층과 함께 했다. 기독교의 전파는 베르베르 부족들 사이에서 잘 드러나는 만큼 근동지역의 아랍인들 사이에서도 분명하게 드러났다. 현존하는 3개의 6세기 비문들 가운데 아랍어로 새겨진 2개의 비문은 명백히 기독교적인 맥락에서 나온 것이다. 성 세르기우스에게 헌정(512)된 북부 시리아 제베드Zebed의 순교자교회와 성 요하네스에게 헌정(568)된 남부 시리아 하르란Harran의 순교자교회가 해당된다. 후자의 경우 헌정자인 샤라힐Sharahīl은 자신을 필라르코스로 밝혔다.[122] 다른 사례들은 골란 고원의 순교자교회[123]와 북부 시리아 아나사르타Anasartha의 순교자교회[124]를 포함한 아랍인들과 연관되어 있다. 따라서 북아프리카 지역과 마찬가지로 근동지역에서도 기독교 공동체들은 제국의 오래된 권력 구조에 대한 위계적이고 조직적인 대안을 제시했다. 그러나 두 지역 모두에서 신앙을 중심으로 정체성을 형성하려고 한 베르베르인, 로마인, 아랍인들의 기량은 계속해서 제국에 의존하고 있었다. 이러한 모든 것들은 자프나 가문이 제공했던 단성론파 기독교라는 '대안'이 북아프리카의 농촌 공동체들이 이용할 수 있었던 기독교적인 '대안'처럼, 로마에서 멀리 떨어져서 관여하지 않을 수 있도록 보장했다. 에페수스의 요하네스 같은 강경파들이 기독교 공동체들 사이에 그어버린 극명한 선들이 자프나 가문의 지도자들 같은 개인들이 교섭 담당자이자 중재자로서 활동할 수 있었던 훨씬 더 유연했던 현실을 지워버렸다. 북아프리카에서 마스티에스의 기독교적인 관점은 로마의 충분한 호의가 여전히 바람직하다고 생각하는 이들이 활용할 수 있는 것이었다.

이 장에서 논의된 북아프리카와 근동지역의 사례들은 여러 가지 측면에서 매우 달랐다. 아마도 가장 중요한 차이는 자프나 가문이 어떤 국가 같은 구조를 발전시켜 나가는 동안, 이 구조들이 로마의 권력이라는 현실에 의해 심하게 제한되었다는 점일 것이다. 그러나 마수나와 마스티에스의 경우에는 그렇지 않았다. 한편, 자프나 가문, 마수나, 마스티에스 사이에는 셋이 공유하고 있지 않은 몇몇 유사점들도 있다. 예를 들어, 마수나의 경우와는 대조적으로 마스티에스와 자프나 가문은 도시에 집중하지 않았다. 그러나 북아프리카와 근동지역 사이에는 그러한 차이를 덮어버리는 중요한 두 가지 요인들이 있다. 첫 번째 요인은 기독교의 중요성이었다. 엘리트층과 지역 공동체들 간에 교섭을 가능하게 만든 제국의 권력과 깊이 연관된 강력한 정치-문화적 접착제로 기능했다. 기독교가 로마에 대한 조직적인 대안을 제공해 주었던 곳은 물론이고 기독교가 서로 다른 신학적인 견해들로 쪼개진 곳에서조차, 제국과의 연관성을 완전히 상실할 수 없게 했다.

두 번째 요인은 이 장을 시작하면서 소개했던 로마 정책의 요소였다.

로마의 권력층이 이 장에서 탐구한 두 지역의 부족들을 통제하거나 '로마화'하기 위해 사용했던 모호하고 불완전한 접근법이라 하겠다. 로마인들은 선출에 기초한 전략적인 테두리 내에서 일반 민중을 희생시켜가며 엘리트층에 집중했고, 이 정책을 공화정에서 제정 후기까지 지속된 중요한 일련의 표식과 상징들(왕관, 왕홀, 공인)로 뒷받침하면서 다음과 같은 몇 가지 중요한 결과들을 보장했다. 첫째는 제도화된 '권력의 집합'이 6세기에도 1세기와 마찬가지로 연관성을 유지했다는 것인데, 왜 마수나와 마스티에스 뿐만 아니라 자프나 가문도 같은 방식으로 자신을 묘사하기로 선택했는지 또 다른 설명을 해준다. 둘째, 로마가 엘리트층에 집중한 정책(만약 정말 의도에 따른 것이었다면)은 토착 사회를 탈부족화하는 데 실패했다. 이것은 침입, 박해, 지배적인 구조(로마)의 정치적 붕괴 등 위기들이 발생했을 때 하나의 부족적인 대안을 활용하는 것이 가능했음을 의미한다. 아마도 그러한 대안은 로마의 권위가 작동하긴 했지만, 권력을 표현함에 있어 기독교의 확산이 로마풍을 가미했던 웨일즈, 마우레타니아, 북부 아라비아 같은 지역들에서 가장 활발했을 것이다. 그러나 아우레스 또는 시리아와 아라비아의 변경지대처럼 더 광범위한 로마화를 경험했던 지역들에서조차도 부족적 대안이 완전히 사라진 것은 아니었다. 이 장소들도 로마인, 아랍인, 베르베르인이 제국의 지배하에서 정치권력의 형태를 교류하고 협상했었던, 그리고 이제는 로마의 효과적인 정치적 권위가 쇠퇴하고 있는 접경지대(두 번째 범주)였다. 로마인들이 베르베르인과 아랍인과의 관계를 위해 접근했던 방식에서 나타난 몇몇 유사점들을 고려하면, 이들 모두가 로마 지배의 끝자락에서 비슷한 정치권력 개념을 발전시킨 것이 그렇게 놀라운 일은 아닐 것이다.

아랍인, 베르베르인, 그리고 게르만인

이 장에서 논의된 서로 다른 사례 연구들은 후기 고대시기 유럽의 권력 구조라는 맥락 안에 놓을 필요가 있다. 서로마 멸망 이후 유럽 서부에 진출한 게르만 야만인들은 이전에 제국의 속주였던 곳에 국가를 건설하기 위해 결국엔 로마의 권력과 관계된 어휘들을 차용했다. 수세기 동안의 접촉은 그들이 로마의 위계질서, 로마법, 그리고 당시 그들의 통제를 정당화하기 위해 사용했던 제국 정치문화의 다른 여러 측면들에 익숙해지도록 만들었다.[125] 로마 몰락 이후 서부에서의 국가 형성 과정들과 이 장에서 다룬 마수나, 마스티에스, 자프나 가문의 사례들 사이에는 비슷한 점들이 많이 있다. 예를 들어, 마스티에스가 베르베르인과 로마인들에게 호소한 것이나 필라르코스, 파트리키오스, 말릭 등으로 표현된 혼합적인 권력의 제시 등은 게르만계 왕들이 필요로 했던 것과 아주 유사한데, 이들은 '자신'의 전통과 문화를 관장하는 자로서의 책임을 저버리지 않은 상태에서 이제 자신들의 통제 하에 있는 옛 로마의 백성들에게 효과적인 권력의 연속성을 제공했다.[126]

이전까지 로마군이 제공했었던 안보를 제공함으로써 부분적으로 야만인과 로마인을 결속시키는 데 성공을 거둔 게르만계 왕들에게 전쟁에서의 리더십이 얼마만큼 중요했는지는 가늠하기 어렵다.[127] 마스티에스와 마수나는 자신들의 통제하에 있는 인민을 보호하기 위해 군사력을 제공하고 이끌었을까? 마수나의 비문은 한 요새의 축성을 기념하고 있다. 그리고 직접적인 증거는 없지만, 만약 그들이 군대를 이끌지 않았다면 오히려 매우 이상할 것이다. 후대에 안탈라스Antalas, 쿠시나Cusina, 이아우다스Iaudas, 마스티나스Mastinas, 가르물Garmul 같은 베르베르계 지도자들이 6세기 유스티니아누스의 재정복 시기에 보여줬던 군사행동들을 고려한다면 말이다.[128] 마스티에스가 등장하기 이전에 누미디아의 지주들은 사병들을 일으켰었고, 그들의 군사행동은 445년 발렌티아누스 3세의 대응을 촉발시켰다. 마스티에스는 이러한 패턴의 연속성으로 비춰졌을 수 있다. 그리고 실제로 안보를 제공하는 것은 야심찬 (그리고 궁극적으로 성공적인) 정치 지도자라면 기본적으로 갖춰야 할 자격 조건이었다.[129] 5세기 마수나 등장 이전 시기에 알타바에서 만들어진 비문은 폭력과 불안정한 상황을 암시하는데, 아마도 마수나는 공공질서를 회복시켰을 것이다.[130]

　문제를 살펴보는 또 하나의 방법은 마수나와 마스티에스가 군사적인 성공(또는 공공질서의 회복?)을 기반으로 자신의 권력을 쌓아올렸는지, 그리고 게르만계 둑스가 렉스가 될 수 있는 비슷한 과정을 촉발시켰는지 질문하는 것이다. 마스티에스는 아우레스 지역에서 자신의 권한을 공고히 하고 그 지역의 인민에게 '종족의 결합과 정체성의 감각'을 제시하려고 반란을 일으켰던 것일까?[131] 근래에 이뤄진 게르만계 왕위에 대한 검증의 맥락에서 문제를 표현하기 위해서 말이다. 그는 테오도리쿠스처럼 군대로부터 칭송을 받았던 적이 있었을까? 재정복 시기 무렵 새롭게 떠오르는 로마-베르베르 정체성에 대한 모데란의 설득력 있는 주장은 이 정체성을 확실히 뒷받침하는 누군가가 필요한 리더십을 제공하고 있었다는 사실을 제시한다. 그리고 명백하게 마수나와 마스티에스가 두 명의 후보들이었다.[132] 반달족이 가한 박해를 피해서 도망치는 사람들에게 로마의 권력 및 관용과의 연결고리를 제공하는 군사 지도자는 하나의 강력한 세력일 수 있었다.

더 선명한 그림은 자프나 가문에서 나타난다. 그들은 로마인들과 함께 또는 독립적으로 분명하게 군사적 리더십의 전형을 제시했다. 보통 아랍인들에게 적대적인 그리스와 로마의 사료들은 자프나 가문과 그들의 적인 나스르 가문이 가진 군사적 기량에 대한 외경을 나타낸다. 그리고 그러한 군사적 성공은 6세기 내내 왕조의 오랜 존속을 유지하는 데 도움이 되었을 것이다.[133] 알-하리트의 아버지 자발라Jabala는 팔라이스티나에서 로마군 사령관을 이기면서 아나스타시우스Anastasius의 관심을 끌었다. 그의 아들과 손자도 똑같이 공격적이고도 성공적인 방식으로 권력을 유지했다.[134] 알-하리트와 알-문디르는 아틸라나 알라리쿠스Alaricus만큼의 능력은 갖지 못했을 수 있지만, 그들의 활발한 리더십을 중심으로 증대된 권력이 구체화된 것은 오스만 제국의 오스만 왕조와 근대 및 전근대 시대의 아랍계 부족 지도자들과 마찬가지로 게르만계 왕들이 거둔 성취들과 유사하다.[135] 자프나 가문의 리더십은 6세기 브리타니아와 동고트인 지배하 이탈리아의 특색이었던 떠돌이 왕들의 사례와도 잘 어울리는 것 같다. 사리스Sarris는 테오도리쿠스의 왕권이 "분위기는 군인이고 본질은 떠돌이면서 전통은 직접 대면하는 영주의 지위에 근거"한 것이었다고 묘사했는데, 근동지역에 산재한 여러 장소들에서도 금석학으로 입증되고 있다. 사사로이 군사력을 운용했던 알-하리트와 알-문디르를 떠올리게 한다.[136] 예를 들어 로마와 페르시아 제국 사이의 교차로에 위치한 레사파Reṣāfa의 접견실은 '직접 대면하는 영주의 지위'를 나타내기 위한 이상적인 장소였다. 자프나 가문의 권력구조가 게르만인의 전형적인 사례들과 명백하게 닮아 있음을 보여주는 또 다른 측면은 그러한 군사적 리더십이 본질적으로 불안정했다는 것이다. 아틸라 휘하에 모였던 훈족은 그가 사망한 뒤 빠르게 정치적 결속력을 상실했고, 반달족은 유스티니아누스의 재정복 기간에 지도자가 참수당하고 나서 얼마 가지 못했다. 겔리메르Gelimer의 패배는 아프리카에서 반달족의 지배가 끝났음을 알리는 신호였다. 비슷하게 자프나 왕조의 권력은 알-문디르의 납치와 추방이라는 단순한 편법을 통해 보다 효과적으로 약화되었다. 친페르시아적인 나스르 가문도 비슷한 운명을 겪었다.[137] 우리는 마수나나 마스티에스의 운명에 대해 정확히 알 수는 없지만, 마우레타니아와 아우레스에서 나타나는 정치적인 지속성은 그들의 지배에 대한 또 다른 결론을 제시한다. 적어도 유스티니아누스의 군대가 군사 원정을 목적으로 아우레스에 도착하기까지 계속해서 유지되었다. 그러한 관점에서 우리는 우리가 자프나 가문의 지도자들을 바라보는 것과 똑같은 관점으로 베르베르계 지도자들을 바라볼 수 있는데, 그들의 자치권은 로마의 정책이 다른 결정을 내리기 전까지만 허용됐다.[138]

아랍 지도자와 로마 지도자, 베르베르 지도자들을 더 비교해 보려는 우리의 능력은 빈약한 증거로 인해 제한된다. 예를 들어, 우리는 베르베르 지도자들이 게르만 지도자들이 그랬던 것처럼 동일한 방법으로 토착적인 전통과 문화의 관리인으로 생각될 수 있을지 알 수 없다.[139] 자프나 가문의 지도자들이 시를 후원했고 뚜렷하게 '아랍'문화를 장려했다는 무슬림 측의 주장을 뒷받침할 수 있는 당대의 증거들은 없다. 그러나 시 문화는 이슬람화되기 전 아라비아에 분명하게 존재했었다. 따라서 자프나 가문 같은 아랍 지도자들이 민속 전통을 지키고 전달하는 역할을 수행했다는 주장은 입증할 수는 없어도 매력적이긴 하다.[140] 투르의 그레고리우스^{Gregorius of Tours}나 길다스^{Gildas}, 카시오도루스^{Cassiodorus}처럼 우리가 원하는 종류의 통찰을 주는 당대의 혹은 인접 시기의 역사가들도 없다. 그리고 지역적인 차이들을 기억하는 것도 매우 중요하다. 아말^{Amal} 왕조와 카시오도루스는 이전에 제국의 중심지였던 곳에 대한 동고트족의 지배를 정당화하려고 했던 대부분의 사람들보다 더 큰 압박을 느꼈을 것이다. 그곳의 옛 도시와 제도들은 카시오도루스가 아말 왕조를 위한 수용 가능하고 자랑스러운 '로마'사를 만들었기 때문에 테오도리쿠스에 의해 신중하게 다뤄질 수 있었다. 카시오도루스는 레스 푸블리카^{res publica}의 한 버전을 제공하는데, 여기서 고트족은 하나의 중요한 사상적인 지분을 보유했음을 나타냈다. 그것은 533년에 아말의 왕 아탈라리쿠스^{Athalaricus}가 로마 원로원에 자신의 '로마' 혈통을 설명함으로써 강조했던 하나의 조건이었다. 그 설명은 로마의 기원이 트로이로부터의 피난까지 거슬러 올라갈 수 있다는 로마 측 주장이 예로 들은 고전기의 대 이주에 기초한 것이었다. 동고트족을 로마인과 동등한 위치에 놓는 것이었다.[141] 마수나가 그러한 활동들에 참여하기 위해 같은 필요성을 느꼈을지 질문하는 것은 요점을 놓치는 것일 지도 모른다. 인구와 그 인구의 기대치에 따른 요구사항은 단순히 존재하지 않은 것이었을 수도 있다.

따라서 게르만, 베르베르, 아랍 지도자들이 만들어낸 구조의 종류들과 그들의 통치 방식에 대한 정치 스타일은 여러 가지 면에서 다양했다. 그러나 그들은 로마식 칭호의 사용, 지역 인구(특히 기독교 신앙의 공유를 통해)를 향한 호소, 그러한 인구의 요구 조건들과 인접 지역에서 로마 권력의 강도에 따라 상대적으로 부과되는 제약들에 대한 반응 등 몇몇의 두

드러진 유사점도 가지고 있었다. 예를 들어, 알-하리트는 파트리키오스와 말릭일 수 있으나 임페라토르는 아니었다. 반면에 마스티에스는 클로도베쿠스처럼 로마의 반응에 대한 두려움 없이 로마식 칭호를 취할 수 있었다. 지배 방식의 혼종성은 건축으로도 표현되었다. 마우레타니아의 제다르는 기독교와 사하라 지역의 특징들을 가졌는데, 아우구스투스 영묘와 스텝지역 유목민들의 유르트에서 영감을 받은 테오도리쿠스의 영묘와 비슷해 보일 수도 있다.[142] 이 모든 것들 가운데 가장 중요하게 드러나는 것은 매우 다른 상황들을 넘나드는 유사성이 편중이다. 자프나 가문은 독립적이지 못했지만 로마의 관료 및 대행자들과 가깝게 일했다. 마수나와 마스티에스는 독립적이었지만, 북아프리카 출신이었다. '새로 유입된 사람들'이 아니었다. 그리고 그들은 적어도 엘리트층 수준에서 침입보다는 재부족화를 보여주었다. '새로 유입된 사람들'이 남쪽에서 이주해 올 가능성을 배제할 수 없었기 때문이다.[143] 테오도리쿠스나 그와 같은 사람들은 영토를 침략했다는 의미에서 '새로 유입된 사람들'이었고, 정치적인 존재를 조직하기위해 그들이 도착했을 때 발견했던 것들만큼이나 함께 '가져온' 것들도 개조시켰다. 정치적 정당성을 제시하고 리더십의 수용을 협상하기 위해 기독교를 이용했다는 점을 넘어서 셋의 가장 중요한 유사점은 아마도 후기 고대시기에 야만족의 엘리트층을 겨냥했던 로마의 정책이 유지해온 역사적 일관성이 마무리된 방법일 것이다. 라인-다뉴브 변경을 따라 형성된 게르만인과 로마인의 상호 작용에 대한 학계의 풍부한 연구들이 입증하듯이, 유럽에서 로마인들은 그들이 북아프리카나 근동지역에서 사용한 정책과 유사한 엘리트층에 집중한 간접지배 정책을 추구했다.[144] 말로바우데스, 길도, 율리아누스, 알

-하리트, 알라리쿠스, 마스티에스, 마수나, 그리고 여러 야만인들이 로마와 그 대행자들에 대해 확실히 서로 다른 수준의 친밀함을 누리고 있었음에도, 그들의 역사적 경험은 다른 면보다 비슷한 면들이 많았다. 그들 모두 부족의 지도자였으나 부족과 국가 간 전달자가 되면서 상당한 압력에 직면했다. 그들 모두 어느 정도는 로마에서 경력을 쌓을 수 있었지만 우여곡절에 여전히 취약했다. 그러나 그들이 국가와의 제휴를 통해 얻어낼 수 있었던 호의는 그들의 권력을 지탱해 주었고 추종자들의 충성을 이끌어냈다. 그들은 두 가지 방식으로 자신을 표현하도록 강요받았다. 로마로부터 독립적인 이미지를 제공하는 동시에 그 구조 안으로 통합되기를 바랐다. 이것을 가능하게 한 융통성은 북아프리카 부족이나 아라비아 부족의 구조뿐만 아니라 로마 정치문화의 특이한 유연성에서 비롯된 것이었다. 이 유연성은 야만인 지도자들에게 적용되었고 차이에 관한 생각들을 정의하는 데 적합했기에 명백하게 모순적인 환경이 공존할 수 있게 했다.[145] 로마 지배의 영향은 마스티에스가 연관된 둑스라는 칭호를 사용할 수 있을 정도로 아우레스 지역에 거의 부담이 되지 않았다. 그러나 이전에 제국에 속했던 몇몇 지역들에는 여전히 중대한 문제로 작용했는데, 아말 가문은 카시오도루스의 도움을 구하는 것이 필요하다고 생각했다. 칠데리쿠스의 아들 클로도베쿠스 같은 경우, 자줏빛 옷을 입고 자신을 콘술로 부르게 했다. 이 칭호는 이제 공공연한 허구에 지나지 않았지만, 모두들 클로도베쿠스가 모두의 지지를 받게 된 것은 그가 "위대한 군주였고 유명한 군인이 되었기" 때문이란 걸 알고 있었다.[146] 반달족의 왕들은 베르베르 부족들의 신뢰를 얻기 위해 여전히 '권력의 집합'을 제공할 필요가 있다고 보았다. 어느 정도는 '지적인'

연속성이 필요했던 것이다. 여기에는 떠돌이, 군사적인 왕권, 그리고 게르만인도 베르베르인도 로마적인 형식이나 제도들을 단순히 따르하지만은 않았다는 점을 분명히 했던 옛것과 새것의 집합assemblage 등이 해당됐다.[147] 동시에, 클로도베쿠스, 마수나, 알-하리트 같은 인물들은 오래전 마시닛사 같은 위인들과 연속성이 있음이 나타났다. "로마인처럼 입고 싸웠고, 카르타고인처럼 말했으며, 헬레니즘 왕국의 군주들처럼 아들들을 그리스로 보냈다."[148] 시대와 상황은 바뀌었을지 모르겠지만 혼종적인 외양에 대한 만족과 요구 조건은 분명 바뀌지 않았다.

이 장의 초고는 2011년 12월 15일 파리 제 1대학에서 프랑수아 미쇼Françoise Micheau가 개최한 한 세미나에서 그렉 피셔가 발표했던 것이다. 그렉 피셔는 참석자들의 논평과 의견에 감사를 전하며, 이 장의 초안을 읽고 비판해준 엘리자베스 디지저, 레슬리 다씨, 리사 펜트레스, 에릭 푸니에게도 감사를 전한다. 생각들을 공유하고 곧 나올 연구서에 도움을 준 퍼거스 밀라, 리사 펜트레스, 앤드류 윌슨에게 감사한다. 본 장의 연구는 캐나다 표준 연구 지원 프로그램의 사회과학 및 인문학 연구 위원회의 지원을 받았다. 또한 이론적 바탕은 알렉산더 드로스트가 발전시켰다.

주석

1 이 장에서는 단순화한 표현으로 "베르베르(Berber)"라는 용어를 사용했다. 그러나 프랑 스 학계에서는 "마우레스(Maures)"라는 용어를 선호한다는 것에 주목할 필요가 있다. "마우리(Mauri)"는 고대에 사용된 라틴어이다.

2 비교를 방해한 장애물들에 대한 논의는 Walter E. Kaegi, *Muslim Expansion and Byzantine Collapse in North Africa*, Cambridge : Cambridge University Press, 2010, pp.37~39를 보라.

3 사료 문제에 대한 논의는 Yves Modéran, *Les Maures et l'Afrique Romaine*(IVe-VIIe siècle), Rome : École Française, 2003, pp.27~43과 David Mattingly, *Tripolitania*(London : Batsford, 1995), pp.17~18을 보라. Paul-Albért Février, "Le Maure ambigu ou les pièges du discours", *Bulletin archéologique du Comité des Travaux historiques et scientifiques*, n.s., 19B (1985), pp.291~395; Andrew Merrills, "Introduction", *Vandals, Romans and Berbers : New Perspectives on Late Antique North Africa*, ed. Andrew Merrills (Aldershot : Ashgate, 2004), 5-6; Michael Brett and Elizabeth Fentress, *The Berber* (London : Blackwell, 1996); and Bruce Hitchner, "The Mauri and Late-antique North Africa", *Journal of Roman Archaeology* 22, no. 2 (2009), p.820도 보라.

4 현재 표준이 되는 연구는 Modéran, *Les Maures*인데, 다음 연구들을 기반으로 이뤄졌다. Gabriel Camps, "De Masuna à Koceila : Les destinées de la Maurétanie au VIe et VIIe siè-cles", *Bulletin archéologique du Comité des Travaux historiques et scientifiques*, n.s. 18, 1982, pp.153~157; Gabriel Camps, "*Rex gentium Maurorum et Romanorum* : Recherches sur les royaumes de Mauretanie des VIe et VIIe siècles", *Antiquités Africaines* 20, 1984, pp.183~218; Jehan Desanges, "À propos de Masties, imperator berbère et chrétien", *Ktema* 21, 1996, pp.183~188. Brett and Fentress, *The Berbers*; Elizabeth Fentress, *Numidia and the Roman Army*, Oxford : British Archaeology Reports, 1979; Charles Whittaker, "Land and Labour in North Africa", *Klio* 60, no. 2, 1978, pp.331~362; Brent Shaw, "Archaeology and Knowledge : The History of the African Provinces of the Roman Empire", *Florilegium. Carleston University Papers on Late Antiquity and the Middle Age* 2, 1980, pp.28~60도 보라. Marcel Bénabou, *La Résistance africaine à la Romanisation* (Paris : Maspero, 1976)는 1차 연 구 성과들 중 하나로 제국주의적이지 않은 시각을 제공한다. Christian Courtois, *Les Vandales et Afrique*(Paris : Arts et métiers graphiques, 1955)는 오랫동안 베르베르인의 역 사를 다룬 표준적인 연구 결과물들 가운데 하나였다. 그 외 Charles-André Julien, *Histoire de l'Afrique du Nord : Tunisie-Algérie-Maroc*, Paris : Payot, 1931; Jérôme Carcopino, *Maroc Atique*, Paris : Gallimard, 1948 등이 있다.

5 가장 최근의 연구로는 Greg Fisher, *Between Empires : Arabs, Romans and Sasanians in Late Antiquity*, Oxford : Oxford University Press, 2011; Greg Fisher, "Kingdoms or Dynasties? Arabs, History and Identity before Islam", *Journal of Late Antiquity* 4, no. 2, 2011, pp.245~

267; Robert Hoyland, "Arab Kings, Arab Tribes, Arabic Texts, and the Beginnings of (Muslim) Arab Historical Memory in Late Roman Inscriptions", *From Hellenism to Islam : Cultural and Linguistic Change in the Roman Near East*, ed. Hannah Cotton et al., Cambridge : Cambridge University Press, 2009, pp.374~400; Robert Hoyland, *Arabia and the Arabs : From the Bronze Age to the Coming of Islam*, London : Routledge, 2001, esp. 236~243, building on Irfan Shahid, *Rome and the Arabs*(Washington : Dumbarton Oaks, 1994); and Irfan Shahid, *Byzantium and the Arabs in the Six Century* (Washington : Dumbarton Oaks, 1995~2010) 등이 있다.

6   재평가들은 각주 7번에 인용됐다. 구체적으로 Edward Banning, "Peasants, Pastoralists, and the *Pax Romana*", *Bulletin of the American Schools of Oriental Research* 261, 1986, pp.25 ~50; Philip Mayerson, "Saracens and Romans : Micro-Macro Relationships", *Bulletin of the American School of Oriental Research* 274, 1989, pp.71~79; David Graf, "Rome and the Saracens : Reassessing the Nomadic Menace", *L'Arabie préislamique et son evnironnement historique et culturel : Actes du Colloque de Strasbourg, 24-27 juin 1987*, ed. Toufic Fahd, Leiden : Brill, 1989, pp.341~400; Brent Shaw, "Fear and Loathing : The Nomadic Menace in Roman Africa", *Roman Africa : The Vanier Lectures, 1980*, ed. Colin Wells, Ottawa : University of Ottawa Press, 1982, pp.29~50 등이다.

7   알제리와 중동에서 안보상의 이유로 침해된 고고학 연구로는 Merrills, "Introduction", pp.8~16; David Mattingly and Bruce Hitchner, "Roman Africa : An Archaeological Review", *Journal of Roman Studies* 85, 1995, pp.165~213이 있다. 현재도 계속되고 있는 편견에 따른 문제에 대해서는 David Mattingly, "From One Colonialism to Another : Imperialism and the Maghreb", *Roman Imperialism : Post-Colonial Perspectives*, ed. Jane Webster and Nicholas Cooper, Leicester : University of leicester, 1996, pp.49~69를 보라. 샤히드(Irfan Shahid)의 연구 같은 경우, 종교적인 고려가 이슬람 이전 아랍인들에 대한 연구를 지배해왔다. 이에 대한 비판은 Mark Whittow, "Rome and the Jafnids : Writing the History of a Sixth-Century Tribal Dynasty", *Journal of Roman Archaeology* 2, 1998, pp.207~224를 보라.

8   근동지역 변경—Mark Whittow, *The Making of Byzantium, 600~1025*, Berkeley : University of California, 1996, pp.15~37; Kevin Butcher, *Roman Syria and the Near East* London : British Museum, 2003, pp.11~15·161~166; David Kennedy and Derrick Riley, *Rome's Desert Frontier from the Air*, London : Batsford, 1990, pp.24~28.
북아프리카 변경—C. R. Whittaker, *Frontiers of the Roman Empire : A Social and Economic Study*, Baltimore : Johns Hopkins, 1994, pp.92~95; Mattingly, *Tripolitania*, pp.1~16.
북아프리카의 인구 구성—Mattingly, *Tripolitania*, pp.19~49; Modéran, *Les Maures*, pp.43 ~112.

9   접경지대 개념의 이론적 배경은 문화적 차이에 대한 인류학적 조사에 기인한다. Fredrik Barth, *Ethnic Groups and Boundaries : The Social Organization of Culture Difference*(London : Allen and Unwin, 1969)가 전형적인 사례이다. 그 개념을 서로 다른 형태의 역사, 문화, 종교, 정치적 변경 상황에 적용시킨 사례는 다음과 같다. Jeremy Adelman and Stephen Aron, "From Borderlands to Borders : Empires, Nation-States, and the Peoples in Between

in North American History", *American Historical Review* 104, no. 3, 1999, pp.814~841; and Bradley Parker, "Toward an Understanding of Borderland Processes", *American Antiquity* 71, no. 1, 2006, pp.77~100. 최근 사례 연구들은 다양한 역사, 문화, 종교, 정치 주제들을 포괄한다. Bradley Parker, "At the Edge of Empire : Conceptualizing Assyria's Anatolian Frontier, ca. 700 BC", *Journal of Anthropological Archaeology* 21, 2002, pp.371~ 395; James Brooks, *Captives and Cousins : Slavery, Kinship, and Community in the Southwest Borderlands*, Chapel Hill : University of North Carolina Press, 2002; and Thomas Sizgorich, *Violence and Belief in Late Antiquity : Militant Devotion in Christianity and Islam*, Philadelphia : University of pennsylvania press, 2008; Daniel Boyarin, *Border Lines : The Partition of Judeo-Christianity*, Philadelphia : University of pennsylvania Press, 2004도 보라.

10 Doreen Massey, "Philosophy and politics of Spatiality : Some Considerations. The Hettner-Lecture in Human Geography", *Geographische Zeitschrift* 87, 1999, pp.1~12.

11 Richard White, *The Middle Ground, Indians, Empires, and Republics in the Great Lakes Region 1650~1815*, Cambridge : Cambridge University Press, 1991, pp.50~53.

12 Andrew Causey, *Hard Bargaining in Sumatra, Western Travelers, and Toba Bataks in the Marketplace of Souvenirs*, Honolulu : University of Hawaii, 2003, p.166.

13 Vera Pavlakovich-Kochi, Barbara J. Morehouse, and Doris Wastl-Walter, *Challenged Borderlands : Transcending political and Cultural Boundaries*, Aldershot : Ashgate, 2004, p.5.

14 Oscar J. Martínez, *Troublesome Border*, Tucson : University of Arizona, 2006, pp.101~ 102.

15 Oscar J. Martínez, "The Dynamics of Border Interaction, New Approaches to Border Analysis", *Global Boundaries : World Boundaries*, ed. Clive H. Schofield, London : Routledge, 1994, pp.6~8.

16 Jonathan Steele, *Ghosts of Afghanistan : The Haunted Battleground*, Berkeley : Counterpoint, 2011를 보라. Ahmed Rashid, *Descent into Chaos : The U.S. and the Disaster in Pakistan, Afghanistan, and Central Asia*, London : Penguin, 2009도 보라.

17 Chris Wickham, *Framing the Early Middle Ages*, Oxford : Oxford University Press, 2005, pp.57 · 303~305.

18 종합적인 논의를 위해서는 Modéran, *Les Maures*, pp.418~444를 보라. Wickham, *Framing the Early Middle Ages*, pp.305~306에서는 부족사회를 판별하는 기준 가운데 하나로 "배타적인 토지 소유권의 부재"를 제시하는데, 모데란이 주장하는 바와 비슷하다.

19 Jeffrey Szuchman, "Integrating Approaches to Nomads, Tribes, and the State in the Ancient Near East", ed. Jeffrey Szuchman, *Nomads, Tribes, and the State*, Chicago : Oriental Institute, 2009, pp.4~5.

20 베르베르인에 관해서는 Wickham, *Framing the Middle Ages*, p.22를 보라. 아랍 부족들의 정착 및 유목에 관해서는 Fisher, *Between Empires*, pp.72~124를 보라.

21 Peter Heather, "The Late Roman Art of Client management : Imperial Defence in the Fourth Century West", *The Transformation of Frontiers : From Late Antiquity to the Carolingians*, ed. Walter Pohl et al., Leiden : Brill, 2001, pp.15~68; Walter Pohl, ed., *Kingdoms of the Empire : The Integration of Barbarians in Late Antiquity*, Leiden : Brill, 1997도 보라. Walter Pohl

and Helmut Reimitz, eds., *Strategies of Distinction : The Construction of Ethnic Communities, 300 ~800,* Leiden : Brill, 1998; Peter Heather, *Goths and Romans, 332 ~489,* Oxford : Oxford University Press, 1991; Patrick Geary, *Before France and Germany : The Creation and Transformation of the Merovingian World,* Oxford : Oxford University Press, 1988.

22 William Seston and Maurice Euzennat, "La citoyenneté romaine au temps de Marc Aurèle et de Commode d'après la *Tabula Banasitana*", *Comptes Rendues de l'Académie des Inscriptions et Belles Lettres,* 1961, pp.317~323.

23 James Oliver, "The Text of the *Tabula Banasitana,* AD 177", *American Journal of Philology* 93, 1972, p.339; Adrian Sherwin-White, "The Tabula of Banasa and the *Constitutio Antoniniana*", *Journal of Roman Studies* 63, 1973, pp.86~108.

24 Sherwin-White, "The Tabula of Banasa", pp.87~89; 대표적인 사례는 마우레타니아 팅기타나의 여러 비석에 기록된 바쿠아스인 지도자들과 로마인들 간에 이뤄진 다수의 합의들이다. Edmond Frezouls, "Les Baquates et la province romaine de Tingitane", *Bulletin d'Archéologie Marocaine* 2, 1957, pp.65~116를 보라; Modéran, *Les Maures,* pp.481~505도 보라.

25 Camps, "*Rex gentium Maurorum*", p.185.

26 길도에 관해서는 다음 자료를 보라. Andy Blackhurst, "The House of Nubel : Rebels or Players?" *Vandals, Romans and Berbers,* ed. Merrills, p.59; Brett and Fentress, *The Berbers,* pp.73~74; 그리고 Camps, "*Rex gentium Maurorum*", p.187. 그의 가족에 대해서는 다음을 보라. Jan Willem Drijvers, "Ammianus on the Revolt of Firmus", *Ammianus after Julian : The Reign of Valentinian and Valens in Books 26-31 of the Res Gestae,* ed. Jan den Boeft, Leiden : Brill, 2007, pp.129~155; John Matthews, *The Roman Empire of Ammianus,* Ann Arbor : University of Michigan, 2007, pp.367~376.

27 Blackhurst, "The House of Nubel", p.70. cf. 누벨의 아들 마스케젤(Mascezel)은 궁정 분쟁의 결과, 아르카디우스(Arcadius) 편으로 판단되어 스틸리코(Stilicho)에 의해 살해당했다.

28 Blackhurst, "The House of Nubel", pp.68~69.

29 Blackhurst, "The House of Nubel", pp.65·74~75; *CIL* 8.9255; Eric Fournier, "Flavius Nubel", *Dictionary of African Biography,* ed. Henry Gates and Emmanuel Akyeampong, Oxford : Oxford University Press, 2012. Flavian connection stressed in Matthews, *Roman Empire of Ammianus,* p.373.

30 Equestrian prefects : Claude Lepelley, "Le préfecture de tribu dans l'Afrique du Bas-Empire", *Mélanges d'histoire ancienne offerts à William Seston,* Paris : Publications de la Sorbonne, 1974, pp.285~295; Modéran, *Les Maures,* pp.481~483; Phillipe Leveau, "L'aile II des Thraces, la tribu des Mazices et les *prafecti gentis* en Afrique du Nord", *Antiquités Africaines* 7, 1973, pp.153~192에서의 논의도 보라.

31 Maurice Sartre, *The Middle East under Roman Rule,* trans. Catherine Porter and Elizabeth Rawlings, Cambridge MA : Belknap, 2005, p.56; Hannah Cotton, "Some Aspects of the Roman Administration of Judaea/Syria-Palestine", *Lokale Autonomie und römische Ordnungsmacht in den kaiserzeitlichen Provinzen vom I. bis 3. Jahrhundert,* ed. Werner Eck and Elisabeth Müller-Luckner, Munich : R. Oldenbourg, 1999, pp.75~91.

32 Aug., *Letter* 199, 12.46; *C. Th.* 11.30.62 (July 22, p.405); Modéran, *Les Maures,* pp.481~482

에서 논의되었다.

33 Lepelley, "Le préfecture de tribu", pp.291~295; Modéran, *Les Maures*, p.484은 일부분 Aug., *Letter* 199, 12.46의 증언에 근거했다.

34 Modéran, *Les Maures*, pp.480~481 · 501~505.

35 A. G. Grouchevoy, "Trois 'niveaux' de phylarques : Étude terminologique sur les relations de Rome et de Byzance avec les Arabes avant l'Islam", *Syria* 72, 1995, pp.105~131; Maurice Sartre, "Deux phylarques arabes dans l'Arabie byzantine", *Muséon* 106, 1993, pp.145~154 도 보라. Roger Paret, "Note sur un passage de Malalas concernant les phylarques arabes", *Arabica* 5, 1958, pp.251~262; Philip Mayerson, "The Use of the Term *phylarchos* in the Roman-Byzantine East", *Zeitschrift für Papyrologie und Epigraphik* 88, 1991, pp.291~295.

36 Brett and Fentress, *The Berbers*, p.51.

37 Proc., *BP* 1.19.8-14.

38 Malalas, *Chron.* 18.35.

39 Proc., *BP* 2.19.15-18.

40 Proc., *BP* 1.19.8-14.

41 이 지역에서 로마군의 존재를 나타내는 사례들은 드물다. 장기적으로 주둔했던 것 같지는 않다. Józef Milik, "Inscriptions grecques et nabatéenes de Rawwafah", *University of London. Bulletin of the Institute of Archaeology* 10, 1971, pp.54~58를 보라. Michael Macdonald, "Quelques réflexions sur les Saracèns, l'inscription de Rawwâfa et l'armée romaine", *Présence arabe dans le Croissant Fertile avant l'Hégire : Actes de la table ronde internationale organisée par l'unité de recherche associée 1062 du CNRS, Études sémitiques, au Collège de France, le 13 novembre 1993*, ed. Hélène Lozachmeur, Paris : Centre national de la recherche scientifique, 1995, pp.93~201; Dhaifallah al-Talhi and Mohammad al-Daire, "Roman Presence in the Desert : A New Inscription from Hegra", *Chiron* 35, 2005, pp.205~217.

42 예를 들어, 563년 콘스탄티노플을 방문했던 자프나 가문의 필라르크 알-하리트는 파트리키오스(*patrikios*, 귀족)로 기록되었다. Theoph., *Chron.* 240; 파트리키오스로 기록된 알-하리트 : *IGLS* 2553b, d; 파트리키오스로 기록된 알-문디르 : *Wadd.* 2562c, from al-Burj, near Damascus; also Joh. Eph., *HE* 3.4.39-42; 보조금 관련 논의 : Joh. Eph., *HE* 3.6.3, 3.3.42.

43 필자는 다음 의견에 동의한다. Camps, "*Rex gentium Maurorum*", pp.195~196. 아래 마스티에스의 비문에서 유추하건데 *Romanus*의 복수 소유격 형태인 *Romanorum*을 이해하는 가장 합리적인 방법이다. 겐티움(*gentium*)이란 용어는 다소 문제가 있다. 왜냐면 그 시기에 이 용어는 주로 행정적인 느낌의 용어로 사용됐기 때문이다. 부족을 가리키기는 했으나 *Maurorum*과 짝을 이뤘다는 것은 보다 넓은 범위를 나타낸다. 캄프스는 이 용어를 그렇게 해석했다.

44 *CIL* 8.9835 : pro salute et incolumitate regis Masunae gentis/ium Maurorum et Romanorum castrum edificatum a Masgivin praefecto de Safara et Iider procuratore cast ra Severiana quem Masuna Altava posuit et Maximus procurator Altavae perfecit anno provinciarum CCCCLXVIII.

45 Jérôme Carcopino, "Un 'empereur' maure inconnu d'après une inscription latine récemment découverte dans l'Aurès", *Revue des Études Anciennes* 46, 1944, pp.94~120.

46 Desanges, "À propos de Masties", 183는 Pierre Morizot, "Pour une nouvelle lecture de l'elo-gium de Masties", *Antiquités Africaines* 25, 1989, pp.263~284가 재구성한 텍스트에 기반했다 : Dis manibus sacrum. Ego Masties dux annis lxvii et imperator annis x + [cross symbol] qui nun quam perivravineque fidem fregineque de Romanos neque de Mauros et in bellu-parvi et in pace et adversus facta mea sic mecum Deus egit bene Ego Vartaia huncedificium cum fratribus me is feci in quod erogavi solidos centum. 이 묘비는 알제의 국립 고대사 박물관 Musée Nationale des Antiquités에 소장 중이고 Modéran, *Les Maures*, 398에 고화질 사진이 수록되어 있다. 이 번역은 모데란(399~400)의 독해를 따른 것이다.

47 Camps, "Nouvelles observations", p.155, 쿠르토아(Courtois)의 의견에 대해 논한다.

48 Volubilis : *Inscriptions antiques du Maroc. 2. Inscriptions Latines* 360; *rex gentis Ucutamanorum* : *CIL* 8.8379. As well, *CIL* 8.2615; Aug., *Letter* 199, 12.46; Corippus, *Ioh.* 5.519-20. Discussion in Modéran, *Les Maures*, p.437.

49 Modéran, *Les Maures*, p.438.

50 Tert., *Apol.* 24; Lactant., *Div. inst.* 1.15.6; discussion in Camps, "*Rex gentium Maurorum*", p.184.

51 Modéran, *Les Maures*, p.401, discussing Carcopino, "Un 'empereur' maure inconnu", p.117; see also Desanges, "À propos de Masties", p.185.

52 Modéran, *Les Maures*, p.435. 코리푸스가 부족 지도자들을 가리키기 위해 사용한 여러 칭호들, "magister", "praefectus", "ductor", "dux", "tyrannus", "princeps", "regens", "auctor", "rex" 중에서 "dux"가 두 번째로 가장 많이 쓰였다. Corippus, *Ioh.* 8.268, 2.141, 6.144, discussed by Modéran, *Les Maures*, p.403; Richard Miles and Andrew Merrills, *The Vandals* (London : Blackwell, 2010), 127는 "dux"가 "토착 정치 세력에 가장 어울리는 라틴어 번역"이라고 주장했다.

53 Kaegi, *Muslim Expansion*, p.128.

54 Modéran, *Les Maures*, pp.402~404.

55 Desanges, "À propos de Masties", p.184; Modéran, *Les Maures*, p.403.

56 Pierre Morizot, "Vues nouvelles sur l'Aurès antique", *Comptes Rendues de l'Académie des Inscriptions et Belles Lettres*, 1979, pp.309~337; Pierre Morizot, *Archéologie aérienne de l'Aurès*, Paris : Commission d'histoire et d'archéologie d'Afrique du Nord, 1997.

57 Modéran, *Les Maures*, pp.532~533.

58 예를 들어, 위에 언급한 우쿠타마누스인의 왕의 경우는 Jonathan Conant, *Staying Roman : Conquest and Identity in Africa and the Mediterranean, 439~700*(Cambridge University Press, 2012), 268-69, 290-91을 보라. 474년 알제리아 동부에 교회를 세운 이우그메나에 대해서는 Courtois, *Les Vandales*, 375를 보라.

59 Leslie Dossey, *Peasant and Empire in Christian North Afric*, Berkeley : University of California press, 2010, pp.28~29; Modéran, "L'Afrique et la persecution Vandale", pp.275~276.

60 Proc., *BV* 1.8.5.

61 최근에 Conant, *Staying Roman*, pp.170~179에서 논의됐다.

62 Modéran, *Les Maures*, pp.407~411; Modéran, "L'Afrique et la persécution Vandale", *Histoire du Christianisme des orgines à nos jours*, ed. Jean-Marie Mayeur, Paris : Desclée,

1998), iii, pp.247~278; Miles and Merrills, *The Vandals*, p.127.

63 Elizabeth Fentress and Andrew Wilson, "The Saharan Berber Diaspora and the Southern Frontiers of Byzantine North Africa", *North Africa under Byzantium and Early Islam*, ed. Susan T. Stevens and Jonathan P. Conant, Washington DC : Dumbarton Oaks Research Library and Collection, 2006, pp.41~63; Elizabeth Fentress, "Diana Veteranorum and the Dynamics of an Inland Economy", *Late Antique Archaeology* 10, 2013, pp.315~342.

64 Wickham, *Framing the Early Middle Ages*, p.336.

65 예를 들어, *CIL* 8.9869 and 8.9866.

66 Proc., *BV* 25.5.8.

67 Modéran, *Les Maures*, p.491.

68 Olwen Hackett and David Smith, *Ghirza : A Libyan Settlement in the Roman Period*, Tripoli : Department of Antiquities, 1984, pp.137·153·223~224; Mattingly, *Tripolitania*, p.207.

69 Wickham, *Framing the Early Middle Ages*, p.334.

70 *Inscriptions antiques du Maroc. 2. Inscriptions Latines*, pp.506·603·608·619. 전체 참고문헌 목록은 www.sitedevoloubilis.org 참조

71 Camps, "*Rex gentium Maurorum*", pp.201~204; Rushworth, "From Arzuges to Rustamids", 92. Raymond La Blanchère, *Voyage d'étude en Maurétanie Césarienne*(Paris : Imprimerie Nationale, 1882)에서 제다르 기념비들이 처음 연구됐다. 이후의 연구들은 다음과 같다. Stéphane Gsell, *Les monuments antiques d'Algérie*, 2 vols., Paris : A Fontemoing, 1901, pp.418 ~427; Gabriel Camps, *Aux origines de la Berbérie : Monuments et rites funéraires proto-historiques*, Paris : Arts et métiers graphiques, 1961; Fatima Kadra, *Les Djedars, monuments funéraires berbères de la region de Frenda*, Algiers : Office des publications universitaires, 1983.

72 Fentress and Wilson, "The Saharan Berber Diaspora".

73 Fentress and Wilson, "The Saharan Berber Diaspora", pp.203~205.

74 Camps, "*Rex gentium Maurorum*", pp.215~216.

75 Wickham, *Framing the Early Middle Ages*, pp.303~304.

76 Cf. Elizabeth Fentress, "Romanising the Berbers", *Past and Present* 190, 2006, pp.11~12.

77 *Vit. Fulg.* 1.

78 *Vit. Fulg.* 14.

79 Yves Modéran, "La chronologie de la Vie de saint Fulgence de Ruspe et ses incidences surl'histoire de l'Afrique vandal", *Mélanges de l'École française de Rome* 105, no. 1, 1993, pp.177~181; 모데란은 다음의 연구들을 논의했다. Gabriel-Guillaume Lapeyre, *La Vie de Saint Fulgence de Ruspe*, Paris : Lethielleux, 1929, p.100; Merrills and Miles, *The Vandals*, p.164. 또한 프로쿠라토르 직위를 쿠리아에 관련된 직책으로 보았다. 그리고 반달인의 경제 정책을 비롯해 사유재산 *res privata*과 국가재정 *fisces*에 대한 인식이 지속된 것에 대한 논의도 살폈다.

80 Wickham, *Framing the Early Middle Ages*, p.89에서 위크햄은 도시에 기반한 과세가 5세기 말 무렵에 끝났을 것이라고 생각했다. 따라서 『풀겐티우스의 삶』에 나타나는 프로쿠라토르를 쿠리아회의 의원으로 보는 것은 옳지 않다고 주장했다.

81 그러나 Wickham. *Framing the Early Middle Ages*, pp.336~337에서 워크햄은 다음과 같이 지적했다, 마수나의 "왕국"이 가졌던 안정성에 대한 쿠르토아의 추측, 즉 9세기까지 지속은 지나치게 낙관적이라고 했다. 엘리자베스 펜트레스도 그렇게 말했다.

82 Wickham, *Framing the Early Middle Ages*, p.336; 트렘켐 : *CIL* 8.21782-92.

83 Modéran, *Les Maures*, pp.413・433~434에서 모데란은 이아우다스가 마스티에스가 가진 권력을 물려받았다고 주장했다.

84 Dossey, *Peasant and Empire*, pp.125~144・196~197.

85 Dossey, *Peasant and Empire*, pp.28~29・136.

86 Dossey, *Peasant and Empire*, pp.8~9.

87 Dossey, *Peasant and Empire*, pp.95~196.

88 나는 레즐리 다씨(Leslie Dossey)의 통찰에 감사한다.

89 Brett and Fentress, *The Berbers*, pp.77~79.

90 사산조 페르시아인들에 대해선 다음의 연구서들을 참고할 것. Touraj Daryaee, *Sasanian Persia : The Rise and Fall of an Empire*, London : I.B. Tauris, 2010; Parvaneh Pourshariati, *Decline and Fall of the Sasanian Empire : The Sasanian-Parthian Confederacy and the Arab Conquest of Iran*, London : I.B. Tauris, 2008. 로마와 사산조 페르시아의 관계에 대해선 다음의 연구서들을 참고 : Matthew Canepa, *The Two Eyes of the Earth : Art and Ritual Kingship between Rome and Sasanian Iran*, Berkeley : University of California Press, 2009; Beate Dignas and Engelbert Winter, *Rome and Persia in Late Antiquity : Neighbours and Rivals*, Cambridge : Cambridge University Press, 2007.

91 예를 들어, 위에 언급된 사우디 아라비아의 루와파(Ruwwafah)에서 발견된 2세기경 비문과 시리아의 네마라(Nemara)에서 발견된 4세기경 비문들이 있다. 이 비문들에 대해서는 다음 연구논문을 참고할 것. Pierre Bordreuil et al., "205; Linteau inscrit : AO 4083", *Arabie heureuse, Arabie déserte : Les antiquités arabiques du Musée du Louvre*, ed. Christian Robin and Yves Calvet, Paris : Musée du Louvre, 1997, pp.265~269.

92 Fisher, "Kingdoms or Dynasties?", pp.254~258; Christian Robin, "Les Arabes de Ḥimyar, des 'Romains' et des Perses(IIIe-VIe siècles de l'ère chrétienne)", *Semitica et Classica* 1, 2008, pp.167~208.

93 Proc., *BP* 1.17.46.

94 암만의 남쪽, 텔 알-우마이리(Tell al-'Umayri)에서 발견. Ahmad Al-Shami, "Archaeological Excavation Project in the Eastern' Umayri Hill – First Season 2009", *Annual of the Department of Antiquities of Jordan* 54, 2010, pp.35~42 (Arabic).

95 연관된 건물들에 대한 간결한 요약은 다음 논문을 참고. Denis Genequand, "Some Thoughts on Qasr al-Hayr al-Gharbi, Its Dam, Its Monastery, and the Ghassanids", *Levant* 38, 2006, pp.63~84.

96 각주 47번을 보라.

97 *Wadd.* 2110. 시리아의 알-하이야트(al-Ḥayyat)에서 발견되었다.

98 Joh. Eph., *HE* 3.4.39.

99 E.g., Joh. Eph., *HE* 3.4.38-41; 논쟁의 배경에 대해서는 다음 연구논문을 참고. Pauline Allen, "The Definition and Enforcement of Orthodoxy", *The Cambridge Ancient History*,

XIV : *Late Antiquity* : *Empire and Successors, AD 425 ~600*, ed. Averil Cameron et al. , Cambridge : Cambridge University Press, 2000, pp.825~828·831. 중재자로 활동한 자 프나 가문 구성원들에 대한 분석은 다음 연구논문을 참고. Greg Fisher, "From Mavia to Al-Mundhir : Arab Christians and Arab Tribes in the Late Antique Roman East", *Religious Culture of Late Antique Arabia*, ed. Kirill Dimitriev and Isabel Toral-Niehoff, Leiden : Brill, forthcoming.

100 할리아룸(Haliarum)(Qaṣr al-Ḥayr al-Gharbī)은 다음 연구논문에서 논의되었다. Genequand, "Some Thoughts", 70; 그리고 Fisher, *Between Empires*, 57; Palmyra : Fergus Millar, "A Syriac Codex from Near Palmyra and the 'Ghassanid' Abokarib", *Hugoye* 16.1, 2013, pp.15~35.

101 니틀(Nitl)의 교회 : Michele Piccirillo, "The Church of Saint Sergius at Nitl : A Centre of the Christian Arabs in the Steppe at the Gates of Madaba", *Liber Annuus* 51, 2001, pp.267~284; 두 번째 교회는 텔 알-우마이리 Tell al-'Umayri에 있다. (각주 96번을 보라).

102 *SEG* 7.188.

103 Elizabeth Key Fowden, *The Barbarian Plain* : *St. Sergius between Rome and Iran*, Berkeley : University of California Press, 1999; Elizabeth Key Fowden, "An Arab Building at al-Ruṣāfa-Sergiopolis", *Damaszener Mitteilungen* 12, 2000, pp.303~327; Gunner Brands, "Die sogenannte Audienzsaal des al-Mundir in Reṣāfa", *Damaszener Mitteilungen* 10, 1998, pp.237~241; position of building as metaphor : Whittow, "Rome and the Jafnids", p.222.

104 각주 45번을 보라; Joh, Eph., *HE* 3.6.3-4도 보라; 경제 문제들에 관해서는 Zvi Uri Ma'oz, *The Ghassānids and the Fall of the Golan Synagogues*(Qazrin : Archaostyle, 2008)를 보라.

105 세금에 대해서는 다음 논문에서 다뤄졌다 : Clifford Bosworth, "Iran and the Arabs before Islam", *The Cambridge History of Iran, III/I* : *The Seleucid, Parthian, and Sasanian Periods*, ed. Ehsan Yarshater, Cambridge : Cambridge University Press, 1983, 599.

106 Joh. Eph., *HE* 3.3.54.

107 Fisher, *Between Empires*, pp.124~127.

108 Sartre, "Deux phylarques arabes", p.151.

109 Millar, "A Syriac Codex from near Palmyra".

110 *CIS* 4.541; Sidney Smith, "Events in Arabia in the 6th Century AD", *Bulletin of the School of Oriental and African Studies* 16, no. 3, 1954, pp.425~468.

111 Michael Macdonald, "A Note on New Readings in Line 1 of the Old Arabic Graffito at Jabal Says", *Semitica et Classica* 2, 2009, pp.223~225; Christian Robin and Maria Gorea, "Un réexamen de l'inscription arabe préislamique du Ğabal Usays (528-29 É. Chr.)", *Arabica* 49, 2002, pp.503~510.

112 Robin, "Les Arabes de Ḥimyar", p.171.

113 "킨다의 왕" : Gonzague Ryckmans, "Graffites Sabéens relevés en Arabie Sa'udite", *Rivista degli Studi Orientali* 32, 1957, pp.561~562; Iwona Gajda, "Ḥuǧr b. 'Amr roi de Kinda et l'établissement de la domination Ḥimyarite en Arabie central", *Proceedings of the Seminar for Arabian Studies* 26, 1996, pp.65~73.

114 Amm. Marc. 31.10.6-11.

115 각주 74번을 보라.

116 농촌에 집중한 연구논문은 다음을 참고 Fergus Millar, "Christian Monasticism in Roman Arabia at the Birth of Mahomet", *Semitica et Classica* 2, 2009, pp.97~115; Elizabeth Key Fowden, "Rural Converters among the Arabs", *Conversion in Late Antiquity : Christianity, Islam, and Beyond*, ed. Arietta Papaconstantinou, with Neil McLynn and Daniel L. Schwartz, Burlington : Ashgate, 2015; Fisher, "From Mavia to Al-Mundhir."

117 Joh. Eph., *HE* 3.3.42.

118 Maurice Sartre, *Trois études sur l'Arabie romaine et byzantine*, Brussels : Latomus, 1982, pp.178~188; Genequand, "Some Thoughts", 78; Damascus : al-Ya'qūbī, *Buldān*, p.326.

119 Dossey, *Peasant and Empire*, 8, pp.199~200.

120 Joh. Eph., *Vitae* (PO 19, 153-54).

121 보다 자세한 논의는 다음의 연구논문들을 참고 Jan van Ginkel, "John of Ephesus : A Monophysite Historian in Sixth-Century Byzantium", PhD diss., Rijksuniversiteit Groningen, 1995; Volker Menze, *Justinian and the Making of the Syrian Orthodox Church*, Oxford : Oxford University Press, 2008; Lucas van Rompay, "Society and Community in the Christian East", *The Cambridge Companion to the Age of Justinian*, ed. Michael Maas, Cambridge : Cambridge University Press, 2005, pp.239~266; Allen, "The Definition and Enforcement of Orthodoxy"; Fergus Millar, "The Evolution of the Syrian Orthodox Church in the Pre-Islamic Period : From Greek to Syriac", *Journal of Early Christian Studies* 21, no. 1, 2013, pp.43~92.

122 제베드 : Robert Hoyland, "Epigraphy and the Emergence of Arab Identity", *From Al-andalus to Khurasan : Documents from the Medieval Islamic World*, ed. Petra Sijpesteijn et al., Leiden : Brill, 2007, p.232

    하르란 : Christian Robin, "La réforme de l'écriture arabe à l'époque du califat médinois", *Mélanges de l'Université Saint-Joseph* 56, 2006, pp.332~336.

123 Claudine Dauphin, "Pèlerinage ghassanide au sanctuaire byzantin de Saint Jean-Baptiste à Er-Ramthaniyye en Gaulantide", *Akten des XII. Internationalen Kongresses für Christliche Archäologie, Bonn 22.-28. September 1991*, ed. Ernst Dassman and Josef Engeman, Münster : Aschendorffsche Verlagsbuchhandlung, 1995, pp.ii·667~673.

124 *IGLS* 297; Denis Feissel, "Les martyria d'Anasartha", *Mélanges Gilbert Dagron*, ed. V. Déroche, Paris : Association des amis du Centre d'histoire et civilisation de Byzance, 2002, pp.201~220.

125 각주 23번을 참고할 것. 그리고 비교적 최근에 나온 다음 연구서도 참고 Peter Heather, *Empires and Barbarians : Migration, Development, and the Birth of Europe*, Oxford : Oxford University Press, 2010; Guy Halsall, *Barbarian Migrations and the Roman West, 376~568*, Cambridge : Cambridge University Press, 2007; Edward James, *Europe's Barbarians, AD 200~600*, Harlow : Longman, 2009.

126 Peter Sarris, *Empires of Faith : The Fall of Rome to the Rise of Islam, 500~700*, Oxford : Oxford University Press, 2011, p.71.

127 Sarris, *Empires of Faith*, pp.84~85.

128 Camps, "*Rex gentium Maurorum*", pp.216~217; Camps, "De Masuna à Koceila", p.322.

129 Conant, *Staying Roman*, p.275.

130 Conant, *Staying Roman*, p.276.

131 Sarris, *Empires of Faith*, pp.88~90.

132 Modéran, *Les Maures*, p.815.

133 E.g., Proc., *BP* 1.17.40~43, on the Naṣrid al-Mundhir.

134 Jabala : Theoph., *Chron*, p.141.

135 William Lancaster and Fidelity Lancaster, "Concepts of Leadership in Bedouin Society", *The Byzantine and Early Islamic Near East, VI : Elites Old and New in the Byzantine and Early Islamic Near East*, ed. John Haldon and Lawrence Conrad, Princeton : Darwin, 2004, pp.29 ~61; Ira Lapidus, "Tribes and State Formation in Islamic History", *Tribes and State Formation in the Middle East*, ed Philip Khoury and Joseph Kostiner, Berkeley : University of California Press, 1990, pp.25~47.

136 Sarris, *Empires of Faith*, p.108.

137 나스르 가문 : *Chron. Jacob of Edessa*, 20, al-Ṭabarī, 1.1018-28; Fisher, *Between Empires*, pp.184~186.

138 Proc., *BV*. 4.20.

139 Cf. Sarris, *Empires of Faith*, pp.123~124.

140 Sarris, *Empires of Faith*, 85; for a comprehensive discussion of the poetry : Fisher, *Between Empires*, pp.153~162.

141 Arne Søby Christensen, *Cassiodorus, Jordanes, and the History of the Goths : Studies in a Migration Myth*, Copenhagen : Museum Tusculanum Press, 2002, pp.71~82; Patrick Amory, *People and Identity in Ostrogothic Italy, 489-554*, Cambridge : Cambridge University Press, 1997, pp.50~54.

142 Sarris, *Empires of Faith*, 109, n.106, 패트릭 워몰드(Patrick Wormald)의 관점을 서술하고 있다.

143 Wickham, *Framing the Early Middle Ages*, pp.333~339.

144 각주 15번과 121번을 참고하라.

145 Cf. Modéran, *Les Maures*, p.814.

146 Greg. Tur., *Hist*. 2.12, 다음의 연구서에서 다룸 : Sarris, *Empires of Faith*, p.124.

147 Cf. Wickham, *Framing the Early Middle Ages*, p.81.

148 Fentress, "Romanising the Berbers", p.11.

제3장

발트해 남부지역에 위치한 중세 시토회 수도원들의 초접경 경제

만야 올쇼스키(Manja Olschowski)

1298년 12월 30일, 유틀란트 남부의 뢰굼 클로스터 수도원장 군너 Gunner와 인근 도시 리베의 주교 크리스티안Kristian은 자신들이 대표하는 두 기관의 운명을 극적으로 변화시킬 결정을 내렸다.[1] 1173년 시토회 뢰굼 수도원이 건립된 이래로 리베 주교들은 가장 중요하고 영향력 있는 후원자였다. 이들은 자신들이 지니고 있던 많은 재산과 십일조 징수권을 이 신생 수도원에 부여했으며 상당한 수익을 제공하는 12개 이상의 조약들을 체결했다. 그 대가로 주교들은 수행단과 함께 정기적으로 수도원을 방문하고 시토회 수도사들에게 환대받을 권리를 요구했다.

양측 모두 이 합의를 100년 이상 받아들였지만, 13세기 말에 이르면 수도사들이 주교의 체류 비용을 감당할 수 없게 된 듯하다. 따라서 이들은 1298년 후원자인 주교에게 전통적 합의를 파기하자고 요청했다. 시토회 수도사들은 리베 주교들로부터 받았던 재산과 특권들을 반환하면서 주교의 연례적인 방문을 종결했으며, 이를 통해 가장 중요한 특권들 중 하나였던 수도원 경내 출입 금지 조항을 복원시켰다. 수도사들은 재화 유출의 가장 커다란 원인이었던 주교들의 방문이 자신들의 칩거 생활을 방해한다는 사실에 불편함을 느꼈던 것으로 보이며, 따라서 이들은 한때 없애려고 했던 기존의 분계들을 지속적으로 복구하고 강화했다.

시토 수도원 영역과 외부 세계 사이의 전반적인 분계 및 그 경제적 의의는 이 장의 주요 관심사이다. 사회적으로 시토회 수도사들은 엘리자베스 드팔마 디지저가 고대 학자 오리게네스에 관한 연구에서 지적했듯이 뚜렷한 두 집단 사이에 위치한 개념적 접경지대를 점유했다. 오리게네스가 플라톤주의자들과 기독교 공동체 가운데 끼어 있었듯이 시토 수도사들은 토착 슬라브 주민들과 번영하던 작센 정착민들 사이에서 줄을 타고 있었던 것이다. 오늘날 덴마크의 뢰굼 클로스터에서 시작하여 동쪽 방향으로 리가강 인근의 다우가프그리바에 이르는 발트해 남부지역에 자리 잡았던 시토회 수도원들은 경제적 경계들의 성격 분석에 필요한 사례들을 제공할 것이다. 또한 이들 중 대부분이 중세 변경지역이었던 엘베강 동편에 자리 잡았던 역사적 배경도 다룰 필요가 있다. 그러므로 이 장의 또 다른 목표는 접경지대의 역사적 조건들이 만들어지는 과정을 살펴보는 것이며, 이는 다양한 네트워크의 역할을 특별히 강조했던 클린턴 F. 스미스의 비교연구를 기반으로 이루어질 것이다. 이러한 이유로 시토 수도회의 네트워크 묘사를 이 장의 출발점으로 삼고자 한다.

11세기 이래로 중세 유럽, 특히 기독교 제국의 주변부에서는 수도원들이 종교적 삶에서 가장 중요한 문화 중심지가 되었으며 특히 주변 지역의 교육, 보건, 농업, 가축 및 수자원 관리와 같은 다양한 사회·경제적 요소에 영향력을 발휘했다. 한편 개별 수도원과 주변 사회의 관계는 다수의 종교기관들과 마찬가지로 시토회 수도사들이 초창기부터 세속 및 교회의 도전에 직면함에 따라 복잡해졌다. 그러므로 특정 시토회 수도원의 경제 정책은 교회의 관심, 세속적 요구, 사회·경제적 요소들로 이루어진 복합적인 네트워크의 결과물이었으며, 이 모든 것들은 일부 분계들을 약화시키는 동시에 다른 분계들을 강화시켰다.

중세연구자들의 '경계' 개념

이후에 언급될 사례 연구의 맥락을 이해하려면 중세의 구분선이 지닌 특성을 살펴볼 필요가 있다. '경계', '분계', '변경'은 중세 역사연구에서 점차 널리 사용되어온 개념들로, 다양하고 폭넓은 접근이 가능하다. 그러므로 시토 수도회의 경제 정책을 논하기에 앞서 이러한 용어들을 명확하게 정의할 필요가 있다.

일반적으로 전근대와 현재의 '경계'는 매우 다르다. '분계'를 지칭하기 위해 사용되었던 중세의 다양한 용어 및 그에 대한 관념들은 기저의 개념들이 다양했다는 사실을 보여준다. 예를 들어 현대 라틴어 사료에서는 경계(선)limes, 표시marca, 푯대meta, 울타리gades, 경계terminus, 경계(선)finis, 접경confinium, 경계선frontera, 표지signum가 등장한다. 오늘날의 독일어권 지역에서 경계를 지칭하기 위해 사용하는 Grenze는 어원에 관련된 역사를 뚜렷하게 담고 있다. 슬라브어 granica에서 유래된 이 단어는 라틴어 granicea가 되었으며 13세기 초에는 독일어 grenitze

로 등장했다.[2] 새로 등장한 이 단어를 사용했던 최초의 사회 집단들은 특히 시토회 수도사들과 튜턴 기사단이었다. 오늘날의 연구자들은 이들을 '중세의 변경인'으로 지속적으로 묘사해 왔는데, 이들이 슬라브 지역을 기독교화하는 데 중요한 역할을 담당했다고 여겼기 때문이다.[3] 이러한 정의는 변경이 미국에서만 유일무이하게 존재했다고 주장하던 프레데릭 J. 터너가 19세기에 발전시킨 '변경이론'에 기반한 것이다.[4] 그의 주장은 변경 역사를 다룬 수많은 연구들을 촉발시켰으며,[5] 엄밀한 검증을 버티지 못했다.[6] 그 결과 '변경' 개념은 황무지를 정복할 필요성에서 비롯된 지배적 관념에서 문화들이 지속적으로 상호 교환되는 접촉 공간으로 전환되었다. 그렇지만 수정된 '변경' 개념 또한 보편적인 성격 및 이에 따른 일관성 부재로 인해 비판의 대상이 되었으며,[7] 그 결과 '변경' 대신 '중간 지대' 개념을 도입하여 공간의 분리보다는 관계성을 강조하기에 이르렀다.[8] 특히 이러한 개념은 미국이라는 맥락 속에서 주목받았다.

중세 유럽을 연구하는 역사가들은 사회 발전을 위해 '야만적인' 지역을 식민지로 만드는 과정에서 나타나는 문화적 충격을 강조하면서 이 같은 '변경' 개념을 설명 모델로 활용해 왔다. '변경'이라는 용어의 유용성은 여러 차례 타당한 도전을 받았지만, 19세기 말~20세기 초 국가 건설 과정에 관한 연구들을 통해 처음으로 가치를 입증했다. 그 이후에는 슬라브 세계와 비슬라브 세계 간의 차이와 같은, 이른바 라틴 기독교 세계와 인근의 비라틴 지역의 커다란 이질성에 관심이 집중되었다.[9] 최근 이러한 논의는 정치적 함의를 상실하고 유럽이라는 차원에 적용되고 있다. 수정된 터너의 변경 개념은 발트해 지역, 다시 말해 러시아와 헝가리에 이르는 엘베강 동부지역에 적용되었고, 특히 이베리아반도를 연구하는 역사가들도 유용하게 활용하고 있다.[10]

이 장에서는 중세 유럽에서 독특한 위치를 차지했던 특별한 문화·종교적 차원을 추가하여 터너식의 '변경' 용어를 활용하고자 한다.[11] 찰스 비시코Charles Bishko는 터너의 변경 개념을 '상대적으로 미발달되고 적은 인구가 거주하는 외딴 지역이나 주변지대인 동시에, 발전된 문명이 식민지 개척자들을 침투시켜 항구적인 정착민들로 만드는 지역'으로 잘 묘사했다.[12] 이 같은 변경정의는 데이비드 아불라피아의 전반적인 비판에도 불구하고 기독교 전파로 인해 위기에 빠졌던 토착 슬라브 지역을 묘사하는 데 매우 적절하다. 한편 아불라피아에 의하면 중세의 변경은 식별 가능한 현상이라기보다는 역사가들의 개념적 도구이다.[13] 변경 개념은 일반적인 경계 개념을 능가하는 장점들을 지니고 있으며, 이 중 한 가지는 변경에서 만나는 여러 사회들 간의 다차원적인 불균형을 강조한다는 점이다. 연구자들은 종종 접경지역을 단 하나의 특정 사회가 여타 사회들을 지배하고 팽창해 나가는 지역으로 이해한다.[14]

이와 반대로 변경지역에 대한 중세적 해석은 훨씬 폭넓다. 일반적인 '경계' 의미를 지닌 '변경'이라는 단어는 반드시 국가 차원은 아니라 할지라도 12세기부터 이베리아에서, 13세기에는 이탈리아에서, 1312년부터는 프랑스에서 등장한다.[15] 오늘날의 역사학에서는 '경계'라는 용어를 상대적으로 적게 사용하고 있으며, 지리적 차원으로 한정된 의미를 부여한다. 중부 유럽에서는 12세기에 이르러서야 선line 개념의 경계를 지닌 소규모 영역 단위가 등장했음을 유념해야 한다.[16]

중세 모든 시대의 정치적 경계들은 사실상 선이 아닌 구역 또는 지역으로 이루어졌다는 견해가 일반적이다.[17] 그러나 중세 유럽에도 선으로 이루어진 경계 '개념'은 존재하고 있었으며, 특히 경제적 맥락에서 매우 뚜렷하게 드러났다. 다수의 특허장들은 개울, 잘 보이는 나무, 교차로, 또는 인공적인 경계 표지를 따라 이어진 뚜렷한 경계선을 근거로 삼아 영지의 범위를 명시했다.[18] 대니얼 노드맨Daniel Nordman은 중세인들이 현대인들과 동일하게 영토상의 경계를 매우 뚜렷하게 인식했다고 지적하였다.[19] 이러한 모습은 영지를 분할하거나 주교구의 교회 사법권 범위를 규정하던 사례에서 뚜렷하게 드러났다. 따라서 차후의 사례 연구에서 분석될 경제적 경계들은 지리적 가시성과 관련이 없는 상이한 행정 단위들 — 세속·정치적 단위이건 교회의 단위이건 간에 — 간의 영토적 경계선으로 정의될 것이다. 이와 유사한 정의가 '분계'라는 개념에도 적용될 수 있지만, 해당 용어는 덜 안정적이고 보다 높은 투과성을 내포한다. 시토회 수도원 경제에 대한 문화적, 사회적 분계들의 영향력은 이러한 맥락에서 분석될 것이다.

시토 수도회의 경제

시토 수도회의 경제는 다방면에 걸쳐 있었는데, 그중 가장 중요한 농산물은 밀이었다. 시토 수도회가 삼포제를 일찍 도입했다는 사실은 그리 놀랍지 않다. 일부 지역에서는 '흰옷을 입은 수도사들' — 그들의 수도복 색상으로 인해 이러한 명칭을 지니게 되었다 — 이 해당 농법을 가장 먼저 이용했다. 남부 및 서부 유럽에서는 포도주가 수도원에서 두 번째로 큰 수입원이었던 반면, 포도밭에 적합하지 않은 기후로 인해 대체 수익원을 찾아야만 했던 북유럽의 수도원들은 소금을 선택했다.

소금은 중부 및 동부 유럽에서 상대적으로 흔했으므로 이 지역의 시토회 수도사들은 독자적인 염전을 확보하거나 소금 생산 사업의 지분이나 수익을 얻기 위해서, 아니면 최소한 소금 수입에 붙는 세금을 면제받기 위해 열심히 노력했다.[20] 13세기 인구 팽창으로 인해 일부 제염소들이 확장될 때, 시토회 전문가들이 도움을 제공했을 것이다.[21] 그러나 이 같은 실질적인 개입은 수도원 초창기에 한정되었으며, 후대에는 오직 자기 몫의 소금 냄비에 의지하거나 뤼네부르크의 대규모 제염소에서 볼 수 있듯이 자본 투자처로 활용했다. 소금은 매우 높은 가치를 지니고 있었는데, 처음에는 수도원 자체에서 고기와 특히 생선을 보존하기 위해 필요했으며 후대에는 교역에 활용되었기 때문이다.

발트해 연안의 수도원들은 청어를 비롯한 어류를 보존하기 위해 소금을 사용했으며, 이에 따라 소금은 안정적으로 공급될 필요가 있었다.[22] 시토회 수도사들에게는 육류 섭취가 금지되었으므로 생선은 매우 중요한 역할을 담당했다. 이로 인해 수도사들은 훌륭한 어부이자 양식업자가 되었으며 결국에는 수력 운용에 통달하게 되었다. 이들은 개울, 심지어 강의 흐름을 바꾸고 수차, 댐, 그리고 양어장으로도 활용되던 저수지를 건설했다. 13세기에 건설되어 현재까지 사용 중인 도베란 수도원의 양어지는 이러한 장치들의 효율성을 잘 보여준다. 경제적 자립을 이루기 원했던 시토회 수도사들은 수도원 경내에 다양한 작업장들을 발전시켰다. 대장장이, 짐수레 제조인, 방직공, 무두장이를 위한 작업장뿐만 아니라 신발, 맥주, 빵을 만드는 공간도 존재했다.

시토 수도회 정기총회

시토회 수도사들은 외부 세계와의 접촉을 엄격하게 제한하면서 수도원을 고독한 천국으로 이상화했다. 현실과 이상이 언제나 일치하지는 않았다 하더라도 수도회 건물들은 주로 도심이 아닌 농촌 외곽에 건설되었다. 이 같은 규정들은 소위 시토 수도회 정기총회에서 제정되었는데, 이 연례 모임은 시토 수도회 본원에서 개최되었으며 공식적으로는 모든 수도원장들이 참석했다.[23] 매년 9월마다 유럽 전역의 수도원장들과 수행원들은 중요한 소식을 공유하고 조언이나 도움을 구하기 위해 부르고뉴를 향해 출발했다. 이 회합에서는 법률, 전례, 경제, 일상에 관련된 다양한 사안들을 다루었으며, 이를 규정으로 기록하여 모든 시토회 수도원들로 하여금 준수토록 했다. 모든 수도원장들은 새로운 규정들을 본인의 수도원에 가지고 돌아가서 수도사들이 이를 읽고 숙지하도록 만들 의무가 있었다.[24] 이러한 방식을 통해 시토 수도회의 정기총회는 전 유럽의 모든 분원들을 결속시키는 제도적 분계가 되었다.

이 같은 통합적 규칙들은 수도원장이나 여타 수도사들이 수도원 울타리를 벗어날 수 있는 상황들을 명시하는 등 시토 수도회 수도사들의 일상생활에 관한 기준이었기에 그 영향력을 과대평가할 수는 없지만, 수도원의 경제 유지에 필수적이었다. 또한 총회는 각각의 시토회 수도원에 어떠한 경제 시설들이 반드시 필요한지, 어떤 수공업자들이 수도원 경내에 거주해야 하는지, 외부 세계와의 접촉은 어떤 방식으로 이루어져야 하는지 결정했다. 예를 들어 1157년 총회에서는 수도사들의 시장 참여를 금지하여 논란의 대상이 되었던 『시장에 관하여*De nundinibus*』를 발표했는데, 이 규정은 지역 시장에 정기적으로 모습을 나타내던 시토회 수도사들이 다양한 분쟁을 일으킨다 하여 시장 출입을 규제했다.[25] 1189년에 모인 수도원장들은 수도원이 도시 내에 보유하던 가옥들을 제한해야 한다고 판단하고 각 수도원 당 한 채만 허용했다.[26] 이러한 사례들은 시토 수도회 정기총회가 근본적인 차원에서 모든 수도원들의 경제에 영향력을 발휘했던 방식을 잘 보여준다.

수도원 자산과 농장

새로 설립된 수도원은 일반적으로 세속 지배자, 해당 지역의 주교, 때로는 여타 증여자들로부터 상당히 많은 재산과 특권, 심지어 십일조 징수권을 획득했으며, 이 모든 것들로 수도원의 자산을 형성했다. 이 자산의 정신적, 경제적 중심지는 수도원 교회 그 자체와 수도 사제들의 구획, 그리고 수도원 주변의 토지로 이루어졌다.

벽으로 둘러싸인 이 영역 안에서의 일상생활은 총회의 규정을 통해 결정되었으며 수도 사제들뿐만 아니라 평수사 및 수도원에 거주하는 일부 수공업자들에게도 적용되었다. 외부 세계와의 분리는 수도원 부지를 둘러싼 대규모의 벽을 통해 가시적으로 드러났으며, 지금까지도 독일 북부 도베란 수도원에는 중세에 만들어진 벽이 상당 부분 남아 있다.

그러나 시토회 수도사들은 경제적 이익을 보호하기 위해서 가시적 상징물뿐만 아니라 이를 뒷받침하는 특권들 또한 필요로 했다. 1218년에 작성된 메클렌부르크 대공 하인리히 보르빈 1세Heinrich Borwin I의 특허장은 도베란 수도원의 발전에 결정적 계기를 제공했다. 그는 해당 문서를 통해 수도원의 소유물을 확증했을 뿐만 아니라 출신이나 직업에

상관없이 물품 제작에 필요한 사람들을 수도원에 받아들일 수 있는 권리를 수도사들에게 부여했다.[27]

이에 더하여 대공은 수도원의 요청에 응한 모든 사람들의 부역 및 의무를 면제시켰는데, 이는 그들이 '오직 신과 수도원'에 봉사할 것을 원했기 때문이다.[28] 발트해 남부 해안을 따라 자리 잡은 여타의 시토회 수도원들도 이와 유사한 특권들을 부여받았다.[29] 수도사들은 지배자들이 부여하는 의무 및 세금 — 일반적으로 수도원을 창건하면서 획득하여 자신들을 위해 일하는 사람들에게 부과했다 — 으로부터의 독립성을 강화하고 이를 통해 인접 지역에 대한 경제적 지배력을 늘리기 위해 열심히 노력했다. 이 같은 지배는 1257년 이후에 작성된 도베란 수도원 특허장에서 언급되었듯이 수도원 내에서 물건을 생산하는 수공업자들뿐만 아니라 기본적으로 수도원 토지를 경작하던 모든 사람들에게 적용되었다. 이 문서에서 메클렌부르크 대공 요한은 특정 마을 이외에도 아니라 자신의 세속 사법권과 십일조 징수권 및 기타 의무들을 '시토 수도회의 자유에 근거하여' 포기했다.[30]

시토 수도회 수도사들은 보다 효율적인 자산 관리를 위해 라틴어로 농지grangia(granum, 즉 밀에서 유래했다)라 불리던 수도원 농장 시스템을 도입했다.[31] 북유럽의 소규모 수도원들은 세 개에서 다섯 개의 농지를, 서부 및 남부 유럽의 대규모 수도원들은 평균 열 다섯 개의 농지를 운영했는데, 하나의 농지는 30개의 소규모 농장들로 나뉘어졌다.[32] 이러한 토지 자산들은 일반적으로 평수사와 임금 노동자들이 관리했으며 가축을 사육하거나 농작물을 재배했다. 농지들은 통상적으로 모원에서 멀리 떨어져 있었으므로 관리 책임을 맡은 수도사들은 주변 지역과 보다 폭넓은 소통을 해야 했으며, 이로 인해 제도적 경계뿐만 아니라 물리적 경계 차원에서도 주기적인 교차가 발생했다.

인근 도시들

수도원 영지의 생산물들, 즉 농산물과 공산품은 일반적으로 인근 도시의 시장에서 판매되었다. 따라서 시토회 수도원과 쌍을 이루던 도심지들이 발트해 남부 해안을 따라 발견되곤 하는데, 도베란 수도원과 로스토크가 대표적이며 코에우바츠 수도원과 슈체친, 올리바 수도원과 그단스크, 보다 동쪽에서는 다우가프그리바 수도원과 리가를 볼 수 있다. 도시의 시장은 초기 수도원이 인근 도시들과 많은 접촉을 했던 가장 큰 원인이었다.

때로는 포메라니아의 엘데나 수도원의 사례처럼 시토회 수도원이 시장터를 조성하기도 했다. 1207년 이 수도원이 창건되었을 때, 뤼겐 공자로마Jaromar는 수도원 부지 이외에도 인근의 제염소 및 커다란 숲을 따라 자리 잡은 몇 개의 촌락을 제공했다. 이들은 신생 수도원 경제의 토대가 되었으며, 나아가 수도원 구역 내부infra terminus abbatie에 시장이 만들어지는 데 기여했다.[33] 이 시장은 1241년에 상인들의 장터forum mercationis, 또는 판매 상품들을 위한 장터forum rerum vendalium로 언급되었지만, 얼마 지나지 않아 그라이프스발트라 불리는 독립적인 정착지가 되었고 1250년 경에는 포메라니아 공작으로부터 도시의 권리와 특권을 획득한 상태로 등장했다.

그로 인해 수도사들은 새로 만들어진 시참사회에 적응해야만 했는데, 이는 무엇보다도 특정한 특권들을 획득해야만 했음을 의미했다. 이제 수도원은 교역을 지속하기 위해 군주 이외에 도시의 허가 또한 받아야만 했다. 더욱이 수익성을 유지하기 위해서는 관세(또는 통행료)의 인하나 면제가 필요했다. 그리하여 도시의 제도적 분계는 영토상의 경계와 마찬가지로 어느 정도 극복되어야만 했다.

이러한 양상은 도베란 수도원과 이웃 도시 로스토크와의 관계에서 상당히 일찍 나타났다. 로스토크 공 니콜라우스Nicolaus는 수도원이 창건되고 겨우 17년이 지난 1189년에 도베란 수도사들과 이들의 '종속인들homines'에게 통상적인 관세를 내지 않고 '우리들의 장터in foro nostro'에 세워진 시장을 방문하도록 허용했다. 그 대신 수도원의 수공업자들과 상인들은 "매일 필요한 물품을 사고 팔 필요가 있다면" 매년 6페니히로 고정된 세금을 납부하면 되었는데, 이러한 특별대우는 수도원 생산품이 도시에서 점차 중요한 비중을 차지하게 되었기 때문이다.[34] 수도원은 잉여물을 판매하기 위해 도시 시장에 관심을 가졌던 반면, 성장하고 있던 공동체들은 공급자로서의 수도원을 기꺼이 끌어들이고자 했던 것이다.

다수의 농촌 수도원들은 정기적인 교역을 도모했을 뿐만 아니라 여행하는 수도사들에게 거처를 제공하고 잉여 상품들을 보관하기 위한 가옥들을 도시에 건설했다. 유럽 북동부에 자리 잡은 대부분의 소규모 수도원들은 도시에 한 채에서 세 채를 소유하고 있었으며, 남부의 수도원들은 이보다 많은 가옥들을 보유했다. 예를 들어 라인강 인근에서 번영하던 알텐베르그 수도원은 열일곱 채의 도시 가옥을 지니고 있었다.[35] 일반적으로 가옥의 법적 지위는 시참사회와의 협상을 통해 부여되었으며 그에 딸린 경작지를 포기하는 결과가 나타났는데, 이러한 양상은 수도원들이 도시에서 경작보다는 오로지 농산물 보관을 원했다는 사실을 보여준다.

수도원의 도시 가옥 사례는 슈트랄준트의 캄퍼셔 호프 사례를 통해 잘 드러난다. 1257년, 슈트랄준트 시참사회는 성벽 인근의 가옥을 네 우엔캄프 수도원에 제공했을 뿐만 아니라 "모든 의무를 면제했다".[36] 이 같은 추가 구절은 시참사회가 시토 수도회 및 이들의 상품에 관심을 지니고 있었음을 보여준다. 1308년경, 수도사들은 이미 성탑을 포함한 성벽 일부, 그리고 성벽과 자신들의 가옥 사이의 모든 토지를 100마르크를 주고 구입할 수 있었으며 이를 통해 자신들의 구역을 크게 확장시켰다.[37] 캄퍼셔 호프를 통해 상징되는 네우엔캄프 수도원 경제와 슈트랄준트 한자 도시 간의 짝짓기는 시토회 수도원과 중세 말 도시의 관계를 잘 보여준다.

과거 유동적이었던 교역 관계는 도시 가옥 확보를 통해 상당한 안정성을 확보했으며, 이는 분명 양측 모두에게 바람직했다. 이러한 맥락에서 도시 경계는 한층 중요한 의미를 지니게 되었다. 도시 내의 수도원 가옥은 내부적으로 수도원 규정을 따랐지만 대외적으로는 도시 규정에 적응해야만 했다. 예를 들어 도시 주민이기도 했던 수도사들은 종종 성벽 건축과 같은 사업에서 분담 요구를 받았다. 따라서 도시의 경계는 외부 위협으로부터의 보호를 의미할 뿐만 아니라 도시 당국과의 타협 및 권위 수용을 보여준다.

지역 내 군주의 영토

수도원과 지역 군주와의 접촉은 빈번하지는 않았지만 커다란 중요성을 지니고 있었다. 무엇보다도 대공, 공작, 왕과 같은 특정 지역의 세속 지배자들은 종종 수도원을 건립하고 영지와 이에 딸린 특권들을 부여했다. 농업에 능한 것으로 알려져 있었던 시토회 수도사들은 군주의 영지 경작에 관한 도움을 요청받았으며 중세 변경이었던 엘베강 동쪽 지역에서 선교사로 활동했지만 언제나 토착 슬라브인들의 환영을 받은 건 아니었다. 일부 시토회 수도원들은 심각한 갈등을 겪었으며, 그 결과 도베란·다르군·올리바 수도원은 최초의 터전을 상실하기도 했다.

이 같은 어려움에 직면했던 지역 군주들은 수도사들을 유인하기 위해 많은 권리를 제공했는데, 이러한 혜택들은 수도원이 차후에 획득할 부의 근간이 되는 경우가 많았다. 지역 군주들은 재산을 증여할 뿐만 아니라 수도원을 새로운 지주로 간주하고 이에 관련된 특권들을 부여할 수도 있었다. 12세기 덴마크의 일부 왕들은 수도원들을 후원하기 위해 왕권^{ius regis}, 부역권^{servitium}, 과세권^{exaction}을 포기했다.[38] 때로는 흔치 않은 혜택을 제공하기도 했는데, 1253년 크리스토페르 1세^{Christoffer I}는 유틀란트 반도 동해안에 좌초된 배와 화물에 대한 권리^{Vrag}를 비츠퀼의 시토회 수도원에 부여했다.[39]

지역 군주와 수도원 영지 사이에서 재산이나 특권의 교환이 이루어질 때마다 영토의 경계 설정은 가장 중요한 과제로 부상했다. 예를 들어 1202년 발데마르 2세 세이르^{Valdemar II Sejr}는 하레비 촌락 내의 재산을 뢰굼 수도원에 기증하면서 주민들에 관한 권리 및 자유로운 경작권 또한 명확히 부여했다.[40]

최상위 세속 군주의 진정한 권력은 1204년에 작성된 발데마르의 특허장을 통해 드러난다. 그는 수도원을 보호하고 재산권을 인정하겠다고 선언했으며, 수도원을 방치했던 수도사들을 축출하고 자신의 병사들에게 체포를 명했으며 이들의 재산을 몰수했다.[41] 항상 그랬던 것은 아니지만 이 사례에서는 수도사들이 수도원 영지를 벗어나자마자 수도원을 후원하던 군주의 사법권 아래로 들어갔다.

외부 군주의 영토

외부 군주들의 영토에도 동일한 모델이 적용된다. 일반적으로 수도원은 증여를 통해 먼 지역의 자산이나 권리를 획득했다. 만일 군주로부터 직접 증여받았다면 수도원은 통상 자산에 대한 권리 또한 획득했으며, 봉신으로부터 받을 경우에는 권리를 포함한 모든 재산을 받기 위해 해당 봉신의 주군에게 청원해야만 했다. 두 가지 경우 모두 수도원은 새로운 재산을 보다 효과적으로 장악하기 위해 도시에 가옥을 짓기도 했다.

중세 말, 멀리 떨어져 있는 재산이 종종 문제를 야기했다는 사실은 뤼네부르크 성직자 전쟁에 관한 기록에서 잘 드러난다.[42] 13세기 이래로 뤼네부르크 제염소는 콜로브제크, 슐제, 엘데나의 제염소들보다 광범위한 영향력을 발휘했다. 제염소 중심에는 소금물을 끓이는 54개의 오두막Siedehütten들로 둘러싸인 소금 샘Sod이 있었다. 각각의 오두막에는 4개의 냄비Siedepfannen가 있었고 수로와 관을 통해 소금물이 공급되었는데, 이 소금물은 양동이를 통해 보일러실Siedekammer로부터 1층으로 이동한 다음 216개의 냄비로 나뉘어 흘렀다. 냄비 소유자들은 뤼네부르크에 반드시 거주할 필요는 없었는데, 이는 그들이 직접 소금물을 끓이지 않고 해당 권리와 냄비를 다른 이에게 임대했기 때문이다.

13세기 초의 소금 젠트리는 성직자와 귀족들로 구성되었던 반면, 1세기 후에는 고위 성직자들이 전체 냄비의 3/4을 보유했다. 적어도 11개의 독일 북부 시토회 수도원들이 이 제염소에 대한 몫을 지니고 있었으며 이에 따라 1371년부터 세금 증대를 요구하는 시참사회의 영향을 받게 되었는데, 이는 뤼네부르크가 많은 채무를 지니고 있었기 때문이다.[43] 그러나 고위 성직자들은 요구에 응하지 않고 도시를 파문했으며 1374년 성직자들이 자신들의 재산 보호를 조건으로 재정 분담을 늘리는 데 동의하면서 추가 분담금은 철회되었다.

15세기 중반 시참사회가 고위 성직자들에게 소금 이윤의 절반을 요구하면서 분쟁은 매우 심각해졌다. 1464년 양측은 교황과 황제까지 개입했던 근 20년간의 갈등 끝에 뤼네부르크의 채무에 고위 성직자들의 몫을 인정한 라인펠트 조약을 체결하면서 최종 합의에 도달했다. 그 결과 도베란 수도원은 1472년에 8,000마르크라는 엄청난 액수를 지불해야만 했는데[44] 당시 작은 낚싯배의 가격이 기껏해야 18마르크였다.[45] 이 갈등의 지속성과 강도는 해당 수도원이 보유했던 외부 자산의 모호한 성격을 드러낸다. 시토회 수도원들 사이에서 오고갔던 서신들은 소금 이윤의 중요성과 함께 원격지에 대한 조치가 어려웠다는 사실을 보여준다.

이처럼 수도원과 원격지 지배자 간의 협상 패턴은 일반적으로 이웃 도시 및 군주와의 협상과 유사했던 반면, 먼 곳에 위치한 수도원 자산 유지는 훨씬 복잡한 사안이었다. 타지 고관들과의 사회적 네트워크는 덜 안정적이었으며 외부 군주의 지속적인 배려는 거의 보장되지 않았다. 지역 여건에 대한 상대적인 무지 또한 문제를 복잡하게 만들었다.

처음에는 수도원과 외부 군주들 간의 영토 경계와 사회적 분계를 넘나드는 일이 전혀 어렵지 않았다 하더라도, 시간이 지날수록 개방성 유지는 매우 어려워졌으며 그 결과 사업이 활발하게 이루어지지 않았다. 그 사례로 덴마크 왕 크리스토페르 1세가 도베란 수도원에게 수여했던 특권을 들 수 있다. 1255년, 그는 해당 수도원을 관세 또는 자신의 영지에서 거두는 세금으로부터 면제해 주었는데, 이를 통해 수도원의 어부들은 이론상 덴마크에 이르는 발트해안에서 상거래를 할 수 있었다.[46] 그러나 차기 덴마크 왕 치하에서 나타났던 상이한 정치적 분위기와 논란의 여지가 있는 해당 계획의 실현 가능성을 감안할 때, 해안가의 이 수도원이 특권을 실제로 사용했을지 의심스럽다.

교회의 경계

세속 세계와 교회 세계의 이원성은 중세 유럽의 중요한 특징이었다. 일반적으로 교회의 대규모 행정 단위들은 주교령이나 대주교령이었으며, 이들은 주교구 및 본당구로 다시 나뉘었다. 비록 시토 수도회가 대개 독립적이었다 할지라도 응당 교회의 일부로 남아 있었으므로 가장 높은 상급자인 교황을 대리하는 지역 주교들은 수도원에게 상당히 중요했다.

새로운 수도원이 창건될 때 세속 군주는 토지와 특권을 제공했던 반면, 성직 군주는 교회와 관련된 권리들을 부여했다. 수도원은 후자를 통해 새로운 교회를 만들고 지역 성직자들을 임명하고 다양한 공동체 기능들을 수행할 수 있었다. 예를 들어 사회적 지위에 합당한 기념 문화 욕구에서 비롯된 장례식은 상당히 많은 수입원이 되었다.[47] 이러한 기능은 수도원에 있어 매우 중요했는데, 이는 단지 수도원의 권력을 확인시킬 뿐 아니라 금고를 채우기도 했기 때문이다.

또한 주교들은 영지를 지니고 있었으므로 세속 군주들과 마찬가지로 수도원에 토지를 부여할 수 있었다. 따라서 수도원으로서는 자신의 주교와 좋은 관계를 유지하는 일이 매우 중요했다. 예를 들어 덴마크의 뢰굼 시토회 수도원의 설립은 인근의 리베 주교와 룬트 대주교 에스킬Eskil의 주도로 이루어졌다. 그 결과 해당 수도원의 모든 영지는 리베 주교들이 제공했으며, 그 대가로 이들은 뢰굼 수도원을 자신들의 전속 수도원으로 간주했다.

13세기를 거치면서 네 명의 리베 주교들이 뢰굼 수도원에 매장되었고, 훗날에는 수도원 교회의 성가대석 상부에 새겨진 비문을 통해 기념되었다.[48] 이처럼 주교와 수도원의 밀접한 관계를 고려한다면 양자 간의 유대를 느슨하게 만든 1298년의 결정 ─ 이 장의 출발점이었다 ─은 보다 놀라워 보인다. 그러나 뢰굼은 리베와 슐레스비히 두 주교령의 경계지역에 자리 잡고 있었기 때문에 슐레스비히 주교는 리베 주교 못지않게 이 수도원에 대한 관심을 뚜렷하게 드러냈다. 시간이 지남에 따라 두 주교에 대한 수도원의 호감은 번갈아 가며 나타났고 새로운 인물이 주교직에 오를 때마다 조심스럽게 접근해야만 했다. 중세의 사회망은 자연스럽게 주교들을 아우르고 있었는데, 이들은 시토회 수도원들에게 있어 귀중한 대사가 될 수 있었다. 1204년에 사망한 리베 주교 오머Omer와 그의 후임자 올라프Olaf 모두 주교로 임명되기 이전에는 왕실 사제와 서기를 역임했다. 크누트 6세Knut VI와 발데마르 2세의 충실한 지지자였던 이들은 아마도 기존의 입장을 계속 견지했을 것이며, 따라서 뢰굼 수도원을 왕실 법원과의 중재기관으로 이용했을 것이다.[49]

간혹 주교령의 경계가 변동되어 다른 주교령에 속하게 된 수도원은 기존의 특권을 확증하고 새로운 특권을 획득해야 했으며 새로운 책임자가 된 주교와 긴밀한 관계를 맺을 필요가 있었다.

결론

요약하자면 각기 상이한 수준에서 시토회 수도원 경제에 영향을 끼쳤던 복합적인 경계 및 분계가 존재한다. 미시적 수준에서는 시토 수도회 총회 규정이 수도사들로 하여금 오직 수도원 영지 내부에서만 활동하도록 결정했으며, 그 결과 상대적으로 안전한 구역을 만들어내고 수도원 내부에서의 일상생활을 규제했다. 중간 층에서는 수도원들이 이웃 도시들과 접하고 있었다. 이러한 경계는 상대적으로 보다 높은 투과성을 지니고 있었는데, 수도원이 거래를 위해 이웃 도시와 교류해야만 했기 때문이다. 경제적 생존을 위해서는 일상적이진 않았다 하더라도 도시 경제와의 규칙적인 교류가 필요했다. 거시적 수준에서는 세속 및 교회 당국이 간헐적으로만 수도원 경제에 개입했는데, 새로운 자산이나 특권을 획득할 때마다 이러한 모습이 나타났다. 그럼에도 불구하고 이들의 개입은 수도원 전체 차원에서 상당한 중요성을 지니고 있었다. 이상에서 언급한 모든 경계들은 주로 영토적 경계로 규정할 수 있지만 시토 수도회 총회 규정들은 주로 제도적 분계들을 만들어냈다.

그러므로 수도원 경제에서는 경계 및 분계들이 두 가지 방식으로 작동했다. 미시적 수준에서는 주로 안정판의 역할을 담당했다. 총회 규정들은 일부 경제활동들을 제한했음에도 불구하고 수도원 기능 일체에 관한 뼈대를 제공했다. 따라서 이러한 분계의 주요 목표는 외부 영향을 거부하는 것이 아니라 내부 안정성을 제공하는 것이었다. 중간 및 거시적 수준에서는 매우 상이한 모습이 나타나는데, 이는 수도사들이 외부 세계를 마주해야만 했기 때문이다. 이들은 이웃 도시나 군주의 경계를 넘어서기 위해서 상당히 많은 노력을 기울여야만 했다.

시간이 흐르면서 접경지의 상황도 자연스럽게 변화했는데, 접경 책임자가 교체되면서 이루어진 사회적 타협 과정의 산물일 경우 특히 그러했다.[50] 예를 들어 특정 지역의 대공이 가까운 친척을 수도원장으로 세울 수 있다면, 또는 수도원이 대공 가문의 매장지로 기능한다면 그는 여타 수도원보다 해당 수도원에 재산을 증여할 가능성이 높을 것이다. 그러므로 개별 요소들로 이루어진 구조는 특정 시기에 등장한 책략을 평가하는 데 있어서 매우 중요하지만, 시토회 수도원 경제 그 자체는 지속적으로 경계를 넘어서려는 경향을 지니고 있었으며 그 결과 새로운 접경지 상황들을 거듭 맞이하게 되었다.

주석

1   *Diplomatarium Danicum*[이하 DD로 표기]. Dansk Sprog-og Litteraturselskab ed., 23 vols. (Copenhagen : Reitzel, 1938~2000), vol. 2.4, no. 339, dated December 30, 1298. 뢰굼 수도사들의 1299년 2월 24일 답신도 참조할 것(DD, vol, 2.5, no. 10).

2   롤랜드 마르티는 중세 borders에 관한 다양한 용어들을 분석했다. Roland Marti, "Grenzbezeichnungen-grenzüberschreitend", Wolfgang Haubrichs et al ed., *Grenzen erkennen : Begrenzungen überwinden : Festschrift für Reinhard Schneider zur Vollendung seines 65. Lebensjahrs*, Sigmaringen : Thorbecke, 1999, pp.19~33; Winfried Schich, "die 'Grenze' im östlichen Mitteleuropa im hohen Mittelalter", *Siedlungsforschung : Archäologie-Geschichte-Geographie* 9, 1991, pp.35~145; Johannes Kramer, "Bezeichnungen für 'Grenze' in den europäischen Sprachen", *Diagonal* 2, 1993, pp.15~24.

3   식민 과정에서 시토회 수도사들이 담당했던 역할은 로렌스 맥크랭크가 서술한 바 있다. Lawrence J. McCrank, "The Cistercians of Poblet as Medieval Frontiersmen : An Historiographic Essay and Case Study", *Estudios en Homenaje a Don Claudio Sánchez Albornoz en sus 90 años : Anejos de Cuadernos de Historia de España* 2, Buenos Aires : Instituto de Historia de España, 1983, pp.310~360; Nikolas Jaspert, "Grenzen und Grenzräume im Mittelalter : Forchungen, Konzepte und Begriffe", Klaus Herbers and Nikolas Jaspert ed., *Grenzräume und Grenzüberschreitungen im Vergleich : Der Osten und der Westen des mittelalterlichen Lateineuropa*, Berlin : Akademie Verlag, 2007, p.62.

4   "The Significance of the Frontier in American History"(1983)는 프레데릭 잭슨 터너의 책 첫 번째 장을 포함한다. Frederick Jackson Turner, *The Frontier in American History*, New York : Henry Holt, 1920, pp.1~38.

5   해당 개념의 발전에 관한 간략한 개요는 다음을 참조할 것. Nora Berend, "Medievalists and the Notion of thr Frontier", *Medieval History Journal* 2, 1999, pp.55~72; Patricia N. Limerick, "The Adventures of the Frontier in the Twentieth Century", James R. Grossman ed., *The Frontier in American Culture*, Berkeley : University of California Press, 1994, pp.67~102.

6   Richard White, *It's Your Misfortune and None of My Own : A History of the American West*, Norman : University of Oklahoma Press, 1991; Patricia N. Limerick, Clyde A. Milner, and Charles E. Rankin, eds., *Trails : Toward a New Western History*, Lawrence : University Press of Kansas, 1991. 특히 Gerald Thompson, "Another Look at Frontier/Western Historiography", pp.89~95를 참조할 것. Richard Hofstadter and Seymour Martin Lipset, eds., *Turner and the Sociology of the Frontier*, New York : Basic Books, 1968. 특히 Lipset, "The Turner Thesis in Comparative Perspective : An Introduction", pp.9~14; Martin Ridge, "The Life of an Idea : The Significance of Frederick Jackson Turner's Frontier Thesis", Richard W. Etulian ed., *Does the Frontier Experience make America Exceptional?*, Boston : Bedford/St. Martin's, 1999,

pp.73~86.

7   Limerick, "Adventures", p.77.

8   Richard White, *The Middle Ground : Indians, Empires, and Republics in the Great Lakes Region, 1650~1815*, Cambridge : Cambridge University Press, 1991.

9   Eduard Mühle, "Ostforschung und Nationalsozialismus : Kritische Bemerkungen zu einer aktuellen Forschungsdiskussion", *Zeitschrift für Ostmitteleuropaforschung* 50, 2001, pp.265~275.

10 F. E. Jörn Staecker, ed., *The European Frontier : Clashes and Compromises in the Middle Ages*, Lund : Almqvist & Wiksell Internat, 2004. 특히 Jussi-Pekka Taavitsainen, "Culture Clash or Compromise? The Notion of Boundary in the Utilization of Wilderness Area", pp.45~57; Alan V. Murray, ed., *Crusade and Conversion on the Baltic Frontier, 1150~1500*, Proceedings of International Medieval Congress, Leeds, July 13~16, 1998 (Aldershot; Ashgate, 2001), 특히 William Urban, "The Frontier Thesis and the Baltic Crusade", pp.45~71; Nora Berend, *At the Gate of Christendom : Jews, Muslims, and "Pagans" in Medieval Hungary, c.1000~c.1300*(Cambridge NY : Cambridge University Press, 1991); Peter Erlen, *Europäischer Landesausbau und mittelalterliche deutsche Ostsiedlung : Ein struktureller Vergleich zwischen Südwestfrankreich, den Niederlanden und dem Ordensland Preußen* (Marburg : J. G. Herder-Institut, 1992); Eduardo Manzano Moreno, "The Creation of a Medieval Frontier : Islam and Christianity in the Iberian Peninsula, Eight to Eleventh Centuries", Daniel Power and Naomi Standen ed., *Frontiers in Question : Eurasian Borderlands, 700~1700*, Houndmills : Palgrave Macmillan, 1999, pp.30~46.

11 이 분야의 최근 연구들은 대부분 이 같은 개념을 기반으로 삼는다. Robert Bartlett and Angus Mackay, eds., *Medieval Frontier Societies*, Oxford : Clarendon, 1989; Power and Standen, *Frontiers in Question*; David Abulafia and Nora Berend, eds., *Medieval Frontiers : Concepts and Practices*, Aldershot : Ashgate, 2002.

12 Charles Julian Bishko, "The Frontier in Medieval History", 미국역사협회연례총회, Washington DC, on December 29, 1955, http://libro.uca.edu/aarhms/essays/bishko.html.

13 John Lee and Michael North, 본 책의 서문; David Abulafia, "Introduction : Seven Types of Ambiguity, c.1100~c.1500", Abulafia and Berend, *Medieval Frontiers*, pp.1~34.

14 Friedrich Ratzel, *Politische Geographie*, reprint of 3rd ed., Osnabrück : Zeller, 1974; Eric Christiansen, *The Nothern Crusade*, London : Penguin Books, 1997; Robert Bartlett, *The Making of Europe : Conquest, Colonization and Cultural Change*, London : Penguin Books, 1994.

15 Bernard Guenée, "Des limites féodales aux frontières politiques", Pierre Nora ed., *Les Lieux de mémoire II : La Nation, 2. Le Territoire l'Etat le patrimoine*, Paris : Gallimard, 1986, pp.10~33, 특히 p.21; Max Pfister, "Grenzbezeichnungen im Italoromanischen und Galloromanischen", Wolfgang Haubrichs and Reinhard Schneider ed., *Grenzen und Grenzregionen=Frontières et régions frontalières=Borders and border regions*, Saarbrücken : Saarbrücker Druckerei, 1993, pp.37~50.

16 Hans-Jürgen Karp, *Grenzen in Ostmitteleuropa während des Mittelalters. Ein Beitrag zur Entstehungsgeschichte der Grenzlinie aus dem Grenzsaum*, Cologne : Böhlau Verlag, 1972.

17 Berend, *At the Gate*, p.14.

18 Reinhard Schneider, "Lineare Grenzen – Vom Frühen bis zum Späten Mittelalter", Wolfgang Haubrichs and Reinhard Schneider ed., *Grenzen und Grenzregionen=Frontières et régions frontalières=Borders and border regions*, Saarbrücken : Saarbrücker Druckerei, 1993, pp.51~68.

19 Daniel Nordman, "Frontière, histoire et écologie", *Annales ESC* 1, 1988, p.282.

20 Otto Volk, *Salzproduktion und Salzhandel mittelalterlicher Zisterzienserklöster*, Sigmaringen : Thorbecke, 1984.

21 Cf. Winfried Schich, "Der Beitrag der Zisterzienser zur Entwicklung der Kulturlandschaft und der Wirtschaft südlich der Ostsee", Oliver Auge, Felix Biermann, and Christofer Herrmann ed., *Glaube, Macht und Pracht : Geistliche Gemeinschaften des Ostseeraums im Zeitalter der Backsteingotik*, Rahden/Westf. : Leidorf, 2009, pp.235~253, 특히 p.241.

22 이 수도원들의 어장에 관해서는 다음을 참조할 것. Schich, "Beitrag", pp.240~241.

23 수도원 총회에 관한 가장 포괄적인 최근 연구들 중 하나는 다음과 같다. Florent Cygler, *Das Generalkapitel im hohen Mittelalter : Cisterzienser, Prämonstratenser, Kartäuser und Cluniazenser*, Münster : Lit, 1998.

24 수도원 총회 규정들을 다룬 방대한 총서의 기본판은 트라피스트회 수도사였던 조셉 마리에 카니베즈가 제작했다. "Statuta capitulorum generalium Ordinis Cisterciensis ab anno 1116 ad annum 1786", *Bibliothèque de la Revue d'histoire ecclésiastique*, 13, 8 vols, Louvain : Bureaux de la Revue, 1933~1941.

25 Canivez, *Statuta*, vol. 1, p.24.

26 Canivez, *Statuta*, vol. 1, p.112 : "Nulla domus Ordinis nostri de cetero in villa una nisi unicam habeat mansionem".

27 *Mecklenburgisches Urkundenbuch*[MUB], ed. Verein für Mecklenburgische Geschichte und Altertumskunde, 26 vols, Schwerin : Stiller, 1863~1977. 본문의 특허장은 다음과 같다 (vol. 1, no. p.239) "*Sunt autem nomina preiorum uel possessionum, in quibus nostra continetur elemosina ipsis fratribus a nobis consensus... oblate, hec : locus ipse, in quo prefatum monasterium situm est, cum omnibus pertinenciis suis, ...cum pratis, indaginibus, terris, nemoribus, usuagiis et pascuis, in busco et plano, in aquis et molendinis, et omnibus aliis libertatibus et immunitatibus suis. Notificamus etiam sancte vestre uniuersitati, quod prefatis fratribus dedimus liberam potestatem uocandi ad se et collocandi ubicumque uoluerint in possessione prefate ecclesie, cuiuscumque gentis et cuiuscumque artis homines et ipsas artes exercendi.*"

28 *MUB*, vol, 1, no. 239. "*Ipsos etiam homines, quos uocauerint et posuerint, liberos dimisimus ab omni exactione comitum, aduocatorum et iudicum, ab exstructione urbium, necnon ab exactione uectigalium et theloneorum et omni expeditione, ita ut nemini quicquam seruicii debeant ex debito nisi soli deo et monasterio.*"

29 Cf. *Pommersches Urkundenbuch*[PUB], 9 vols, Cologne, Graz : Böhlau, 1958. 다르군, 엘데나, 네우엔캄프 수도원의 특권은 다음의 문서들에서 언급된다. vol. 1, no. 62, 148, 193, 277.

30 *MUB*, vol. 2, no. 792. "*Secundum libertatem Cisterciensis ordinis ab omni iure vel servicio*

secularis potestatis exemptam".

31 시토 수도회 농지의 발전에 관해서는 다음을 참조할 것. Werner Rösener, "Grangien-wirtschaft und Grundbesitzorganisation südwestdeutscher Zisterzienserklöster vom 12, bis 14. Jahrhundert", *Die Cistercienser : Geschichte-Geist-Kunst*, 3rd ed., ed. Ambrosius Schneider (Cologne : Wienand, 1986), pp.137~164; Winfried Schich, "Grangien und Stadthöfe der Zisterzienserklöster im Raum östlich der mitteleren Elbe bis zum 14. Jahrhundert", Winfried Schich ed., *Zisterziensische Wirtschaft und Kulturlanschaft*, Berlin : Lukas, 1998, pp.64~97.

32 Sven Wichert, *Das Zisterzienserkloster Doberan im Mittelalter*, Berlin : Lukas, 2000, p.70.

33 *PUB*, vol. 1, no. 380·392.

34 *MUB*, vol. 1, no. 148. "Concessi insuper eisdem fratribus, quatinus emant libere vel vendant in foro nostro absque teloneo; homines autem illorum, qui sunt negociateres, pellifices, sutores, mercatores vel aliarum atrium, ut habeant necessitate cotidie vendendi aut emendi, dent ad annum sex denarius, et de cetero absque teloneo negocientur in foro nostro." 해당 특허장의 신빙성을 긍정적으로 평가한 논의에 관해서는 다음을 참조할 것. Schich, "Beitrag", p.235.

35 Wichert, *Doberan*, p.107.

36 *PUB*, vol. 2, no. 635. 네우엔캄프과 슈트랄준트의 관계는 다음의 연구에서 포괄적으로 서술되었다. Andreas Niemeck, *Die Zisterzienserklöster Neuenkamp und Hiddensee im Mittelalter*, Köln : Böhlau, 2002. 다음 논문도 참조할 것. Doris Bulach, "Zisterzienser und Stadt : Die städtischen Beziehungen der vorpommerschen Klöster Eldena, Neuenkamp und Hiddensee", Winfried Schich ed., *Zisterziensische Klosterwirtschaft zwischen Ostsee und Erzgebirge : Studien zu Klöstern in Vorpommern, zu Himmelpfort in Brandenburg und Grünhain in Sachen*, Berlin : Lukas, 2004, pp.15~178, 특히 pp.108~109.

37 *PUB*, vol. 4, nos. 2436, 2437.

38 해당 내용은 다음에서 논의되었다. Thomas Hill, *Könige, Fürsten und Klöster : Studien zu den dänischen Klostergründungen des 12. Jahrhunderts*, Frankfurt am Main, New York : Lang, 1992, p.56. 각각의 사료들은 다음과 같다. *DD*, vol. 1.2, no. 65, no. 107, no. 129, no. 156; vol. 1.3, no. 3; vol. 1.4, no. 59; vol. 1.5, no. 10, no. 14, no. 84; vol. 1.6, no. 120, no. 121, no. 220.

39 *DD*, vol. 2.1, no. 94. 해당 내용은 다음에서 논의되었다. Poul Johannes Jørgensen, *Dansk retshistorie : Retskildernes og forfatningsrettens historie indtil sidste halvdel af det 17. Aarhundrede*, Copenhagen : Gad, 1947, pp.265~266.

40 *DD*, vol. 1.4, no. 48.

41 *DD*, vol. 1.4, no. 57.

42 해당 사건에 관한 포괄적인 논의는 다음을 참조할 것 : Bernd-Ulrich Hergemöller, *"Pfaffenkriege" im spätmittelalterlichen Hanseraum : Quellen und Studien zu Braunschweig, Osnabrück, Lüneburg und Postock*, Cologne : Böhlau, 1988; Hermann Heineken, *Der Salzhandel Lüneburgs mit Lübeck bis zum Anfang des 15. Jahrhunderts*, Berlin : Ebering, 1908; Karl Bachmann, *Die Rentner der Lüneburger Saline(1200~1370)*, Hildesheim : Lax, 1983.

43 도베란에 관해서는 다음을 참조할 것 : *MUB*, vol. 2, no. 970; vol. 3, no. 1960, no. 1961;

vol. 5, no. 2932.

44 Wichert, *Doberan*, p.102.

45 Vgl. Carsten Jahnke, *Das Silber des Meers : Fang und Vertieb von Ostseehering zwischen Norwegen und Italien 12.-16. Jahrhundert*, Cologne : Böhlau, 2000, pp.189~190.

46 *MUB*, vol. 2, no. 756.

47 발트해 남부지역 시토회 수도원의 기념문화에 관한 상세한 사례 연구는 다음을 참조할 것. Manja Olschowski, "'Vmme erer selen salicheit willen' : Stiftungen für das Zisterzienserkloster Dargun als Spiegel der sozialen Vernetzung", *Mecklenburgische Jahrbücher* 126, 2011, pp.53~90.

48 해당 주교들은 오머(†1204), 올라프(†1214), 군너(†1249), 에스거(†1273)이며 16세기 초에 새겨진 비문은 다음 문헌을 통해 처음으로 출판되었다. Erich Pontoppidan, *Marmora Danica selectiora sie inscriptionum, Quotquot fatorum injuriis per Daniam supersunt, vel aevo, vel elegantia, vel rei momento prae reliquis excellentium Fasciculus*, Copenhagen : Publisher unknown, 1739. 본문 관련 내용은 vol. 2, lib. 3, p.48.

49 두 명의 주교 모두 1202~1205년에 이루어진 왕실의 하레비 영지 증여에 중요한 역할을 했던 것으로 보인다. Thomas Hill, *Klostergründungen*, p.319.

50 존 리와 미하엘 노스가 집필한 이 책의 서문을 참조할 것.

제4장

필립 왕 전쟁기(1675~1677) 메인 변경의 환상가, 폭력, 트라우마의 유산

앤 마리 플란(Ann Marie Plane)

접경지대는 종종(그리고 정의에 따르자면) 국가의 통제가 제한된 환경에서 문화들이 조우하는 장소이다.[1] 그리고 상이한 문화들 간의 접촉을 해결할 수 있는 제도가 없는 접경지대에서 갈등, 심지어 폭력이 자주 발생한다는 점 또한 자명하다. 사무엘 트루엣이 지적했듯이, 대중들의 상상력은 때로 '위험과 갈망, 무법과 해방, 폭력과 미덕이라는 변경 유산'에 초점을 맞추거나 변경 정복을 '새로운 결속을 구축하고 무질서에 질서를 부여하는 것'으로 미화하면서 접경지대의 특정 측면에 집착한다. 이어서 그는 "변경에서는 야성이 길들여지고 접경지대가 묶이면서 국가 완성에 도달하기 마련이다"라고 말한다.[2]

트루엣은 이러한 목적론적 서사에 맞서 "이 같은 결말에 저항하는 것처럼 보이는 역사를 이해하고, 비판적인 방식을 통해 그 이야기들을 두려움, 갈망, 신화라고 쉽사리 단정하지 않는 것"이 역사가의 의무라고 주장한다.[3] 또한 칼 자코비Karl Jacoby가 최근에 보여주었듯이 변경폭력 서사는 화자가 누구냐에 따라 다양해질 수 있다.[4] 엘리자베스 데팔마 디지저는 이 책에서 '개념적 접경지대'를 명확하게 설명했는데, 해결되지 않은 트라우마의 영향력이 매우 먼 지역까지, 그리고 수 세대를 넘어서까지 도달할 수 있다는 주장은 이 장에서 유용하다. 비평가이자 정신분석가인 가브리엘 슈왑Gabriele Schwab은 트라우마 이론 관점에서 "폭력의 역사는 희생자와 가해자의 구분 없이 세대를 초월하는 초자연적 변형을 만들어내며, 특히 좀처럼 잊히지 않는 유산을 창조해낸다"고 주장한다.[5] 한편 사회는 파편화된 사건들의 흔적 속에서 '방어적 트라우마에서 기인한 침묵'을 유지하는데, 해결되지 않은 트라우마는 "실제의(명확하게 발화된) 기억이나 부모의 이야기뿐만 아니라 통합되거나 동화되지 않은 상태로 남아 있는 흔적들(감정적 반응)을 통해서 이후 세대들에게 전이될 수 있다".[6]

개인적 차원의 분쟁이건, 국가가 개입된 접경전쟁이건 간에 접경공간에서는 폭력이 수반된 지속적인 갈등이 수시로 발생하며, 때로는 수 세대에 걸쳐 일어나기도 한다. 우리는 이러한 사건들에 관한 이야기들이 영구적인 트라우마를 담고 있으며 화자에 따라 달라진다는 사실을 예상해야 한다. 말하자면 사건들의 영향력은 사람들이 실제로 조우하는 불안정한 공간 및 공포의 순간 너머로 접경지대 — 그리고 그 과정들 — 를 크게 확장시킬 수 있다. 이 장의 탐구 대상인 메인 변경지역 사건들의 경우, 보스턴 식민지 주민들뿐만 아니라 런던의 열성적인 독자들에게까지 영향을 발휘했다. 메인 변경에서 나타났던 폭력 역시 관련 당사자들과 본래의 의미를 넘어서 수 세대에 이르는 장기 지속적인 영향을 끼쳤다. 이 장에서는 트라우마 이론이 이 같은 사건들의 확산 및 지속적인 영향력을 이해하는 데 도움을 제공할 수 있다는 사실을 보여주고자 한다.

식민지 시대 뉴잉글랜드 역사에 관한 최근의 몇 가지 연구들은 이 지역의 영국 식민지 주민들과 토착 알곤킨인들 및 이들의 동맹이었던 프랑스인들 사이에서 발생했던 접경전쟁의 영향을 다루고 있다. 이 가운데 일부 연구는 전시 트라우마의 광범위한 영향에 주목하는데, 대표적으로 필립 왕(메타콤Metacom) 전쟁(1675~1676)을 들 수 있다. 이 저항 전쟁의 명칭은 포카노켓인이었던 필립(또는 메타콤)이라는 인물에서 따온 것으로, 뉴잉글랜드 남부에서 가장 영향력 있는 추장이었던 그는 광범위한 범 인디언 투쟁을 통해 영국 식민지사회를 거의 파괴할 뻔했다. 절반 이상의 마을들이 파괴되거나 버려졌으며, 영국인들은 메인과 같은 변경지대에서 완전히 자취를 감췄다. 이 전쟁은 알곤킨인들의 오랜 경쟁 세력인 모호크인들의 개입으로 인해 겨우 종식되었는데, 이들은 이 기회를 틈타 뉴욕을 중심으로 한 영국 식민지 정부와 뉴잉글랜드의 알곤킨인들에 맞서는 동맹을 맺고자 했다.

전쟁은 두 개의 전선을 지니고 있었는데, 하나는 1675년부터 1676년까지 격렬한 전투가 벌어졌던 남부 및 중부 뉴잉글랜드였고 다른 하나는 현재의 메인 해안지대였다. 두 번째 전선에서의 무력 충돌은 조금 늦게 시작되어 오래 지속되었으며 1678년 4월 카스코 만조약을 통해 종식되었다. 그러나 평화는 오래가지 못했으며 메인 변경은 18세기에 접어들어서야 평온을 되찾았다. 사실 폭력은 1689년 윌리엄 왕 전쟁 때 다시 발생하여 1713년 앤 여왕 전쟁 시기까지 조금도 수그러들지 않았다. 한편, 적어도 1660년대까지 메인 토착민들과 영국 이주민들 사이에서 군건하게 유지되었던 접경지대에서의 초기 협력 관계가 파괴된 과정은 지금까지도 잘 알려져 있지 않다. 전쟁 및 트라우마로 인한 후유증은 접경지역을 불안정하게 만들었으며, 아이러니하게도 영국 식민지로의 편입을 방해하면서 수십 년 이상 접경지대 상태를 유지하게끔 하였다. 영국 작가들은 자신들이 집필한 전쟁사를 통해 이 지역의 병합이 완료되었다고 주장한 반면(이에 관해서는 차후 살펴볼 것이다), 베로니카 카스티요-무뇨즈가 콜로라도 삼각주 원주민 사례를 통해 잘 보여주었듯이 메인 원주민들은 18세기는 물론 19세기에도 이 지역에 독립적인 지위를 부여했다. 수 세대 동안 토착 거주민들은 두 개로 나뉜 지역―처음에는 영국령 아메리카와 프랑스령 아메리카 사이의 분계에 의해(1763년까지), 그다음에는 영국령 아메리카와 과거 영국의 13개 식민지 간의 분할을 통해(1783년 이후) 나뉘었다―을 자유롭게 넘나들었다. 이 장에서는 영국 식민지 주민들이 전쟁 기간과 그 이후에 접경지대의 폭력을 제한, 제거, 억제하려던 시도를 살펴볼 것이며, 아울러 이러한 노력들이 결국 실패했음에도 불구하고 그 실패가 접경지역의 활력을 유지시키는 데 기여했음을 논하고자 한다.

질 레포레Jill Lepore의 『전쟁의 이름The Name of War』으로부터 메리 베스 노튼Mary Beth Norton의 『악마의 코골이Devil's Snare』와 존 데모스John Demos의 『돌려받지 못한 포로The Unredeemed Captive』에 이르기까지 뉴잉글랜드를 연구하는 역사가들은 1670년대의 개개인과 가정들이 전시 트라우마의 충격을 겪었다고 평가해 왔다. 해결되지 않은 트라우마는 세일럼 마녀재판이나 자민족 중심주의, 인종차별이 담긴 언사로 표출되었고 영국 측에서 기록한 대부분의 전쟁 문헌에 스며들었다.[7]

메인에서 발생한 폭력은 충격적이고 극단적이었으며 이 지역의 영국인과 인디언 모두를 유린했다. 전쟁 시의 공격, 매복, 학살을 통해 야기된 근대적 의미의 트라우마는 트라우마 이론가인 레노어 테르Lenore Terr가 지적한 바와 같이 범주화할 수 있다. 즉 뚜렷한 대참사는 "생존자로부터 안정감을 박탈하고 그를 스트레스 요인에 노출시킴으로써 매우 취약하게 만드는 반면, 만성적이고 반복적인 트라우마는 서서히 영향력을 발휘한다".[8] 트라우마 경험은 종종 분열 현상을 수반하므로, 정신분석가들과 트라우마 이론가들은 첫 번째 세대와 그 이후 세대들 모두 분리되고 단편적인 트라우마 기억을 지니게 되는 과정을 일찍부터 파악해 왔다.[9]

충돌 기간 영국 수비대의 가옥들은 점거되었고 남성은 살해되었으며 여성과 아이는 포로로 잡혀갔다. 영국인들이 우세할 때에는 습격하던 인디언들이 사살되거나 구타를 당해 사망하고 생존자들은 노예로 팔려갔다. 수개월에 걸친 살육은 다음 세기까지 큰 영향을 끼쳤다.[10] 허바드William Hubbard는 첫 번째 달의 사상자들을 다음과 같이 기록했다. "(1675년) 8월 초부터 11월 말까지 양측의 많은 사람들이 살해되었다." 우리는 그의 기록을 통해 50명 이상의 영국인들이 사망했음을 알 수 있으며, 훗날 작성된 보고서는 90명 이상의 인디언들이 사망했다고 기록했는데, 이 중 일부는 메인에서 벌어졌던 충돌의 희생자들이었다. 이 정도의 사망 인원은 그리 큰 규모가 아닌 것처럼 보일지 모르지만 메인 변경이라는 맥락에서 보자면 상당한 중요성을 내포하고 있었는데, 영국인들의 정착지는 단 몇 개의 가족들, 심지어 한 개의 확대 가족 집단으로 이루어졌기 때문이다. 한편 '원주민들이 서쪽으로 가는 인디언들과 결탁

하여 영국인들을 유린하는 데 힘을 보태고 그들의 소유물을 차지하려 한다'는 소식이 전해지자, 보다 커다란 공포가 밀려들었다.[11] 허바드의 기술을 분석해볼 때, 1675년 8월에서 1676년 10월 사이에 메인 식민지 주민들 가운데 적어도 88명이 사망했으며 이들 대부분은 협소한 메인 전초 기지들에서 단발적으로 지속되던 공포에 노출되어 있었음이 분명하다.[12] 1676년 8월 애로우직섬이 함락된 다음, 허바드는 "모든 영국 농장들은 잇달아 버려질 것이다"라고 기록했다.[13] 그가 또 다른 피난에 주목하면서 언급했듯이, "일단 사람들이 위험에 관한 소식을 듣고 느끼게 되면 사냥꾼이나 사냥개 앞에 선 수사슴마냥 멀리 도망갈 준비를 하기 마련이다".[14] 또한 도망가는 생존자들 못지않게 포로들 역시 심각한 수준의 공포를 겪었다.[15]

메인 변경에 거주하던 토착 환상가들은 변경 폭력에서 중요한 역할을 담당하고 있었다. 특히 강력한 예지자이자 최고의 추장sagamore(정치적 지도자)이었던 스콴도는 해결되지 않은 변경 폭력의 반향을 입증하는 인물이다.[16] 스콴도의 이야기는 어떤 근대 역사에서도 거론되지 않았다.[17] 전쟁 이전 기독교도로 개종할 가능성을 지니고 있던 그는 자녀에게 가해졌던 뚜렷한 폭력을 경험하면서 전쟁 기간 중 영국에 맞서는 확고부동한 저항가로 돌아섰다. 식민지의 전초 기지들에서 잔학 행위를 저질렀던 이들 중 한 명인 스콴도는 전쟁 기간 내내 영적 조언자의 도움에 의지하던 수많은 토착 환상가들 가운데 한 명이었다. 전쟁에서 패배한 이후에도 스콴도의 환상은 계속되었는데, 그의 영적 조언자가 그리스도처럼 부활하게 될 것이라고 장담하자 자신의 삶을 갑작스럽게 끝내버린 것처럼 보인다.[18] 그러나 사실 자살 그 자체는 그럴싸한 이야기였을 뿐, 스콴도는 단순히 북쪽으로 이동했으며, 분명하게 입증할 수는 없다 하더라도 예수회 기록에 따르자면 아테콴도Atecouando라는 이름을 지니고 메인 접경지대의 유연성을 활용하면서 두 번째 경력을 쌓아 나 갔다.[19]

허바드와 매더의 기록에 나타난 스콴도의 일대기는 대규모의 사회적 폭력의 결과물을 이해하는 데 있어 적어도 세 가지 차원의 중요성을 지 니고 있다. 첫째, 그의 경험들은 1670년대 메인 지역에서 발생했던 이민 배척운동을 보여주는 희귀한 사례라는 측면에서 중요하다.[20] 그의 경험 은 트라우마를 초래할 정도의 폭력이 어떠한 방식으로 토착 공동체 내부 에서 발생하고 영속화되는지 — 그리고 때로는 치유되는지 — 를 보여준 다. 원주민들의 환상체계가 접경지대 폭력에 대응하는 방식을 연구하는 것은 식민지 팽창에 대항하여 뉴잉글랜드 전역에서 발생했던 원주민 저 항의 형태 및 범위 분석에 중요한 의의를 지닌다. 또한 스콴도의 자살과 관련된 기록들을 분석함으로써 토착 환상가의 세계를 살펴볼 수 있다. 적극적으로 얻기 원했던 환상은 종종 부담으로 다가왔으며 그에 복종하 기 위해서는 커다란 용기를 내야 할 경우도 많았다.[21]

한편 스콴도의 이야기는 당대 및 후대의 앵글로-뉴잉글랜드인들이 그의 경험을 자기네식으로 전용했다는 점에서도 중요성을 지닌다. 일 레인 스캐리Elaine Scarry의 연구에 동의했던 질 레포레는 기록물에 등장 하는 전쟁의 의미를 포착함으로써 승자가 '상처의 전쟁'(과 통제 불가능한 끔찍한 폭력 및 영국 병사들이 자행했던 섬뜩한 '야만성')을 억제하고 길들이는 모습을 포착할 수 있다고 주장한다.[22] 레포르의 테제는 설득력 있고 흥 미롭지만, 식민지 폭력의 가해자였던 영국인들이 자신들의 공격성을

'복수심에 불타는' 인디언들로 깔끔하게 대체하여 투영하던 방식을 보다 뚜렷하게 이해하기 위해서는 스콴도 이야기의 지속적인 반향을 연구할 필요가 있다. 유럽 및 아메리카의 저자들은 스콴도를 깊은 증오와 복수심으로 가득 찬 야만적인 인물로 설정함으로써 적에게 복수하고자 하는 자신들의 열망을 (그리고 죄책감 또한) 전이시켰다. 다른 한편, 과도하고 비이성적인 감정은 전형적인 인종관을 성장시켰으며 전쟁 이후의 강탈이나 만행을 정당화했다.[23] 인크리즈 매더Increase Mather가 즐겨 사용했던 성경적 표현을 빌려 말하자면, 만일 그렇게 하지 않았다면 "우리를 치러 일어난 이교도들의 노여움이 맹렬하여 우리를 산채로 삼켰을 것이다. (그러나) 우리를 내주어 그들의 이에 씹히지 아니하게 해주신 여호와를 찬송할지로다". 오히려 "광야의 이 이스라엘(영국인들)은 적국을 삼키고 그들의 뼈를 꺾으며 화살로 쏘아 꿰뚫었다".[24]

매더의 이야기는 전쟁 이후 스콴도가 자살했다는 기록들의 출처로 기능했는데, 그는 메인 지방의 주요 상인이자 적극적인 문화 중개인이었던 조슈아 스코토우Joshua Scottow로부터 정보를 얻었다. 매더의 기록에서 스콴도의 자살은 신의 정당한 심판으로 인해 비참한 최후를 맞았다는 의미를 내포하고 있는데, 이 같은 시각은 뉴잉글랜드인들의 섭리관과 정확히 일치한다.[25] 그러나 인디언들은 스콴도의 자살 이후에도 메인 변경에서 사라지지 않았다. 간결하게 요약한 스콴도의 이야기에 초점을 맞춘 매더는 메인 지역에서 발발했던 필립 왕 전쟁을 영국의 승리로 재규정했다. 즉 모든 인디언 저항의 상징이었던 스콴도가 사망했기에 매더와 그의 독자들은 인디언 저항 또한 필연적으로 종식되리라고 확신했던 것이다. 그러나 이러한 믿음은 인디언들이 영국인들을 효과적으로 메인에서 축출했으며, 이 변경이 18세기에도 영국 식민지라기보다는 여전히 '인디언 국가'로 남아 있었다는 다수의 증거들과 배치된다. 사실 스콴도가 아테콴도로 이름을 바꾸고 살아남았다는 가설을 받아들인다면. 그가 투쟁을 결코 포기하지 않은 채 한 지역에서 다른 지역으로 이동하면서 접경지대에서 통용되는 교묘한 속임수를 부렸다고 볼 수 있다. 그게 아니라면 단순한 이야기를 통해 강력한 적수를 '소멸'시키고자 했던 매더의 책략으로 보는 편이 더 나을 것이다.

물론 이처럼 명확한 전이와 투사는 결코 완벽하지 않았으며, 스콴도는 다양한 형태로 재등장했다. 메인 학살에 관한 역사적 기억은 그 이후 세대들에게 이어졌으며 그들의 시대에 벌어진 충돌 속에서 재구성되었다. 이러한 양상을 세대를 넘어 이어지는 트라우마 전이의 완벽한 사례로 서술하기에는 세부적인 증거가 충분치 않지만, 스콴도의 반복적인 재등장—가브리엘 슈왑은 '망령'이라고 언급했다—은 그 영향력을 암시하고 있다.[26]

스콴도 이야기는 19세기의 시나 산문 등 다양한 방식을 통해 앵글로-뉴잉글랜드인들의 기억 속에 남았으며, 이상화된 이미지와 죄책감을 수반하는 이미지가 모두 존재했다. 이에 관한 한 가지 해석은 매더 및 허바드 세대에서 부정되고 조작되고 해결되지 않았던 문제가 그 이후의 유럽-아메리카 뉴잉글랜드 후손들 시대에 재등장—슈왑이 표현한 바에 따르면 '출몰'—했다고 보는 것이다. 이러한 출몰이 이야기를 자극적으로 만드는 과정에서 매우 재미있게 묘사되었다고 해서 스콴도—그리고 영국 식민지 주민들과 이들의 후손들에 대한 그의 불만—가 메인 변경에서 여전히 살아남았다는 사실이 사라지지는 않는다.

"뉴잉글랜드에 거주하는 주님의 백성들을 해하려던 이들에게 내려진 놀라운 심판은 엄청났기에 모든 이들이 목격할 수 있었다."²⁷ 이 구절은 인크리즈 매더 목사가 1684년에 출판한 『뛰어난 섭리에 관한 기록 모음집An Essay for the Recording of Illustrious Providences』의 어떤 장 말미에서 스콴도 이야기를 소개했던 방식을 보여준다. 여기에서 매더는 퀘이커교도 및 비국교도들에 대한 신의 '멋진' 심판을 기록했다. 인디언 사례를 마지막으로 다룬 매더는 사코 지역의 추장 스콴도에 관한 이야기를 언급하면서 그를 하느님의 백성들을 대적하는 이들이 겪게 될 슬픈 상황의 사례로 제시했다. 매더는 "이 적들이 다른 이들에 비해 오랫동안 심판을 모면해 왔지만 그 누구보다 끔찍하고 비극적인 종말을 맞았다"고 서술했다.²⁸ 메인 해안가를 따라 발생했던 문화 충돌은 폭력이 분출했던 1676년 이전부터 이어져 왔는데, 이 같은 전쟁 이전의 사건들은 허바드의 기록에서 분명하게 나타나듯이 꽤나 잔혹했다. 1675년 뉴잉글랜드 남부에서 발생했던 충격적인 폭력과 이에 대한 보복의 순환으로 시작된 전쟁은 메인에서 수십 년간 지속되었다.

매더의 이야기에 따르면 스콴도는 전쟁 훨씬 이전에 환상을 경험했다. 매더는 메인 변경에서 충돌이 여전히 계속되고 있던 시기에 필립 왕 전쟁을 다룬 '간략한 역사'를 저술했으며 여기에서 환상 및 영적 조언자의 등장을 묘사했다. "신께서는 검은 옷을 걸친 키 큰 남자의 모습으로 그에게 나타나서 독주를 멀리하고 기도하고 안식일을 지키고 신의 말씀을 들으러 갈 것을 명했으며 그 인디언은 겉보기에는 매우 헌신적이고 양심적으로 이 모든 일들을 수년 동안 이행했다."²⁹ 이보다 뒤에 작성된 1684년의 기록에서는 중병에 걸린 스콴도가 죽을지도 모른다고 생각하던 때에 최초의 환상이 나타났으며 천국 및 지옥에 관한 기독교의 가르침을 인디언식으로 받아들였다는 등의 세부사항들이 조금 더 추가되었다. 정령은 다음과 같이 약속했다 : "만약 음주 등을 그만둔다면 그의 영혼은 사후에 행복한 장소로 올라갈 테지만, 명령을 지키지 않을 경우에는 아래로 떨어져서 영원히 비참한 상태로 남게 될 것이다."[30]

스콴도의 경험이 지닌 정확한 의미는 포착하기 어려운데, 이는 세부 내용이 결여되어 있으며 언제나 적들에 의해 낯선 언어로 기록되었기 때문이다. 아마도 그는 파우와우pawwaw(주술사 또는 오늘날의 인디언들이 선호하는 치료사)였던 것으로 보이는데, 추장들이 이러한 역할 또한 수행했다는 사례들이 남아 있기 때문이다.[31] 스콴도라는 이름(아테콴도의 영어식 변형이 아니라면)은 그를 강력하고 어느 정도 어두운 힘과 결합시켰다. 스콴툼은 죽음·밤·북동풍·암흑·검은색·지하 세계와 연관된 강력한 초자연적 존재로, 추장들은 알곤킨인들의 우주론에 등장하는 강력한 존재들의 이상을 종종 사용하곤 했다.[32] 우드랜드문화에 속해 있던 뉴잉글랜드의 원주민들은 꿈과 환상을 중요하게 생각했다. 꿈과 환상은 유럽인들의 도래나 기독교의 도전과 같이 중요한 사건들을 예견할 수 있었다. 추장들은 꿈, 무아지경, 환상을 활용하여 정신적 힘에 접근했으며, 이를 선한 목적이나 악한 목적을 이루기 위해 활용했다. 개인은 정신적 힘의 증표라 할 수 있는 꿈을 함양하는 동시에 소중히 여겼고, 공동체는 꿈꾸는 자 또는 환상가로 알려진 이들을 조심스레 보살폈다. 20세기 초의 인류학자 프랭크 스펙Frank Speck에 따르면 메인 지역의 페놉스코트인들은 이 같은 사람을 ki·ugwa'sowi·'no, 또는 '꿈 속에서 탐색하는 자'라고 불렀다.[33] 뉴잉글랜드의 알곤킨인들은 특히 점술을 위해 꿈을 사용했는데, 사냥에 나설 때에는 으레 꿈꾸는 자에게 "잠에 들어가 '둘러보라'(gwi·la'wabo)"고 요청했다.[34] 꿈은 일종의 대중적 인정, 또는 대중적 '성과'를 필요로 할 경우도 있었다. 크레스티앵 르클레르Chrestien Le Clercq가 미크맥인들에 관해 기록했듯이, 꿈은 근본적으로 사회적 경험이었다. "부모는 자녀를, 지도자는 마을을 꿈꾼다. 또한 이들은 자신들의 꿈을 해석하고 설명하는 사람들을 갖고 있다."[35]

무엇보다도 꿈과 환상은 평범한 일상을 영위하는 개인이 매니투man-itou, 다시 말해 장소, 동물의 영혼, 영적으로 강력한 개인, 태양과 같은 자연적 특성에 배어있는 정신적 힘의 해방을 경험하는 데 필요한 수단이었다. 민족 언어학자이자 뉴잉글랜드 남부인들에 관한 권위자인 캐슬린 조안 브랙던Kathleen J. Bragdon이 말했듯이 "꿈은 현실이었으며 꿈에 등장하는 존재들은 살아있는 실체들이었다. 그들은 원주민 세계의 일부였으며 인간과 함께 일한다고 여겨졌다."[36] 수호 정령들은 "온갖 일에 관한 부탁을 받았으며, 강력한 영적 조언자를 지닌 사람일수록 더 큰 행복을 얻을 수 있었다."[37] 사람들은 보통 매우 어려운 시기에 수호 정령을 찾곤 했다. 로저 윌리엄스Roger Williams는 상처를 입은 원주민이 죽기 직전에 수호 정령에게 기도하는 모습을 다음과 같이 기록했다 : "죽어가던 그는 어린이들의 신Muckquachuckquand을 여러 차례 불렀는데, (다른 인디언들에 의하면) 해당 신은 오래전 이 청년 앞에 모습을 나타낸 바 있으며, 훗날 고통에 처할 경우 자신을 불러내라고 명령했다고 한다."[38]

여타 동부 우드랜드 주민들의 경우와 마찬가지로 뉴잉글랜드의 토착 세계는 세 부분, 즉 '하늘, 또는 상부 세계와 지상, 또는 중간 세계, 그리고 하부(물) 세계'로 나뉘어 있었다.[39] 브랙던이 지적했듯이, "꿈-영혼 상태의 사람들, 비인간 상태의 파우와우(주술사, 치료사), 망자의 혼, 현실 세계로 들어갈 틈을 엿보는 인간 이외의 존재들은 세 왕국의 문턱들을 규칙적으로 넘나들었다. (…중략…) 인간 세상과 인간 이외의 존재들 간의 분계는 마치 물리적 상태들 간의 분계가 환상에 불과했던 것과 마찬가지로 유동적이었다".[40] 뉴잉글랜드의 원주민들은 다양한 환경 가운데서 환상을 갈구했는데, 소박한 의례를 동원하는 경우가 대부분이었지만 그럼에도 불구하고 이러한 태도는 한평생 유지되었다. 브랙던의 말대로 "원주민 사회 구성원 대다수의 목표는 매니투와 접촉하고 수호 정령을 얻는 것이었으며, 이는 성스러운 공간, 꿈, 감응된 황홀경, 그리고 수면 속에서의 영혼 여행을 통해 성취되었다".[41]

유럽인 및 유럽의 물건들이 등장하는 환상은 식민지 접촉에 대한 응답 중 하나였으며 원주민 지도자들, 특히 파우와우와 같은 종교 전문가들에게는 영국의 영혼 전문가들이 보유하고 있던 매니투를 기존의 원주민 세계관으로 흡수하는 계기로 인식되었다.[42] 스콴도에게 모습을 드러낸 영국인 목사는 알곤킨인들의 관점에서 매니투로 간주된 것으로 보이는데, 이는 해당 존재가 되풀이하여 등장했기에 수호 정령 또는 주술사의 영적 조언자인 파와노마pawwanoma일지도 모른다고 생각했기 때문이다. 스콴도의 사례에서는 상당히 혼합주의적인 존재가 환상을 통해 모습을 드러내는데, 매더는 "스콴도는 이를 계기로 술독에서 벗어나 안식일을 엄격히 준수하게 되었다. 이처럼 그는 언제나 안식일을 금식일로 지키고 영국인 목사의 설교를 들었으며 공정하게 행동했다"고 기록했다.[43]

영국인들은 메인 해안가의 인디언들에게 기독교가 보급되던 양상을 기독교, 특히 (프랑스 가톨릭보다는) 영국 개신교 발전의 표시로 인식했던 것으로 보인다. 전쟁 이전, 윌리엄 허바드는 스콴도와 페놉스코트인들의 지도자 매독콴도Madockwando를 '도덕화된 이상한 부류의 야만인들'로 분류하면서 "이들의 말과 행동거지는 근엄하고 의젓했으며 기독교 신앙이 아예 없지는 않다는 점을 보여주었다"고 묘사했다.[44]

그러나 전쟁 기간 중 스콴도는 사코 지역에서 영국인 정착지 습격을 주도했으며 이로 인해 13명이 사망하고 마을은 불길에 휩싸였는데,[45] 전쟁 이전에 자주 회자되던 이야기에 이 같은 행동에 관한 결정적인 설명이 등장한다. 이에 따르면 만취한 영국인 세 사람이 여행 중이던 스콴도의 부인과 자녀가 타고 있던 카누를 고의로 뒤집었다. 관련 내용을 가장 자세하게 언급했던 허바드는 다음과 같이 기록했다 : "1675년 늦여름에 스콴도의 '원주민 여성'(아내)이 영국 뱃사람들의 무례하고 무분별한 희롱을 받았는데, 이들은 이 여성과 아이가 강 어딘가에서 수영하던 (즉 타고 있던) 카누를 전복시켰으며 모든 창조물들은 당연히 수영을 할 줄 안다는 말을 확인하기 위해 그 인디언 아이를 고의로 강물에 던졌다."[46] 즉 이 선원들은 인디언들이 동물처럼 본능적으로 혼자 수영을 할 수 있는지 알아보기 위해 의도적으로 아이를 물에 빠트렸던 것이다.

허바드의 기록에 의하면 아이는 어머니가 구했지만 며칠 후에 사망했으며, 이에 스콴도는 복수를 맹세한 것으로 추정된다 : "아이의 아버지였던 스콴도는 그로 인해 분개했으며, 그 이후부터 영국인들에게 할 수 있는 모든 악행들을 저질렀는데, 이 때(허바드가 기록을 작성한 1677년)까지도 화해를 전혀 원하지 않고 있다."[47] 매더는 영국인들에게 엄중한 질책을 덧붙였다 : "이교도들의 주장이 근거를 지니고 있으며, 이른바 기독교인이라 불리는 사람들로 인해 분개했다는 사실은 매우 통탄할 만하다."[48]

이 사건은 특수한 식민지 접촉보다 더 커다란 양상, 즉 토지 및 자원을 두고 발생했던 영국인들과 알곤킨인들 간의 충돌을 압축한 밀도 높은 서사로 볼 필요가 있다. 우리는 이처럼 확장된 맥락 속에서 스콴도의 아내와 자녀가 겪었던 괴롭힘과 같은 공공연한 인종차별적 공격뿐만 아니라 영국 농업 경제가 뉴잉글랜드 북부 알곤킨 사회의 사냥-채집 조직과 근본적으로 양립할 수 없었다는 사실을 발견할 수 있다.[49] 뉴잉글랜드 남부에서 발생했던 알곤킨 저항 운동 지도자들의 간청에서 드러나듯이, 메인 지역 인디언들은 전쟁에 참여해서 침략자들을 고향 밖으로 쫓아낼 만한 수많은 이유들을 지니고 있었다.

스콴도가 겪었던 환상은 그에게 지도자가 지녀야 할 명성을 부여했으며, 추종자의 규합에도 기여했다. 인류학자들은 카리스마를 지닌, 그리고 종종 선견지명을 지닌 지도자를 중심으로 이루어졌던 '재활력revital-ization' 운동을 혁명으로 간주하는데, 이러한 현상은 아메리카 원주민 역사 전반에 걸쳐 등장한다. 가장 유명한 사례는 '델라웨어 예언자'라 불리던 네올린Neolin으로, 1763년 폰티악인들의 반란은 그가 개입함으로써 발생했다. 또한 19세기 초 세네카인들의 핸섬 레이크 운동, 저항 지도자 테쿰세Tecumseh의 형제였던 텐스콰타와Tenskwatawa의 환상, 19세기 말 대평원 주민들의 고스트 댄스 운동 역시 이러한 범주에 포함된다.[50]

역사가들은 알아채지 못했지만, 윌리엄 허바드의 이야기는 스콴도가 이 같은 지도자였을 가능성을 제시한다. 허바드는 갈등의 정점에서 스콴도와 매독콴도의 지휘를 받던 인디언들이 '영국인들과의 어떠한 평화도 거부했으며, 신께서 열성가들Enthuasiast, 즉 지도자들에게 '더 이상 전쟁을 계속하면 안 된다'고 말씀하시기 이전에는 '우리의 포로 친구들

(즉 포로로 잡힌 영국인들) 또한 결코 돌려주지 않을 것이다'라고 기록했다.[51] 1676년 1월, 송환된 포로 프랜시스 카드Francis Card는 스콴도가 자신으로 하여금 인디언들에게 "신이 파괴를 위해 우리의 국가(영국)를 떠나 당신들에게 가셨다"고 말하도록 했다고 진술했다.[52]

스콴도는 결코 외로운 환상가가 아니었다. 윌리엄 시몬스William S. Simons는 "인디언들이 필립 왕 전쟁사에 관해 기록을 남겼다면, 전략 입안에 있어 주술사의 점술이 지녔던 중요성을 강조했을 것"이라고 말한 바 있다.[53] 전쟁 발발 이전에도 키터리의 한 추장은 임종 시에 증서를 작성하여 자신의 땅 일부를 자녀들에게 넘기고자 했는데, 이는 '그가 조만간 인디언들과 영국인들 사이에 전면적인 전쟁이 시작될 것이며, 처음에는 인디언들이 우위를 차지하고 영국인들에게 수많은 악행을 저지르겠지만 3년 후에는 이 같은 일을 저지른 모든 인디언들이 축출되고 완전히 파괴되리라는 사실을 알고 있었기 때문이다'.[54] 종전이 다가오던 1677년 초에는 포로 송환 교섭을 시도하다가 좌절에 빠져있던 월드론 소령Major Waldron이 이끄는 군대가 마타한도Mattahando 추장과 25명의 무리를 추격하던 중에 7명을 사살했는데, 그중에는 "나이 든 주술사가 있었으며, 과거 사울 왕에게 모습을 드러냈던 것처럼 악마가 그에게 나타나서 이틀 내에 영국인들이 이 무리를 모두 죽일 것이라고 말했다".[55]

그러나 매더와 허바드의 기록에 등장하는 환상가들 가운데서도 유독 스콴도와 그의 이야기는 메인 지역에서 발생했던 거의 모든 인디언 저항 운동의 화신이자 이 같은 관습의 대명사가 되었다. 1682년, 영국 농장과 공동체들 상당수가 복구되지 않았지만 평화가 서서히 찾아오고 포로들이 귀환했으며 메인 변경에서의 삶은 불안한 고요함 속에서 계속되던 와중에 스콴도가 또 다른 환상을 경험했다는 기록이 등장했다. 이에 따르면 영국인 목사가 그에게 부활을 약속하면서 자살을 종용했다. "영국인들의 가짜 신이 목사의 모습으로 다시 스콴도의 앞에 나타나서 자살을 요구했으며, 만일 그가 복종한다면 다음 날 다시 살아나서 영원히 죽지 않을 것이라고 약속했다." 스콴도가 자신의 환상을 이야기하자, 아내와 "다른 인디언들은 살해 의도가 담긴 유령의 충고를 듣지 말라고 열심히 설득했다". 그럼에도 불구하고 "그는 스스로 목을 매달았으며 자신의 자리(즉 지옥)를 찾아갔다"고 매더는 기록했다.[56]

영국인들이 스콴도의 이야기를 자신들에게 익숙한 '신과 사탄 간의 오랜 우주적 투쟁'이라는 틀에 맞추어 해석했다는 사실은 놀랍지 않다. 그러나 매더와 허바드는 환상이 지닌 의미를 매우 주의 깊게 다루어야 했음에도 불구하고 스콴도가 '참된' 환상을 경험했을 가능성을 일축했다. 청교도 사상에 따르면 참된 환상은 매우 드물게 나타나며 아주 그럴듯한 꿈이나 환상일 경우에도 면밀한 조사가 필요했다.[57] 매더와 허바드 모두 스콴도의 환상에 등장했던 '유령'은 '가짜 신'에 불과하며 예수 그리스도였음을 입증하는 결정적인 증거가 전혀 존재하지 않는다고 단언했다.[58] 이는 스콴도의 환상 속에 나타났던 존재가 신이나 하늘에서 내려온 천사가 아니라 모습을 위장한 사탄이었다는 의미를 내포한다. 허바드는 다음과 같이 단언했다 : "우리는 하늘과 땅의 위대하신 주의 생각을 어떻게 이해하고 그에 따라 이 같은 거짓 계시들을 어떻게 취급해야 하는지 알고 있다."[59]

이어서 허바드는 스콴도의 가짜 종교는 명백하게 "암흑의 왕자로부터 (그리고) (일부 가톨릭 놈들(즉 프랑스 가톨릭 선교사)의 도움으로) 배운 것이다"라고 말하면서 인디언 추장들이 "위대한 주님을 경배하고 안식일을 지키라는 환상과 계시를 받았다고 주장하지만,[60] 우리는 한 구멍으로 단 물과 쓴 물을 동시에 내는 샘을 알고 있는바, 이처럼 그들은 주님의 종들을 저주하고 죽이고자 하는 마음을 지닌 채 주님의 축복을 받고자 한다"고 단언했다.[61] 이러한 비난 끄트머리에 허바드는 다음과 같은 말을 추가했다 : 전쟁이 또다시 터지기 전에 "우리는 (주님께서) 흐름을 바꾸시어 그들(인디언들)이 이전처럼 주님의 사람들을 친절히 진심을 다해 대하게끔 만드시거나 또는 우리에게 그들을 파괴할 기회를 주시기 바란다".[62] 스콴도가 사망했다는 소식을 매더에게 전달했던 군 지휘관 조슈아 스코토우는 보다 직설적이었던 인물로, 다음과 같이 말했다 : "오 주여, 당신의 모든 적들을 죽게 하소서!"[63]

월리엄 허바드는 영국인들이 전적으로 떳떳하다고 보지는 않았지만 매더를 제외한 그 누구보다도 악랄한 인종차별적 수사를 통해 인디언들을 표현했다. 허바드는 메인 변경을 따라 만들어진 식민지 정착지들의 발전과 통합을 방해하는 영국인들 내부의 정치 분열이 불만에 대한 신속하고 타당한 대응을 막는다고 언급했다 : "절대적이고 확실한 지배권을 지닌 질서정연한 정부는 현재 나타나고 있는 악행을 피할 수 있을 것이다."[64] 그러나 갈등의 책임을 '경솔하고 돌발적인 행동을 저지르는 무례한 영국인들'에게 돌리던 사람들을 향하여 허바드는 인디언들의 타고난 배신을 상기시켰다 : "(선천적으로 피비린내나고 부정직한 행동들을 즐거워하는) 인디언들은 자신들의 야만적인 관행들을 감출 기회를 잡았다."[65] 또한 그는 "교묘함, 사악함, 복수심은 마치 본성인 양 그들(인디언들)과 뗄 수 없는 관계인 것처럼 보인다"고 기록했다.[66]

허바드는 영국인들이 이러한 배신으로부터 '교활한 독사의 자식들을 경계하는 법'을 배우기 원했다.[67] 그는 메인 변경에서 발생한 전쟁이 필립 왕이 사망한 1676년 8월을 거쳐 1677년에 이르기까지 오랫동안 이어졌지만, '악인들이 주님의 심판을 받아 차례로 파멸의 바퀴 아래 깔렸다'고 말했다.[68] 1677년 2월 공격에 참여했던 사람들은 '적들이 흩어지고 분쇄되어 다시는 갑자기 출몰하지 않기'를 간절히 원했다. 허바드는 "우리의 적들은 자신들이 다른 사람들을 위해 파 두었던 웅덩이에 스스로 떨어졌다"고 선언했는데,[69] 이 구절은 시편 7장 15절의 "그가 웅덩이를 파 만듦이여 제가 만든 함정에 빠졌도다"와 시편 9장 15절의 "이방 나라들은 자기가 판 웅덩이에 빠짐이여 자기가 숨긴 그물에 자기 발이 걸렸도다"를 이중으로 인용한 것이다.[70] 이러한 맥락에서 볼 때, 악마가 보여준 환상으로 야기된 스콴도의 죽음은 야만적으로 자신의 백성(영국인)을 공격했던 사람들에게 내려진 신의 정당한 복수, 바로 그것이었다. 허바드는 전쟁이 맹렬하게 지속되던 시기에 이 기록을 남겼는데, 전쟁 말기까지도 다수의 영국인들이 메인 지역에서 축출되었다는 점을 고려한다면 상기 내용은 실제 일어났던 사건이라기보다는 허바드의 희망사항이라고 볼 수 있다.

이처럼 영국인들은 스콴도의 죽음을 신의 심판으로 인식했지만 이 사건의 실제 내막은 지금까지도 여전히 수수께끼로 남아 있다. 우선 스콴도가 목격했던 유령의 본질에 접근하는데 필요한 정보가 너무 부족하다. 이 유령은 악몽을 꾸던 중에 나타났을까? 가수면 상태에서 나타났을까? 일종의 환각이었을까? 이처럼 스콴도의 심리 상태는 거의 알려지지 않은 반면, 주변 환경들(자녀의 죽음, 뉴잉글랜드에서 진행 중이던 원주민 축출, 전쟁 중에 일어났던 폭력적이고 피비린내나는 습격들, 그 이후의 인디언 패배)은 그가 엄청난 트라우마를 겪었다는 사실을 보여준다. 스퀀도를 기독교적 요소들과 강력한 비전을 결합하여 패배로 인해 트라우마에 빠진 공동체를 다시 일으키려던 재활력 운동의 지도자로 보아야 할 것인가? 아니면 그는 자신이 매니투에게 선택되었으며 그에 따라 행동하는 환상가라고 생각했을까? 일차 사료들은 우리에게 거의 도움을 제공하지 않는다. 매더에게 보낸 조슈아 스코토우의 편지 원문은 스퀀도가 죽음 이전에 '우울하고(슬프고) 침울했음'을 강조한다.[71] 따라서 그의 죽음은 '정신적인 저항'보다는 자살에 가까운 것으로 보인다. 그러나 이 자살은 저항으로서의 죽음이기도 했다. 스코토우의 해결책("오 주여, 당신의 모든 적들을 죽게 하소서!")은 다소 공허한 것이어서 식민지는 불과 몇 년 후에 동일한 해안가에서 다시 한번 극심한 위험에 직면하게 될 터였다.[72] '교활한 독사의 자식들', '야만적인 적들', '흉포한 악당', '말벌들의 둥지'와 같이 허바드의 기록에서 중심을 차지했던 인종주의적 언사는 전형적인 사례가 되어 곳곳에 메아리쳤다.[73]

그러나 스퀀도의 이야기는 여기에서 끝나지 않는다. 트라우마의 반향과 잔향이 수 세대에 걸쳐 지속된다는 사실은 그리 놀랍지 않다. 트라우마를 일으키는 사건들은 분명 역사적 상황의 일부분을 구성한다. 즉 시간, 공간, 개인(또는 사회)의 삶 속에서 특별한 지점을 점유하는 사건 또는 연속적 사건들의 결과인 것이다. 그러나 이와 동시에 의학적 정의에 입각한 트라우마는 통합되지 않고 상징화되지 않는 경험을 의미하기도 한다.[74] 끔찍한 사건을 동일하게 겪은 희생자들도 각기 다르게 반응할 수 있으며 이들 중 오직 일부만이 이러한 스트레스 요인들을 트라우마로 받아들이게 된다.[75] 고통스러운 기억은 개인을 압도할 때에만, 그리고 견딜 수 없는 경험들을 견딜 수 있도록 만드는 데 실패하는 곳에서만 트라우마로 변한다.[76]

전쟁기의 트라우마 ─ 국가 간의 대규모 폭력이던, 난폭한 게릴라 투쟁이던지 간에 ─ 는 일반적으로 상이한 위계질서와 연계된다. 바믹 볼칸(Vamik Volkan)이 인종 집단 간 폭력 연구에서 지적했듯이, "스트레스를 받을 때, '우리'와 '그들'을 정의하는 힘은 (⋯중략⋯) '타인' 모욕 및 살해로 급격히 퇴행한다 (⋯중략⋯) 대규모 집단은 '우리성'에 입각하여 실제의, 또는 가상의 위협을 제거하기 위해 폭력에 의존하게 된다."[77] 가브리엘 슈왑은 미해결되고 통합되지 않은 트라우마(종종 사회적 트라우마) 경험이 세대를 초월하여 재현되는 현상, 그리고 이 경험이 생존자의 자녀와 손주들에게 끼치는 고통을 다루었다. 그는 전쟁 폭력을 다음과 같이 설명한다 : "전쟁은 사적 역사와 공적 역사의 교차를 상정한다. 이는 트라우마의 진행 과정이 (⋯중략⋯) 전쟁이나 대량 학살과 같은 집단적 역사 이후에 이루어진다 하더라도 언제나 매우 사적인 개인의 역사를 통해 조정되기 때문이다."[78] 그러나 가브리엘 슈왑은 (통상 '세대를 뛰어넘는 트라우마 전이'로 알려진) '세대를 뛰어넘는 기억'이라는 사안이 '곤란한 문제'라고 말하면서 이렇게 질문한다 : "폭력적인 역사를 경험했던 부모를 둔 자녀들이 어떻게 자신들이 경험하지 않은 사건들을 '기억'하는가?"[79] 그 해답은 다음과 같다 : 해결되지 않은 과거 세대의 트라우마는 통합되거나 상징화되지 않은 상태로 잔존하며 분열, 투사, 대체, 응축 등 수많은 방식을 통해 생존자들로부터 미묘하게 전달되고 작용한다. 그리고 그들의 보호 아래에서 자란 자녀들은 이 트라우마를 새로운(곤혹스럽고 찾기 어려우며 '유령'과 같은) 트라우마로 경험하는 것이다.

그러므로 우리는 스콴도의 죽음(현실이던 상상이던 간에)을 이야기의 종착점이나 트라우마적 사건들의 반향으로 간주해서는 안 된다. 스콴도의 삶과 죽음을 비롯하여 인디언 '지도자들'의 역사를 다룬 새뮤얼 드레이크Samuel G. Drake의 책은 1832년에 처음 출간되었으며 1845년에는 세바 스미스Seba Smith를 편집장으로 둔 '로버'라는 문학잡지를 통해 다시 간행되었다.[80] 존 그린리프 휘티어John Greenleaf Whittier는 스콴도의 이야기를 바탕으로 「피스카타쿠아의 휴전The Truce of Piscataqua」이라는 설화시를 썼는데, 필시 그는 드레이크나 스미스의 작품을 근거로 삼았을 것이다.[81] 이 구슬픈 이야기는 잔인한 백인에게 자녀를 잃은 스콴도와 백인 소녀에게 베푼 스콴도의 '친절함'을 나란히 배치함으로써 내재적 비애를 보여 주었다. 이 시에서는 1677년 6월 스콴도가 어린 영국 포로를 돌려주었는데, 이 소녀는 카스코만에 거주했던 워털리라는 사람의 손녀이자 1675년 해당 가문이 공격을 받았을 때 살아남은 유일한 생존자였다.[82]

여러 세대가 지난 이후, 스콴도는 전형적으로 이상화된 전사의 모습으로 아무 문제없이 역사 속에 등장했다. 이러한 낭만화는 그를 옛 시대에 확실하게 고정시켰으며, 19세기 당시 우월한 사회의 '문명화된' 관습과 대비되는 무산자로 전락한 메인 지역 인디언들로부터 격리시켰다.[83] 이리하여 남북전쟁 시기에는 스콴도 함이 진수되었으며, 이 외에도 그의 이름을 딴 다수의 배들이 19세기 기록에 등장했다. 한편 19세기 이래로 이어져 오던 스콴도의 부인과 아들에 관한 전설이 '스콴도의 저주'라는 민담 형식으로 재등장했다는 사실을 온라인 검색으로 알 수 있는데, 이 민담은 1940년대부터 출현했으며 지금도 사코강 유역에 거주하는 몇몇 가족들에게서 확인할 수 있다.[84] 여기에서 스콴도는 자신의 저주를 통해 새로운 폭력을 가하는데, 이처럼 필립 왕 전쟁의 트라우마는 사라져가는 '야만성'을 과도하게 칭송하는 현시대에 이르기까지 보복에 수반되는 자극적 공포를 통해 미약하게나마 이어져오고 있다.

다른 지역에서 깊이 연구되고 있는 트라우마가 유독 뉴잉글랜드 식민지 세계에서는 충분히 이론화되지 않았다는 사실은 역사가들에게 상당히 놀라운 일로 다가온다. 이 같은 관점에서 볼 때, 이 장의 목적은 트라우마가 역사적 행위와 반작용을 야기하는 숨겨진 힘이며, 역사적 행동의 추동력이 될 수 있다는 사실을 몇 가지 방식을 통해서 제시하는 것이라고 말할 수 있다. 아마도 뉴잉글랜드를 연구하는 역사가들은 과거를 탐구하는 데 필요한 도구들을 분석하고 확장하는 과정에서 문화 내부 및 문화 사이의 관계에 존재하는 트라우마를 문제 제기해 왔던 역사가들—존 데모스, 질 레포레, 마리 배스 노튼—을 한 데 연결시킬 수 있을 것이다.

트라우마는 적어도 세 가지 방식을 통해 메인 변경에서 역할을 담당했다. 첫째, 우리는 격변의 시대였던 1670년대에 의미를 조직하고 인디언 사회의 판단을 인도하는 수단으로 스콴도의 환상이 사용되었던 양상을 어렴풋하게나마 살펴보았다. 스콴도가 이끌었던 이민배척운동은 그 자신에게도, 그리고 영혼의 안내자가 신호를 주기 전까지 '관여'를 거부했던 사람들에게도 매우 중요했다. 스콴도는 전쟁 이전에도, 수행 중에도, 이후에도 자신의 삶에 형태와 목적을 부여해주었던 환상을 따르고자 했으며, 이러한 의미에서 그의 죽음은 경험에 의미를 부여하는 시스템을 우리에게 제시하는 바, 청교도들 역시 믿음을 통해 전쟁 경험을 구조화했다. 둘째, 우리는 매더와 허바드의 기록 전반을 통해서 영국인들이 인디언들을 야만성, 잔인함, 변덕을 본성으로 지니고 복수에 눈이 먼 인간 이하의 '독사들'로 규정하는 방식을 살펴보았다. 전쟁 테러로 야기된 트라우마는 왈드론 소령의 배신 및 보복 행위와 같은 잔인한 행동들을 정당화하는 악랄한 인종차별주의로 대체 및 재조직되었다. 1676년 9월, 왈드론은 메인 지역 인디언들을 공격하여 이들 중 200명을 다른 곳에 노예로 팔아넘겼다.[85] 이 같은 납치 행위는 변경을 안정시키는 데 아무런 도움이 되지 못했다. 13년 후인 1689년 6월, 페나쿡 및 사코 인디언들이 왈드론의 집에 침입하여 그의 머리를 도끼로 내려친 다음 소름끼치는 무대를 만들었다. 이들은 그를 홀에 놓여 있던 기다란 테이블 위에 세운 다음 칼로 수차례 찌르면서 인디언들을 다시 한번 심판해보라고 명령했다. 그리고 회계 장부를 가져오도록 한 다음, 죽을 때까지 고문하면서 모든 인디언들의 빚을 지워 없앴다.[86]

마지막으로 우리는 전쟁의 유산들이 잊히지 않는 메아리가 되어 지속될 수 있다는 사실을 살펴보았다. 이 반향에 내재된 의미는 언제나 파악하기 어렵고 함축적이며 결코 바로 드러나지 않는다. 받은 것보다 더 좋은 것을 주는 '고귀한' 귀족, 미 해군의 상징이 된 이상적인 전사, 무섭고 자극적이지만 사람들을 물가에서 떼어놓는 '저주'를 보라. 역사가들이 귀를 기울인다면 트라우마가 담긴 이 같은 메아리를 들을 수 있을 것이다. 또한 사무엘 트루엣이 충고하듯이, 접경지대를 연구하는 역사가들에게는 '깔끔한 마무리'라는 유혹을 떨치고 세대를 초월하여 거듭해서 등장하는 폭력적 조우의 메아리를 듣는 자세가 절실하게 요구된다.

주석

1   2011년 5월 캘리포니아대학의 샌타바버라 캠퍼스에서 열린 접경지대 비교 컨퍼런스에 서 처음 발표된 이 글은 매사추세츠 스톡브리지의 오스틴 릭스 센터에서 개최되었던 2010 년 가을 콘퍼런스 및 2011년 6월 24일에 펜실베니아대학의 맥닐 센터에서 'Bloody Days : Massacres in Comparative Perspective'라는 주제로 개최된 컨퍼런스에서도 논의된 바 있다. 이 장의 일부 내용은 다음의 연구에서 언급된 바 있다. Ann Marie Plane, *Dreams and the Invisible World in Colonial New England : Indians, Colonists, and the Seventeenth Century*, Philadelphia : University of Pennsylvania Press, 2004. 제목의 인용구에 관해서는 다음을 볼 것 : William Hubbard, *A Narrative of the troubles with the Indians in New-England, from the first planting thereof in the year 1607 to this present year 1677. But chiefly of the late Troubles in the two last years, 1675 and 1676. To Which is added a Discourse about the Warre with the Pequods, in the year 1637*, Boston : John Foster, 1677, appendix, p.62.

2   Samuel Truett, "The Ghosts of Frontiers Past : Making and Unmaking Space in the Borderlands", *Journal of the Southwest* 46, no. 2, 2004, p.309.

3   Truett, "Ghosts", pp.309~310.

4   Karl Jacoby, *Shadows at Dawn : An Apache Massacre and the Violence of History*, New York : Penguin, 2009.

5   Gabriele Schwab, *Haunting Legacies : Violent Histories and Transgenerational Trauma*, New York : Columbia University Press, 2010, p.3.

6   Schwab, *Haunting Legacies*, pp.13~14.

7   Jill Lepore, *The Name of War : King Philip's War and the Origins of American Identity*, New York : Alfred A. Knopf, 1998; Mary Beth Norton, *In the Devil's Snare : The Salem Witchcraft Crisis of 1692*, New York : Alfred A. Knopf, 2002; John Demos, *The Unredeemed Captive : A Family Story from Early America*, New York : Alfred A. Knopf, 1994.

8   Lenore Terr, "Childhood Trauma : An Outline and Overview", *American Journal of Orthopsychiatry* 148, 1999, pp.10~20. 다음에서 인용함. Katheryn Basham, "Trauma Theories", *Inside Out and Outside In : Psychodynamic Clinical Theory and Psychopathology in Contemporary Multicultural Contexts*, 2nd ed., ed. Joan Berzoff, Laura Melano Flanagan, and Patricia Hertz, New York : Jason Aronson, 2008, pp.415~116. 인용구는 Basham, "Trauma Theories", 개념 정의는 C. Figley, "A Five-Phase Treatment of PTSD in Families", *Journal of Traumatic Stress* I, no. 1, 1988, pp.127~141.

9   Basham, "Trauma Theories", p.427.

10   이 전쟁의 전반적인 내용을 다룬 최고의 책은 다음과 같다 : Douglas E. Leach, *Flintlock and Tomahawk : New England in King Philip's War*(New York : Macmillan, 1958).

11   Hubbard, *Narrative*, appendix, p.26.

12 Hubbard, *Narrative*, appendix, pp.1~88.

13 Hubbard, *Narrative*, appendix, p.43. 인용문은 다음 내용으로 이어진다. "케니벡강, 쉽스 콧강, 사게이드-호크, 다마니스코티에 거주하던 나머지 모든 주민들은 이들에게 정복 당하는 것을 두려워하여 케이프 보나웨이건만과 대머리스만으로 도망쳤다."

14 Hubbard, *Narrative*, appendix, p.6.

15 포로가 지닌 트라우마에 관해서는 다음을 볼 것 : Kathryn Zabelle Derounian, "Puritan Orthodoxy and the 'Survivor Syndrome' in Mary Rowlandson's Indian Captivity Narrative", *Early American Literature* 22, no. 1, 1987, p.83.

16 스칸도에 관해서는 다음을 볼 것 : Plane, *Dreams and the Invisible World*(특히 제4장). 꿈 과 샤머니즘에 관한 논의는 Ann Marie Plane, "Indian and English Dreams : Colonial Hierarchy and Manly Restraint in Seventeenth-Century New England", Thomas A. Foster ed., *New Men : Manliness in Early America*, New York : New York University Press, 2011, pp.31~47.

17 스칸도 이야기에 관심을 갖게 해준 월터 W. 우드워드에게 감사를 표한다.

18 스칸도 이야기는 다음의 사료들을 통해 알려졌다. Increase Mather, *A brief history of the warr with the Indians in New-England (from June 24, 1675 when the first English-man was murdered by the Indians, to August 12, 1676, when Philip alias Metacomet, the principal author and beginner of the warr, was slain.) Wherein the grounds, beginning, and progress of the warr, is summarily expressed. Together with a serious exhortation to the inhabitants of that land, by Increase Mather, teacher of a church of Christ, in Boston in New England*, Early American Imprints, ser. 1, no. 220 (Boston : by John Foster over against the Sign of the Dove, 1676), p.13; Increase Mather, *An Essay of the recording of Illustrious providences : Wherein an Account is given of many Remarkable and very Memorable Events, which have hapned this last Age; Especially in New-England*, Early Am. Imprints, ser. 1, no. 373, filmed (Boston : Samuel Green for Joseph Browning, 1684), pp.359~361; Hubbard, *Narrative*, appendix, esp. post-script,pp.29·48~49·61; "Francis Card, his Declaration of their Beginning, August the fourteenth [1676]", Hubbard, *Narrative*, appendix postscript, pp.62·67 이후. 스칸도의 교수형 또한 인크리즈 매더의 1682년 초 일기에 기록되었다. "Diary of Increase Mather", *Massachusetts Historical Society Proceedings*, 2nd ser. 13(1899~1900), p.409.

19 이 자리를 빌려 리사 브룩스에게 감사를 표하는 바이다. 그는 아테콴도, 또는 스칸도로 알려진 인물의 이력을 다룬 18세기 문헌 연구 성과를 제공했으며, 나를 매혹적이고 아리 송한 길로 인도했다(2013년 개인적인 교신). 브룩스는 다음의 연구에 등장하는 결정적 인 진술을 기반으로 두 개의 이름을 연계시켰다 : P.-André Sévigny, *Les Abénaquis : Habitat et Migrations (17e et 18e siècle)* (Montreal : Editions Bellarmin, 1976), pp.153~ 154. 1715년, 이 책은 예수회 선교사였던 오브리 신부가 "이 나라의 주요 지도자들 중 한 명이자 세인트 프란시스에서 8년 동안 살았던 아테콴도(일명 스칸도)라는 인물"에 관하여 언급한 기록을 포함하고 있다. 그러나 아베나키 언어의 대가이자 민족 역사학자 인 고든 M. 데이는 두 이름 간의 연계성을 부정한다. 그는 아테콴도가 피그와켓인들을 대표하던 1701년에서 1726년 사이에 활약했지만, 이보다 훨씬 이른 시기에 페나쿡 (Pennacook)이라는 이름으로 "필립 왕 전쟁 발발 이전인 1688년의 불안한 여름에 전쟁

중이었으며", 1690년 11월 29일에 다시 등장하여 "메인 지역 케네벡강 어귀의 사가다혹에서 강에 띄운 카누들 위에서 이루어진 아베나키인들과 영국인들 간의 휴전 및 죄수교환을 목격했다"고 말했다. "Atecouand (Athiconando, Decwando, Descouando, Adeawando, Addeawando, Adiawonda, Adeawanadon, Athurnando, Beawando, Dewando, Deowando, Edewancho, Ontaniendo), a prominent chief of the Pigwacket tribe of the Abenakis; fl. 1701 ~26", *Dictionary of Canadian Biography Online*, vol. II (1701~1740) (Toronto : University of Toronto/Université Lava, 2000), accessed January 21, 2013, http : //www.biogra-phi.ca/009004-119.01-e.php?Biold=34736. 현재 메인주 프라이버그 지역인 피그와켓/페쿠아켓(Pigwacket/Pequawket)은 사코강과 오시피 사이의 내륙에 위치하고 있었다. 따라서 스콴도가 필립 왕 전쟁 이후에 내륙으로 물러났거나 또는 여전히 피그와켓을 근거지로 삼은 중요한 추장이었지만 사코라는 이름으로 활동했을 가능성이 있다.

기록들을 근거로 스콴도가 1660년대와 1670년대에 사코강 유역의 중요한 추장이라고 언급한 에머슨 W. 베이커는 "추장의 종교적 행동은 그의 이름을 통해 반영될 수 있다"고 말하면서 '스콴툼(Squantum)'에 관한 조셀린의 주장을 인용했으며, 스콴도는 본명이 아니라는 의견을 제시했다. 또한 베이커는 스콴도의 마지막 모습은 1678년 4월에 체결된 카스코 만 조약에서 발견된다고 말하면서 그가 네탐보멧(Netambomet)이라는 새로운 이름을 선택했을지도 모른다는 가설을 제시했다. 네탐보멧은 "1680년대 사코강에서 활동했던 추장의 이름으로, 접미사 '보멧(bomet)'은 주술적 힘을 지닌 사람을 암시한다" : Emerson W. Baker, "Finding the Almouchiquois : Native American Families, Territories, and Land Sales in Southern Maine", *Ethnohistory* 51, no. 1, 2004, pp.87~88. 고든 M. 데이는 메리 여왕 전쟁 말기인 1713년에 영국인들과 페놉스코트 및 노릿지윅인들 간에 체결되었던 조약― 해당 조약에서 인디언들은 토지에 대한 권리를 재차 주장했지만 영국인들이 코체코강(뉴햄프셔의 도버)과 사코강 근처에서 살 수 있도록 했다―을 아테콴도와 피그와켓의 다른 지도자들이 1714년 7월에 승인했다고 말한다. 마지막으로 콜린 G. 캘러웨이는 필립 왕 전쟁 이후에 발생했던 인디언들의 극적인 분산에 주목했으며, 해럴드 E. L. 프린스의 컨퍼런스 발표문(Herald E. L. Prins, "Amesokanti : Abortive Tribeformation on the Colonial Frontier", the Annual Meeting of the American Society for Ethnohistory, 1988)을 인용하면서 아데아완도(Adeawando)와 페나쿡을 동일인물로 간주하면서 그가 누벨 프랑스의 세인트 프란시스 미션으로 이동하기 전 피그와켓에 거주했다고 주장했다. Colin G. Calloway, *The Western Abenakis of Vermont, 1600~1800 : War, Migration and the Survival of an Indian People*, The Civilization of the American Indian Series, Norman : University of Oklahoma Press, 1990, p.275, n.34, p.277, n.58.

1682년에 사망한 것으로 추정되며 1684년에 마지막으로 언급되었던 스콴도와 1688년 여름에 처음으로 등장하는 아테콴도의 연관성은 취약해 보인다. 게다가 영국의 어떠한 공식 기록도 필립 왕 전쟁 시기에 자신들이 대면했던 이들이 동일 인물이라는 언급을 남기지 않았다는 점은 놀라운 일이다. 만약 스콴도와 아테콴도가 동일인이었다면 전자는 1660년대에 처음 등장했고 후자는 1726년 이후에 사라졌다는 점을 감안할 때, 매우 긴 이력을 보유했던 인물이었을 것이다.

20 물론 필립 왕 전쟁 그 자체는 재활력 운동으로 간주할 수 있다. 한편 유럽인들의 도구와

기술 거부(고전적인 재활력 운동의 특징)를 분명하게 호소하면서 영국인들의 축출을 가장 먼저 주장한 사람은 1640년대의 추장 미안토노미(Miantonomi)였다. cf. Neal Salisbury, *Manitou and Providence : Indians, Europeans, and the Making of New England, 1500~1643*, New York : Oxford University Press, 1982, pp.231~232.

21 Cf. Gerry Mohatt and Joseph Eagle Elk, *The Price of a Gift : A Lakota Healer's Story*, Lincoln : University of Nebraska Press, 2000. 스칸도를 알곤킨인들의 환상 관습과 영국인들의 식민지 팽창으로 인한 압력이라는 맥락 속에서 일종의 사례로 검토한 제인 M. 앳킨슨의 연구는 "현대의 민족지학적 연구가 주술적 관습을 식민주의처럼 보다 큰 규모의 사회적 절차와 연계하여 탐구하는 동시에 비서구적 타자(non-Western Other)를 환원주의적 또는 낭만적으로 보는 시각을 경계하면서 샤머니즘과 관련된 문학작품에 간섭"할 것을 촉구했다. Jane Monnig Atkinson, "Shamanisms Today", *Annual Review of Anthropology* 21, 1992, pp.307~330, 인용문은 p.309. Janice Boddy, "Spirit Possession Revisited : Beyond Instrumentality", *Annual Review of Anthropology* 23, 1994, pp.407~434.

22 Lepore, *The Name of War* II, pp.65~66.

23 Lourdes Mattei, "Coloring Development : Race and Culture in Psychodynamic Theories", *Inside Out and Outside : Psychodynamic Clinical Theory and Psychopathology in Contemporary Multicultural Contexts*, 2nd ed., Joan Berzoff, Laura Meland Flanagan, and Patricia Hertz ed., New York : Jason Aronson, 2008, pp.246~269, esp. pp.256~258.

24 Joshua Scottow, "Letter to Increase Mather, 30th [Octo]ber", Collections of the Massachusetts Historical Society, 4th ser., vol. 8([1683] 1868), pp.631~632.

25 David D. Hall, *Worlds of Wonder, Days of Judgement : Popular Religious Belief in Early New England*, New York : Alfred A. Knopf, 1989, pp.77~79.

26 Schwab, *Haunting Legacies*, p.26. 그의 말처럼 "가해자의 자녀들이 부모 세대가 저지른 범죄를 떠올린다는 것은 이치에 안 맞지 않는가?"

27 Mather, *Brief History*, p.13.

28 Mather, *Illustrious Providences*, pp.360~361.

29 Mather, *Brief History*, p.13.

30 Mather, *Illustrious Providences*, pp.360~361. 해당 구절은 다음과 같이 시작된다. "영국인들의 신을 가장한 존재가 영국인 목사의 모습을 하고 그에게 나타났다. 그리고 럼주를 마시지 말고 안식일을 지키며 공정하게 행동할 것을 요구했다."

31 이 중 가장 유명한 추장은 파사코나웨이이다. William Wood, Alden T. Vaughan ed., *New England's Prospect*, and intro, Amherst : University of Massachusetts Press, 1997, pp.101~102.

32 Kathleen J. Bragdon, *Native People of Southern New England, 1500~1650*, Norman : University of Oklahoma Press, 1996, p.190. 강력한 매니투의 이름을 취하는 주술사들에 관해서는 Bragdon, *Native People*, p.202.

33 Frank G. Speck, "Penobscot Shamanism", *Memoirs of the American Anthropological Association* 6, no 4, 1919, p.268. 스펙은 "Ki·"(~을 시작하다), "-gwaso"(꿈), "-i·no"(사람)를 어근으로 지닌 단어들의 목록을 작성했다(p.268, n2).

34 Speck, "Penobscot Shamanism", pp.268~273, 인용문은 p.269. 스펙은 "gwi·láo"(~을 찾다), "-wab"(~을 보다)를 어근으로 지닌 단어들의 목록을 작성했다(p.269, n1). 사냥과

관련된 꿈을 지칭하는 일부 단어들은 단독으로, 또는 다른 단어들과의 조합을 통해 점술 (뼈를 활용하는 점술 등)과 연계된다. Frank G. Speck Paper, MS Coll. 126, subcollection 1. 점술에 관한 보다 풍부한 사례들은 다음을 참조할 것. Series I~II(4B5e) Religion-e. Miscellaneous notes on Montagnais-Naskapi Religion, 1929(Freeman Guide 2308), American Philosophical Society, Philadelphia, Pennsylvania.

35 Chrestien Le Clercq, William F. Ganong ed. and trans., *New Relation of Gaspesia, with the Customs and Religion of the Gaspesian Indians*(n. d.; reprinted Toronto : Champlain Society, 1910), pp.170~173. Cf. W. Gordon Lawrence, "Won from the Void and Formless Infinite : Experiences of Social Dreaming", *Free Association* 2, no. 2 (1991), pp.259~249, esp. pp.263 ~264, pp.278~280. 로렌스는 "인디언 꿈"을 지나치게 강조함에 따라 꿈에 담긴 사회적 의미를 놓치는 심리분석 경향을 논했다. 아울러 분석가인 Wilfrid R. Boin과 마찬가지로 일부 꿈들이 "집단에 속하는" 방식을 언급했다(p.263). 해당 논문에 관해 일깨워준 제라 드 프롬에게 감사를 표하는 바이다.

36 Kathleen J. Bragdon, *The Native People of Southern New England, 1650~1775*, The Civilization of the American Indian Series, Norman : University of Oklahoma Press, 2009, p.36.

37 Bragdon, *Native People*, p.191.

38 Roger Williams, *Key*, p.190.

39 Bragdon, *Native People*, p.192.

40 Bragdon, *Native People*, p.193.

41 Bragdon, *Native People*, pp.190~191.

42 케이프 코드의 한 주술사는 "온통 검은 옷을 입고 손에 영국인들의 책을 들고 있던" 사람 과 마주치는 꿈을 꾸었다. Thomas Shepard, *The Clear Sun-Shine of the Gospel Breaking Forth upon the Indians in New-England*, London : printed by R. Cotes for John Bellamy, 1648, p.10. 선교사들에 대한 저항이라는 맥락에서 해당 꿈이 지닌 의의에 관해서는 Ann Marie Plane, *Colonial Intimacies : Indian Marriage in Early New England*, Ithaca : Cornell University Press, 2000, pp.45~46; Matthew Mayhew, A Brief Narrative of the Success which the Gospel Hath Had Among the Indians, Boston : B. Green, 1694, p.15. 익사한 영 국인의 영혼은 한 인디언 여성을 고통스럽게 만들었으며, 그 결과 마서스비니어드의 주 술사와 싸우게 되었다. William S. Simons, *Spirit of the New England Tribes : Indian History and Folklore, 1620~1984*, Hanover : University Press of New England, 1986, p.53.

43 Mather, *Illustrious Providences*, p.361.

44 Hubbard, *Narrative*, postscript, p.48.

45 Mather, *Brief History*, p.13.

46 Hubbard, *Narrative*, postscript, p.29.

47 Hubbard, *Narrative*, postscript, p.29. 다음 연구도 참조할 것. Samuel G. Drake, with H. L. Williams, *The Aboriginal Races of North America*, 15th ed, New York : Hurst, 1880, p.286.

48 Mather, *Brief History*, p.28. 매더는 이 이야기가 스콴도의 자녀와 관련되었다고 뚜렷하 게 밝히지는 않았다. 1676년 4월 당시에는 메인 지역 인디언들이 휴전을 요구하기 시작

했는데, 한 영국인은 보복 공격이 어느 정도 타당하다고 기록했다 : "일부 무례한 영국인들이 인디언 사내아이가 타고 있던 카누를 고의로 전복시켰다. 그러자 인디언 여자가 강으로 뛰어들어 그 아이를 구조했지만, 다시는 원래대로 돌아오지 못했다"(p.28).

49 양립 불가능성에 관해서는 William Cronon, *Changes in the Land : Indians, English and the Ecology of New England*, New York : Hill and Wang, 1982. 필립 왕 전쟁에 관한 약간의 뉘앙스 차이와 구체적 논의에 관해서는 Virgina Anderson, *Creatures of Empire : How Domestic Animals Transformed Early America*, New York : Oxford University Press, 2004, pp.230~237. 흥미롭게도 인디언들은 전쟁 기간 중에도 영국인들이 탈곡한 곡물을 원했으며 해안가 운송을 위해 배를 만들어 주었다. Hubbard, *Narrative*, appendix, p.50(탈곡), p.60(인디언들을 위해 탈곡하던 영국 포로), p.65(배를 이용한 운송을 강요받던 존 애봇)

50 Cf. Anthony F. C. Wallace, *The Death and Rebirth of the Seneca*, New York : Vintage Books : 1972; Gregory Evans Dowd, *A Spirited Resistance : The North American Indian Struggle for Unity, 1745~1815*, Johns Hopkins University Studies in Historical and Political Science, 109th ser., vol. 4, Baltimore : Johns Hopkins University Press, 1992.

51 Hubbard, *Narrative*, appendix, p.48.

52 Hubbard, *Narrative*, appendix, p.62.

53 Simmons, *Spirit*, p.51.

54 Hubbard, *Narrative*, appendix, pp.81~82.

55 Hubbard, *Narrative*, appendix, pp.70~71. 해당 내용은 사무엘 상 28장 3-20절에서 인용한 것으로, 사울은 신이 자신에게 "선지자로도 꿈으로도" 응답하지 않자(28 : 15) 신접한 여성에게 사무엘을 죽음에서 불러내라고 명했으며, 사무엘은 사울의 죽음과 그 백성들의 파멸을 예언했다. 책 가장자리에 표기한 "f"는 불려 올라온 사무엘이 사실 사탄이었음을 명확하게 나타내고 있다. "빛의 천사로도 나타날 수 있었던 그는 사울의 눈을 가리어 사무엘의 모습을 취했다." *The Geneva Bible : A Facsimile of the 1560 Edition*, intro. Lloyd E. Berry, Madison : University of Wisconsin Press, 1969, p.134.

56 Mather, *Illustrious Providences*, p.361.

57 Plane, *Dreams and the Invisible World*, chapter 1.

58 Mather, *Illustrious Providences*, p.361.

59 Hubbard, *Narrative*, appendix, p.49.

60 Hubbard, *Narrative*, appendix, p.48.

61 Hubbard, *Narrative*, appendix, p.48. 해당 내용은 야고보 3장 11절에서 인용한 것으로, 선과 악이 인간 안에 공존하고 있으며, 특히 말과 감정에서 그러하다는 점을 보여준다. "샘이 한 구멍으로 단 물과 쓴 물을 내겠느냐?" 그러나 이 구절에 또 다른 의미가 겹쳐지는데, 창세기 15장 23-25절에서는 신의 법과 단 물의 연계를 발견할 수 있다. "그들이 마라에 이르렀더니 그 곳 물이 써서 마시지 못하겠으므로 그 이름을 마라라 하였더라. 백성이 모세에게 원망하여 이르되 우리가 무엇을 마실까 하매 모세가 여호와께 부르짖었더니 여호와께서 그에게 한 나무를 가리키시니 그가 물에 던지니 물이 달게 되었더라. 거기서 여호와께서 그들을 위하여 법도와 율례를 정하시고 그들을 시험하실새"(*Geneva Bible*, p.31).

62 Hubbard, *Narrative*, appendix, p.48.

63 Scottow, "Letter to Increase Mather, 30th [Octo]ber", pp.631~632.

64 Hubbard, *Narrative*, appendix, p.11

65 Hubbard, *Narrative*, appendix, p.12.

66 Hubbard, *Narrative*, appendix, p.63.

67 Hubbard, *Narrative*, appendix, p.13. "독사의 자식"은 마태복음 3장 7절에서 인용했으며, 바리새인이나 사두개인, 또는 악인들을 지칭한다.

68 Hubbard, *Narrative*, appendix, pp.71~72.

69 Hubbard, *Narrative*, appendix, pp.71~72.

70 The Geneva Bible p.236. 두 번째 틀은 고대 세계의 매터의 기록 초반부에 등장했던 "폭력적인 야만인"의 비유에서도 잘 드러난다. Mather, *Brief History*, p.13.

71 Scottow, "Letter to Increase Mather", p.631.

72 Scottow, "Letter to Increase Mather", p.632.

73 Hubbard, *Narrative*, p.13 · 54 · 59.

74 로버트 스톨로로우가 유년기 트라우마에 관해 기록했듯이, "어린이의 고통스러운 감정 반응에 대한 적절한 조율 및 대응의 결여가 이들이 겪는 트라우마와 정신병의 근본 원인이다". Robert D. Stolorow, *Trauma and Human Existence : Autobiographical, Psychoanalytic, and Philosophical Reflections*, New York : Analytic, 2007, p.10.

75 Basham, "Trauma Theories", p.415.

76 Stolorow, *Trauma and Human Existence*, p.10.

77 Vamik Volkan, *Killing in the Name of Identity : A Study of Bloody Conflicts*, Charlottesville VA : Pitchstone Publishing, 2006, p.23.

78 Schwab, *Haunting Legacies*, p.13. 이러한 모습은 특히 대규모 사건, 즉 많은 사람들에게 영향을 끼치는 전쟁, 자연재해, 기타 파괴적 사건에 적용된다. Rolf J. Kleber, Charles R. Figley, and Berthold P. R. Gersons, "Introduction", Rolf J. Klber, Charles R. Figley, and Berthold P. R. Gersons ed., *Beyond Trauma : Cultural and Societal Dimensions*, New York : Plenum, 1995, pp.1~10, esp. pp.2~3.

79 Schwab, *Haunting Legacies*, p.13.

80 S. G. Drake, *The Aboriginal Races of North America : comprising biographical sketches of eminent individuals, and an historical account of the different tribes*, New York : Hurst, 1880, pp.286~288; Seba Smith, "Squando, The Indian Sachem", Lawrence Labree and Arthur Morrell ed., *The Rover : A Weekly Magazine of Tales, Poetry, and Engravings*, vol. 4; *Sketches of Travel, History and Biography*, New York : Labree, Dean, 1845, pp.1~4.

81 John Greenleaf Whittier, "The Truce of Piscataqua", *Home Ballads : poems appearing in The Atlantic Monthly, 1857~1860*, OCLC 83242177.

82 Hubbard, *Narrative*, appendix, p.16. 혹자는 스칸도의 행동을 "자비와 잔혹함의 기묘한 조합"이라고 평했다. 1723년 후퇴에 관해서는 다음을 볼 것. George Folsom, *A History of Saco and Biddeford ([1830]*; facsimile edition, Somerworth : New Hampshire Publishing, 1975, pp.157~158.

83 19세기 북동부 북아메리카의 여러 지역의 인디언 공동체들은 문화적으로 퇴보하여 개혁과 자선을 필요로 하며, 천한 노동과 소규모 수공업, 가사를 통해 삶을 영위하는 거주

지로 간주되었다. 마찬가지로 오늘날의 메인 사회는 "바람직한 시민들과 잠재적으로 유해하기에 반갑지 않은 농촌의 빈곤한 멕시코 사람들" 사이에 경계가 형성되었던 1930년대의 멕시코 농촌과 유사한 방식으로 기능하고 있다(이 책을 참조할 것. Gabriele Soto Laveaga, "Medicalizing the Borders of an Expanding State : Physicians, Sanitary Reports, and the Frontiers of Mexican Progress, 1930~1950").

84　사코강에 내려진 '스퀀도의 저주' 설화에 의하면 "세 명의 영국 뱃사람들이 배를 뒤집는 바람에 아내와 아이를 잃은 추장은 물을 저주하여 매년 백인 세 명의 목숨을 요구했다" : Gillian Graham, review of *Saco Revisited*, by Leslie Rounds, Jessica Skwier Routhier, and Marie O'brien, accessed September 13, 2010, http : //blog.inthecourier.com/2010/01/29/n ew-book-provides-peek-at-sacos-past.aspx; John G. Lambert, "60 Seconds!!" day trip report, near Portland ME, June 25, 2005, paddling net, accessed online September 13, 2010, http : //www.paddling.net/p;aces/showReport.html?1106; "Saco River Curse", History Alive in Me website, accessed October 25, 2010, http : //www.historyaliveinme.com/a599a5/history aliveinme.nsf/folklore/beb484181d2128ba86256ec40062166d?Opendocument; Herbert MiltonSylvester, *Indian Wars of New England* (Boston : W. B. Clarke, 1910), p.273.

85　Hubbard, *Narrative*, appendix, p.28.

86　Drake, Aboriginal Races, pp. 298~99. 앨리스 내쉬로 인해 나는 처음으로 월드론 소령에게 관심을 갖게 되었다. 본 연구의 경우 기록은 Norton, *In the Devil's Snare*, p. 83에서, 인용구는 Alden T. Vaughan and Edward E. Clark, eds., *Puritans among the Indians* : *Accounts of Captivity and Redemption, 1676~1724*(Cambridge MA : Belknap Press of Harvard University, 1981), 101에서 가져왔다.

제5장

18세기 스웨덴령 포메라니아-발트해 접경지대에서 나타난 자유frihet의 발전

스테판 헤르푸르트(Stefan Herfurth)

1630년부터 1648년에 이르는 근대 초, 스웨덴령 포메라니아는 독일 본토에 위치한 스웨덴 영토였으며, 오늘날 독일 연방공화국의 메클렌부르크-포어포메른 주의 일부에 해당하는 발트해 남부지역에 자리 잡고 있었다. 지금도 독일 북동부 지역에서는 스웨덴 통치를 나타내는 유적들을 볼 수 있다. 스웨덴 건축 유산은 슈트랄준트 및 비스마르의 유서 깊은 도심지에 특히 잘 보존되어 있으며 유네스코 세계유산에 등재되어 있기도 하다. 스웨덴 시대(1630~1815)에 건축된 정부 청사들(슈바덴스파이헤르 등)과 요새들(슈베덴샨체 등)은 독일의 일상 경험, 언어, 그리고 현재의 문화적 풍경과 떼놓을 수 없다.

18세기의 스웨덴령 포메라니아는 신성로마제국 내부의 영역인 동시에 스웨덴의 영토로, 두 제국의 접경지대에 속해 있었다. 정치·사회·문화적 중첩을 통해 만들어진 접경지대는 사회문화적 관행 및 담론을 통해 표현되었다.[1]

이 장은 스웨덴령 포메라니아 접경지대의 공공 담론에서 특히 화제가 되었던 '사회적 자유liberty'와 '개인적 자유freedom'에 주목한다. 스웨덴어 frihet와 독일어 Freiheit는 영어의 '사회적 자유'와 '개인적 자유'에 내포된 의미들을 담고 있었다. 그러나 스웨덴과 독일은 저마다의 방식으로 자유를 해석했으며, 그 결과 이에 관련된 담론이 스웨덴의 관리 아래 놓여 있었던 독일의 그라이프스발트대학을 비롯한 스웨덴의 지적 중심지들에서 출현했다. 이 장에서는 스웨덴의 자유frihet 개념이 스웨덴령 포메라니아라는 스웨덴-독일 접경지대에 정착하는 데 있어서 사회적 자유 및 개인적 자유에 관한 지적, 정치적, 종교적, 법적 담론들이 수행했던 긍정적, 부정적 역할을 분석할 것이다. 이 접경지대에서 스웨덴의 자유사상은 지주에 의한 농민의 농노화를 허용하던 유서 깊은 포메라니아체제와 맞닥뜨렸는데, 이러한 배경에 대항하던 자유 담론의 사회문화적 영향 또한 살펴볼 것이다. 포메라니아의 농노제는 스웨덴의 자유농 개념과 대비하여, 그리고 스웨덴령 포메라니아의 법적 분계와 연계하여 다룰 것이다.

이 지역은 두 가지 의미에서 접경지대를 형성하고 있었다. 즉 지리적으로는 발트해 지역에 위치한 두 주요 제국의 지리적 주변부였으며 법 차원에서는 스웨덴과 독일 사법제도가 교차하는 지점에 위치하고 있었던 것이다. 제국들 간 접경지역이 지닌 주변적 성격은 본질적으로 분계를 초월하는 관계성을 촉진시켰던 반면—이러한 모습은 로마제국의 주변부를 다룬 그렉 피셔의 연구, 또는 벨라루스-리투아니아 접경지대의 소규모 교역에 관한 올가 사순케비크의 연구에서도 나타난다—, 법률이 농민사회에 상이하게 적용되던 양상은 접경지대에서 지속적인 사회문화적 절충을 통해 변형, 거부, 동화가 발생한다는 이론에 부합한다. 이러한 종류의 접경지대 담론은 앤 플란이 연구한 바 있는 식민지 정착민과 토착민의 대립에서 등장했던 중재 과정과 비교할 수 있다. 그뿐만 아니라 이 담론은 '발전 지역과 저개발 지역 간의 관계를 다룬다'는 의미에서 발전 담론의 성격 또한 지닌다.[2]

18세기 신성로마제국 내의 스웨덴 영토는 그라이프스발트, 슈트랄준트, 비스마르가 위치한 페네강 이북의 서부 포메라니아와 매클렌부르크의 노이클로스터를 아우르고 있었다. 발트해 남부 해안에 위치했던 스웨덴령 포메라니아는 두 왕국의 가장자리에 있었는데, 신성로마제국의 북부에 자리 잡은 이 지역은 비엔나(통치의 중심지이자 황제의 궁정 소재지) 및 레겐스부르크(제국 의회 소재지이자 제국 영방들과 황제가 상호 작용하던 장소)를 정치적 중심지로 삼고 있었으며, 발트해로 인해 스웨덴 왕국(스톡홀름)과 분리되어 있었다. 17세기 이래로 스웨덴령 포메라니아는 경계를 초월하여 인력, 상품, 문화를 상호 교환하면서 스웨덴 왕국과의 관계를 크게 발전시켰다.[3]

스웨덴령 포메라니아 영토에 해당되었던 접경지대는 인력과 상품의 지속적인 흐름뿐 만 아니라 규모 및 제도 측면에서 군사 원정의 영향을 받았으며, 그 결과 경계 및 분계의 변화가 발생했다. 그러나 이러한 경계들은 경제적 교환 및 법적-정치적 행위를 수반하는 사회 관습들을 통해 만들어졌다.[4] 개혁 담론을 다룬 소책자, 신문, 필사본의 번역문들은 이 같은 맥락에서 반드시 분석할 필요가 있다. 18세기 그라이프스발트 대학은 스웨덴 왕국과 스웨덴령 포메라니아 사이에서 자유사상을 도입하고 그에 대한 담론을 유지하는 데 중요한 역할을 담당했다. 또한 스웨

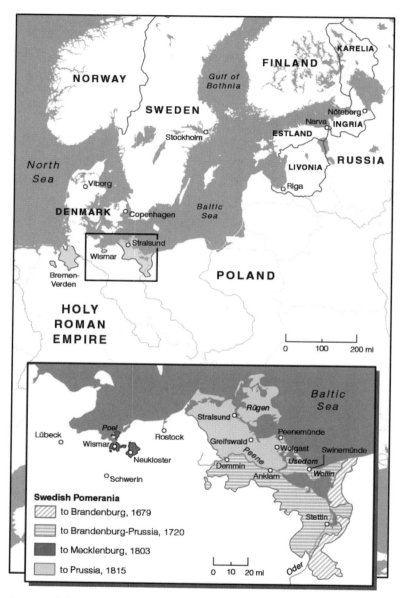

〈지도 1〉 스웨덴령 포메라니아와 발트해 지역

덴 서적의 번역본들은 지방 차원을 넘어 광범위하게 유통되었는데, 신성로마제국의 여타 지역에서도 독자들을 확보하면서 전 유럽 차원의 자유사상 확산에 기여했다.

역사적 배경

30년 전쟁 기간 동안 구스타브 아돌프Gustavus Adolphus(1594~1632)는 장차 스웨덴이 근대 초 유럽에 발휘하게 될 영향력의 토대를 다졌다. 그는 1630년 7월 침공을 통해 스웨덴제국을 포메라니아까지 확장시켰으며, 이보다 2년 전에는 포위당한 슈트랄준트를 도와주었고 30년 전쟁에서는 독일의 개신교 세력을 지원했다. 이처럼 스웨덴 군대는 유럽 대륙의 전쟁에서 중요한 역할을 수행했으며 스웨덴령 포메라니아는 베스트팔렌 조약(1648)과 슈테틴 조약(1653) 사이에 이루어진 협상의 결과물이었다.[5] 스웨덴 왕국은 베스트팔렌 조약의 성과물로서 독일의 여러 지역들(브레멘-베르덴, 비스마르, 스웨덴령 포메라니아)을 획득했는데, 이러한 영토들은 신성로마제국이 스웨덴 왕에게 봉토로 부여했다.[6] 그 결과 스웨덴 왕은 30년 전쟁이 끝난 1648년에 법률상 포메라니아 공작이라는 자격으로 해당 영토를 인계받아 신성로마제국의 제후가 되었으며 스웨덴령 포메라니아는 스웨덴이 점유하고 통치하는 독일어권 영토가 되었다. 또한 해당 영토와 그 주민들은 스웨덴 왕의 고유 재산이 아니라 스웨덴 통치를 받는 봉토로 규정되었다.

스웨덴제국은 로스킬데 조약(1658)을 통해 발트해 지역에서 자국 역사상 가장 커다란 확장을 이루었지만, 그 이후 수십 년간 발트해 영토는 지속적으로 감소했다. 스웨덴은 생제르맹앙레 조약(1679)을 통해 오드라강 동부에서 브란덴부르크에 이르는 영토를 상실했으며 제국의 크기는 스웨덴 군대의 원정이 실패할 때마다 꾸준하게 줄어들었다. 제국을 재건하려던 시도들은 거의 모두 영토 상실로 끝났다.

스웨덴령 포메라니아는 대북방 전쟁을 거치면서 덴마크 군대에게 일시적으로 점령당했다(1715~1721). 전쟁이 끝날 무렵 스톡홀름 조약에 따라 슈테틴과 페네강 남부지역은 프로이센에 할양되었으며, 스웨덴령 포메라니아의 나머지 영토는 1721년 2월 덴마크에서 스웨덴으로 반환되었다.

한편 1718년 칼 12세^{Karl XII}의 사망으로 인해 정치적 공백 상태에 빠졌던 스웨덴 왕국에서는 이를 계기로 개혁이 시작되었다. 그 결과 절대주의 지배가 중단되고 정치적 권력은 군주로부터 신분회로 넘어갔으며 1719년에는 울리카 엘레오노라^{Urlika Eleonora} 여왕이 즉위했다. 스웨덴에서 공식적으로 절대주의를 종식시킨 1719년의 새로운 체제는 훗날 '자유의 시대'로 알려졌으며, 주요 특징으로는 전제 군주의 부재와 최초의 민족주의 정당 도입을 들 수 있다.[7]

18세기 초, 스웨덴 왕국이 유럽 정치판에서 핵심적인 역할을 상실함에 따라 '스웨덴의 위대한 시대'는 정치 이외의 영역으로 축소되었다. 대북방 전쟁을 통해 영토와 정치력을 상실한 스웨덴 왕권은 발트해 너머의 영토를 지배할 수 없게 되어 에스토니아·리보니아·인그리아 및 카렐리아 일부는 러시아에게, 브레멘-베르덴은 하노버에게 빼앗겼다.

1721년, 스웨덴령 포메라니아와 비스마르 시는 유럽 대륙에 남아 있는 최후의 스웨덴 영토였다. 이 지역은 스웨덴 왕국과의 대륙 사이의 접경지대였으며 이곳을 지배하는 통치자들은 다양한 권력 구도에 의존하고 있었다. 스웨덴 왕국이 완전히 흡수하지 못한 채 부속 영토로 보유하고 있었던 스웨덴령 포메라니아는 제국의 마지막 유물이라는 의미를 지니고 있었다.[8] 다른 한편 이 영토는 신성로마제국 북부에서 뚜렷한 정치·군사·경제적 존재감을 지니고 있었으며 유럽 대륙에서 '스웨덴의 교두보'라 불리곤 했지만,[9] 7년 전쟁(1756~1763)과 같은 스웨덴의 군사 원정은 스웨덴령 포메라니아의 재정적, 경제적 자원에 압박을 가했다. 이처럼 스웨덴 왕가가 주도한 전쟁활동은 거의 항상 불리하게 전개되어 국민들을 고통으로 내몰았다. 한편 18세기는 이전 세기에 비해서 상대적으로 평화로운 시기였으며, 그 결과 적절한 경제 성장이 이루어졌다. 아울러 스웨덴으로의 곡물 수출은 왕국 유지에 특히 중요했다.

영토 상실과 스웨덴 내부의 새로운 권력 구도에도 불구하고 영광의 기억은 남아 있었다. 러시아 차르에 대한 복수는 1721년의 고통스러운 정치적 상황에서 유일한 해결책으로 여겨졌으며 이러한 상황을 배경으로 스톡홀름에서는 수십 년에 걸쳐 정당체제가 발전했다. 두 개의 정당이 바로 이 시기에 처음 등장했는데[10] 프랑스에서 유래한 '하타르나Hattarna, The Hats'당은 러시아 제국에 복수하기 위해 투쟁했던 반면, '뫼소르나Mössorna, The Caps'당은 대북방 전쟁 말기의 국력 상실을 받아들였다. 이처럼 두 정당은 정치 및 군사 문제에 있어 상이한 전략을 지니고 있었다. 또한 이들의 결정은 스웨덴령 포메라니아에도 영향을 끼쳤는데, 포메라니아전쟁 기간(1752~1762)에 남부 포메라니아를 수복하기 위한 시도들이 실패로 돌아간 것도 그 사례로 볼 수 있다.

1771년, 아버지인 아돌프 프레드리크Adolph Fredrik를 이어 왕위에 오른

구스타브 3세Gustav Ⅲ는 정당을 근간으로 하는 의회체제를 폐지했다. 그는 절대주의를 재도입하면서 자유의 시대는 1772년에 종식되었다. 1792년, 구스타브 3세가 가장무도회에서 암살되자 구스타브 4세 아돌프(1778~1809)가 권력을 차지했다. 칼 13세(1809~1818)의 치세 말기에는 완전히 다른 정치체제가 작동했는데, 이는 나폴레옹 전쟁 이후에 급진적인 변화가 발생했기 때문이다. 1815년, 스웨덴 왕국이 스웨덴령 포메라니아를 빈 회의에 내놓으면서 스웨덴의 유럽 대륙 개입은 종식되었다. 이처럼 167년에 걸친 스웨덴의 통치는 접경지대라는 스웨덴령 포메라니아의 성격에 지속적인 영향력을 발휘했으며 발트해 남부의 수많은 영토 중 하나였던 이 지역은 유럽 대륙을 향한 마지막 교두보로 기능했다.

문화 분야

스웨덴령 포메라니아의 접경지대 성격은 문화 분야, 특히 학술 분야에서 가장 크게 드러났는데, 이는 해당 지역이 스웨덴과 여타 독일 영토들을 연결하면서 초접경 관계를 형성했기 때문이다.[11] 앞에서 언급했듯이 그라이프스발트대학은 스웨덴의 통치를 받는 신성로마제국의 영토 내에 자리 잡고 있었다.[12] 스웨덴제국에서 가장 오래된 이 대학은 근대초 전형적인 대학 교과과정이었던 고전 학문들을 가르쳤으며 라틴어, 독일어, 스웨덴어가 교육 및 학문 소통언어였다. 특히 18세기 중반에는 스웨덴 왕국에서 온 학생들의 규모가 급격하게 증가했고 스웨덴 총독이 대학의 수장이었지만 학문의 자유는 여전히 유지되었다.[13] 이 곳에서는 스웨덴 서적들이 독일어로 번역되었는데, 요한 카를 다네르트$^{Johann\ Carl}$ $_{Dähnert}$ 교수는 올로프 폰 달린$^{Olof\ von\ Dalin}$이 저술한 『스웨덴의 역사』를 번역했다.[14] 이러한 번역서들은 문화 영역에서 스웨덴과 독일 지식인들이 서로 관심을 지니고 있었음을 보여주며, 독일어로 번역된 스웨덴 서적들은 교육을 위해 활용되었다. 반면 스웨덴의 학자들과 학생들은 전통적으로 그라이프스발트대학에서 학문을 수행하고 시험을 치렀다.[15] 다른 한편 1757년에 스웨덴의 헌법이 처음으로 도입되고 18세기 후반에 계몽주의 지식인들의 네트워크가 스웨덴과 포메라니아에서 급격히 성장하면서 그라이프스발트대학은 스웨덴 교육체제에 통합되었다. 이처럼 긍정적인 문화 수렴 현상은 발트해 지역의 교육 인프라가 중요한 역할을 수행했다는 사실을 보여준다.[16] 특히 그라이프스발트대학은 스웨덴 남부의 룬트대학과 밀접하게 교류했는데, 당시 룬트대학 도서관에 비치되었던 독일어 서적들은 지금까지도 잘 보존되고 있다.

한편 스웨덴 철학자 토마스 토릴드$^{Thomas\ Thorild}$(1759~1808)는 자국의 다른 지식인들처럼 1794년 스웨덴령 포메라니아로 건너와 그라이프스발트대학에서 학생들을 가르쳤다.[17] 그렇다고 해서 독일 지식인들이 전통적으로 이 대학의 주요 학과장직을 맡았다는 사실을 간과해서는 안 된다. 18세기에는 발트해 전 지역 학생들의 상당수가 그라이프스발트대학에 등록했으며 차후에 신성로마제국의 다른 대학들에서 학업을 이어나가는 경우도 많았다.[18] 이들 학생 및 학자들은 문화 상품 및 지식의 중개인이었다. 즉 바다 건너 독일 지역의 동향이 전통적인 학문 분야의 전통적인 네트워크 및 개인적 접촉을 통해 스웨덴령 포메라니아를 거쳐 스웨덴으로 유입되었던 것이다.[19]

이와 동시에 계몽주의에서 유래한 사상들이 유럽 전역에서 발생했던 급진 정치 운동의 성격을 띠고 여러 경로를 통해 스웨덴령 포메라니아에 도달했으며,[20] 특히 18세기 말에는 프로이센과의 학문 교류를 통해 새로운 사상들이 그라이프스발트대학에 유입되었다. 이 같은 교환은 두 가지 방식을 통해 이루어졌다. 1810년, 그라이프스발트대학에 재직 중이던 역사가 프리드리히 루스Fridrich Rühs(1781~1820)는 신설된 베를린 대학의 역사학과장으로 부임했으며 포메라니아의 작가이자 역사가였던 에른스트 모리츠 아른트Ernst Moritz Arndt(1769~1860)는 19세기 초에 본 대학에서 자리를 차지했다.

더욱이 유럽 정치 분야의 전반적 발전은 스웨덴 왕국에서 통치의 의미 및 타당성을 변화시켰으며 이로 인해 스웨덴령 포메라니아에서 지식인 엘리트의 정치적 노선 또한 달라졌다. 프로이센은 1815년의 병합 이후 그라이스발트대학을 자국의 교육 시스템에 통합하고 친 프로이센 노선을 설정했는데,[21] 그 이전까지 접경지대였던 스웨덴령 포메라니아는 대학 차원에서 반자치적으로 독일어권 지역과 스웨덴어권 지역 사이의 문화 접촉과 이행, 그리고 문화적 습합을 증대시키는 역할을 수행하고 있었다.[22] 따라서 학문 교류와 네트워크는 영토 및 정치 요소에 좌우되지 않고 정치적 경계를 넘나들었다고 볼 수 있다.[23] 한편 스웨덴과의 직접적인 접촉 또한 중요한 역할을 담당했다.

발트해를 둘러싼 상호 작용

발트해는 스웨덴 왕국과 스웨덴령 포메라니아 간의 경계선이었을 뿐만 아니라 양자를 연결하는 자연 도구이기도 했다. 그러나 '물은 연결시키고 땅은 갈라놓는다'는 18세기 격언이 의미를 지니기 위해서는 선박이 필요했고 주력 군대가 바다를 건너야 했다.[24] 또한 인력, 정보, 상품이 일상적으로 바다를 두고 왕래할 필요가 있었다.

행정 명령은 스톡홀름에서 받았던 반면, 일상 소식은 함부르크에서 슈트랄준트로 전해졌으며 신문과 포고문을 통해 스웨덴령 포메라니아 전역으로 퍼졌다.[25] 1680년에는 선박을 통해 스웨덴 왕국과 스웨덴령 포메라니아(이스타드-슈트랄준트)를 잇는 정규 우편망이 도입되면서 인프라가 개선되고 연락망이 보다 긴밀해졌다.[26] 계몽사상을 다룬 새로운 인쇄물들은 원어 그대로, 또는 번역되어 바다를 가운데 두고 양방향으로 오갔다. 다른 한편 유럽에 대한 스웨덴 왕국의 관심은 스칸디나비아 전역을 다룬 여행일지들의 출간을 통해 드러났다.[27]

물론 경제 제재가 유동성을 제한하고 일상적인 여행은 극소수 사람들에게 한정되었지만 교환, 여행, 교역망은 다양한 사회 집단들의 자의식 속에 녹아들었다. 발트해를 가로지르는 독일-스웨덴 생활 양식은 선원, 군인, 상인, 관리, 지식인, 장인들의 횡단을 통해 엮여졌는데, 이러한 집단들을 식별하는 것은 상당히 어렵다.[28] 왜냐하면 갓 등장한 민족 요소는 개인적, 또는 역사적 정체성의 주요 지표가 아니었으며, 그보다는 개인의 출신지나 왕권에 대한 충성이 근대 초의 신민을 정의했기 때문이다. 사실 두 왕국 중 하나를 선택하여 해당 사회에 통합되는 것은

매우 용이했다. 그럼에도 불구하고 칼 빌헬름 셸레Carl Wilhelm Scheele(1742
~1786)와 같은 부류의 인물들과 접경을 넘나드는 여타의 사람들은 다
양한 상품, 정보, 소식을 발트해 너머로 실어 날랐다. 한편 독일인들은
자국민으로 구성된 교구를 통해 조직화되었는데, 스웨덴 왕국의 중심
부인 스톡홀름에서도 그러한 사례가 존재했다.[29] 이외에도 수 세기에
걸쳐 양방향으로 중요한 이동이 이루어졌다. 스웨덴 사람들은 관리, 상
인, 군인으로서 포메라니아에 갔고, 포메라니아 사람들은 행정 업무에
필요한 자격과 관료로서의 능력을 획득하기 위해 스톡홀름으로 향했다.
스웨덴이 지배하는 새로운 환경에 동화되기 원했던 사람들은 새로운
사회에서 기회를 얻고자 했으며, 정치권력의 변화 및 재구성은 이러한
열망에 영향을 끼쳤다. 이와 동시에 북유럽에 대한 재평가는 18세기 지
식인 집단에서 뜨거운 주제가 되었으며, 따라서 유럽과 스웨덴의 새로
운 긴장 관계에도 영향을 미쳤다.[30]

교회와 법적 신분의 역할

스웨덴령 포메라니아의 신민들이 스웨덴 왕국과의 결합을 일상적으
로 경험하기란 쉽지 않았는데, 이는 해당 지역에서 적용되는 법과 전통
적인 패권 구조가 일치하지 않았기 때문이다.[31] 30년 전쟁 이래로 스웨
덴령 포메라니아의 토착 귀족들은 스웨덴 왕권이 부여한 수많은 특권
들을 지니고 있었으며 농노 보유권도 그중 하나였다. 이들은 스웨덴 왕
의 대리자인 총독에게 종속되었다.

사법 분야에서 스웨덴령 포메라니아의 가장 중요한 특징은 스웨덴 왕국과 상이한 법적 신분이었다. 초창기에는 스웨덴 법이 새로운 영토에 도입되지 않았으며, 1653년에 이르러 비스마르 법정(스웨덴 왕실 법정)이 신성로마제국 내의 모든 스웨덴 영토를 관장하는 대법원으로 수립되었다.[32] 비스마르 법정은 신성로마제국의 제국사법실Reichskammergricht을 모방했고 로마법의 영향을 받았다.[33] 이러한 시스템 아래에서 스웨덴령 포메라니아에 거주하는 사람은 스웨덴인이라 할지라도 스웨덴 법에 호소할 권리를 지니지 못했다. 비스마르 법정은 일체의 법 해석 문제를 도맡았는데, 이러한 양상은 독일 법이 스웨덴의 감독 아래에서 시행되는 것과 다름없었다. 이처럼 특별한 방식으로 취급되었던 스웨덴령 포메라니아는 본질적으로 사법 분야의 접경지대였다.

한편 스웨덴어가 스웨덴에 속했다는 사실을 알려주는 지표가 아니었다는 점 또한 주목해야 한다. 게다가 스웨덴과 포메라니아의 관리들은 대부분의 행정 업무에서 관계를 맺고 있었으며 후자는 스웨덴 왕국에 체류하면서 경험을 쌓곤 했다. 또한 스웨덴령 포메라니아에서는 법과 교회에 관련된 공식 명령이 반드시 주민들의 일상용어인 독일어로 번역되어야만 했다.

아울러 스웨덴 왕권은 정치적 도구였던 국교회를 통해 스웨덴령 포메라니아와 강력한 관계를 수립했다. 스웨덴령 포메라니아의 성직자는 스웨덴 왕의 관리였으며 교회의 수장인 왕의 명령을 따라야만 했다.[34] 이 때문에 목사들은 설교 이후에 연단에서 공식 포고령을 낭독했고[35] 이러한 문서들은 주민들을 위해 독일어로 번역되었다. 이 같은 방식을 통해 스웨덴령 포메라니아의 신민들은 공식적으로 변경된 행정 업무를 인지할 수 있었으며 스웨덴의 통치를 받고 있다는 사실을 깨달았다. 신앙과 교회는 18세기 내내 모든 측면에서 사람들의 일상생활에 영향력을 발휘했다. 다른 한편 계몽 시대는 경건주의와 같이 중앙 유럽에서 유래한 새로운 종교사상을 전달함으로써 전통적인 양식을 파괴하기 시작했다.

사회적 자유와 개인적 자유의 충돌

18세기 몽테스키외를 비롯한 당대의 목격자들이 볼 때, 스웨덴 왕국은 자유를 사랑하는 독일인들의 고향이었다.[36] 이 같은 이상주의적 모습은 1439년경 스트렝네스의 주교였던 토마스 시몬손Thomas Simonsson이 지은 『자유의 찬가Frihetsvisa』까지 거슬러 올라간다. 그의 시는 선과 악의 투쟁을 묘사했는데, 후자를 상징하는 포메라니아의 외국인 전제 군주 에리크Erik는 반란을 일으킨 엥엘브렉트Engelbrekt, 섭정 칼 크누트손Karl Knutsson과 같은 신민들의 권리와 자유를 짓밟았다.[37]

한편 17세기 대륙에서 전쟁을 치른 이래로 '스웨덴의 자유'는 스웨덴 외부에서 농노제 부재로 해석되었으며, 이러한 개념은 포메라니아 귀족들의 특권과 충돌했다. 이에 더하여 신성로마제국에서 전쟁을 수행하던 스웨덴 왕국을 옹호하는 과정에서 종교적 자유에 관한 격렬한 논쟁이 이루어졌다.[38] 이에 따라 칼 12세 치세 후기의 전쟁들은 러시아 및 폴란드 정교회 신자들과 독일 가톨릭 신자들과 같은 '이교도들'에 맞서 싸웠다고 선전되었다. 불행하게도 이러한 종교적 동기는 스웨덴의 천적이었던 덴마크에게는 적용할 수 없었다.

또한 근대 초 자유 개념은 개별 신민이 아닌 신분회, 길드와 같은 협동조합과 연결되어 있었는데, 스웨덴 왕국에서는 개인적 차원에서 해석한 자유와 집단적 차원에서 해석한 자유 중첩되어 있었다. 아울러 18세기 초 스웨덴과 독일의 개념들은 구조적 측면에서 상당히 유사했으며 귀족들이 지니고 있던 특권들은 집단적 성격을 지닌 자유에 영향을 미쳤다.

그러나 18세기 초에 절대주의가 종식되면서 '개인으로서의 신민'이라는 사상이 등장함에 따라 변화가 시작되었다. 스웨덴령 포메라니아에서는 매우 느리게 일상현실에 접목되었음에도 불구하고, 스웨덴어 '자유frihet'가 점차 개인적 차원의 의미를 지니게 된 것이다. 그뿐만 아니라 선전용으로 재고안된 이 단어는 스웨덴 왕국에서 '유서 깊은 자유gamla-friheten'를 의미하게 되었으며[39] 영광과 권력이 가득했던 옛 시대의 기억들과 결합되었다. 또한 자유는 신성로마제국에서도 역사적 전통으로 미화되었다.[40] 지적 담론마저 자유의 복원을 요구했는데, 독일에서는 절대군주제가 존재하지 않았기에 새롭게 해석된 자유 개념을 따르기 마련이었다.

스웨덴에서는 자국민들이 역사적으로 근본적 차원의 자유를 누렸다는 사실에 입각하여 자유를 인식했다. 즉 스웨덴 신민들은 이동의 자유와 세습되는 권리들을 일종의 개인적 자유로써 향유했다는 것이다.[41] 그뿐만 아니라 스웨덴의 농민들은 1436년 이래로 정치적 자유를 누리면서 신분의회에 참여했다. 이에 반해 스웨덴령 포메라니아의 전통은 이와 달랐으며 특히 지역 귀족들이 농민과 농민들에 대한 특권을 유지하는 데 기여했다. 한편 스웨덴 왕국의 모습은 협상을 중요시하는 정치적 태도를 함축하고 있었으며 이러한 협상은 추밀원이 내리는 판단에 결정적인 합법성을 부여했다.

18세기 말의 계몽주의 토론은 'frihet'라는 단어를 '개인적 자유free-dom' 및 '사회적 자유liberty'의 측면에서 다루었으며, 이는 스웨덴령 포메라니아의 발전에 영향을 끼쳤다. 당시 개인적 자유, 사회적 자유, 인간의 권리를 거명하는 것은 단순한 유행이 아니었으며 광범위한 담론 및 급격한 사상 전환이 이루어지고 있었음을 의미했다. 또한 스웨덴 왕국에서 자유의 시대frihetstid는 18세기 후반 스웨덴령 포메라니아 통치에도 영향을 미쳤다.

이제 스웨덴에서는 자유가 법 차원에서 개인에게 적용되기 시작했다. 예를 들어 법은 몽테스키외의 해석에 의거하여 인간의 권리들을 보장했다. 몽테스키외에 관한 토론은 프랑스 출판물이 스웨덴 지식인 사회에 널리 보급된 18세기 후반에 시작되었다. '스웨덴의 자유svenska friheten'는 스웨덴령 포메라니아에서 유통되던 서적들을 통해 유럽 본토에 도달했으며, 이를 통해 전통적 개념이었던 독일의 자유Teutsche Libertät과 조우했다.[42] 이것은 자유에 관한 두 가지 집단적 개념이 하나의 공통된 공간, 즉 변경지대였던 스웨덴령 포메라니아에 나란히 놓이게 되었음을 의미한다.

이 두 가지 개념은 모두 18세기 초부터 발전하기 시작했다. 스웨덴식으로 해석한 자유는 외부의 억압 및 전제 군주의 부재를 보여준다.[43] 독일의 자유 개념 또한 외세의 지배로부터 독립하고 제국의 권력 집중을 방지한다는 정치사상에 기반을 두고 있었으며[44] 신성로마제국 황제에 대한 제국 영방들의 자치와 특권을 전제 조건으로 삼고 있었다. 즉 독일의 자유는 집단적 성격을 지니고 있었으며, 따라서 자기 결정권은 '영방들이 공동으로 노력하여 정치·문화적으로 독립한다'는 뜻을 갖게 되었다. 이처럼 독일 북부에서는 두 가지 자유 개념이 모두 존재했는데, 특히 중첩지대였던 스웨덴령 포메라니아에서는 전통적(집단적) 해석과 진보적(개인적) 해석이 만나 변형되었다.

스웨덴의 영향력은 제반 여건이 크게 달랐던 스웨덴령 포메라니아에서 두드러졌으며 특히 요한 카를 다네르트(1719~1785)가 집필한 『정직한 스웨덴인*En ärlig Swensk*』(1758)의 번역본 출판은 매우 중요한 사건이었다. 스웨덴체제를 다룬 이 출판물은 신민들의 자유를 다음과 같이 정의했다 : "스웨덴 왕국의 신민들은 정부가 강요하는 행동을 하지 않고 법의 제약을 받는다는 의미에서 자유를 지니고 있다. 이러한 관점에서 그들은 자유로우며 오직 법에 의해서만 규제된다. 법은 공동의 이득과 이익을 위해 도입된다. 신민들은 입법가이며, 법을 통해 설정된 한계를 지닌다."[45] 이 책자는 스웨덴령 포메라니아와 여타 독일 영토에 보급되었지만 농노화된 스웨덴령 포메라니아 농민들에게는 사실상 의미를 지니지 못했는데, 이는 농노제에 대한 새로운 논의에도 불구하고 1806년까지 스웨덴 법은 이들에게 적용되지 않았기 때문이다.

한편 스웨덴 왕국에서는 보다 높은 차원의 논의가 이루어지기 시작했으며 그 배경으로는 기존 사회에 존재하지 않았던 계급들이 지니게 된 새로운 자신감, 그리고 귀족층 및 이들의 특권에 대한 적개심 증가를 들 수 있다. 시민medborgare이라는 용어가 점차 확산되고는 있었지만 18세기 사회에서 귀족들의 특권 폐지는 사실상 불가능했다. 그러나 1760년에서 1772년 사이에 귀족 특권의 근간이었던 생득권이 공격을 받게 되었다. 이러한 현상은 1776년에 통과된 자유 인쇄법tryckfrihetsförordningen

에서 명백히 드러났으며 이를 계기로 귀족의 특권을 공개적으로 공격하는 책자들이 등장하기 시작했다.[46] 귀족 특권의 폐지 대안으로 등장한 것은 스웨덴 모든 신민들의 보편적 특권이었다. 이에 따라 특권은 더 이상 특권이라 불릴 필요가 없어졌으며 훗날에는 개인의 보편적 권리로 간주되었다. 이 모든 발전은 오직 스웨덴 왕국에서만 나타났으며 스웨덴의 자유를 다룬 거의 모든 서적들은 스웨덴 왕국 내에서 출판되었다. 반면 1760년대 스웨덴령 포메라니아에서는 이러한 책자들이 번역 및 출간되었음에도 불구하고 이에 대한 비평은 널리 이루어지지 않았다.

스웨덴 부르주아들의 자신감 증가를 보여주는 또 다른 징후는 알렉산데르 케플레루스Alexander Kepplerus의 선언문이었다.[47] 1770년, 그는 스웨덴 시민들의 보편적 권리들을 기술한 소책자 『스웨덴의 보편적인 인간 권리En svensk allmän mannarätt』를 발간했으며,[48] 이 책이 '스웨덴 시민들의 보편권' 사상을 제시한다고 주장했다.[49] 스웨덴 역사가 조나스 노르딘Jonas Nordin은 스웨덴에서는 인간의 권리가 개인의 자유 개념과 강력한 관계를 형성하면서 출현했다고 말한다. 스웨덴 시민들의 새로운 자의식을 고찰했던 케플레루스는 남성과 여성이 동일한 법적 권리를 지녀야 하지만 정치적 측면에서 그렇지 못하다는 사실에 동의했다. 이러한 보편적 권리들은 왕권으로부터 유래했으며 무엇보다도 귀족의 특권들에 맞서 스웨덴 시민의 법률적, 사회적 위치를 강화시켰다.

케플레루스의 선언문은 스웨덴령 포메라니아에서 어떠한 효과도 거두지 못했는데, 이는 1772년 8월에 절대주의가 도입되었기 때문이다. 전제군주였던 구스타브 3세는 자신이 '자유민들 가운데 일등 시민'이라고 선언하고[50] 부패한 의회주의로부터 자유를 구원했다고 주장했으며,

정당들 간의 갈등이 정부의 행동력을 제한한다고 비난했다. 이처럼 다시 등장한 절대주의는 정치적 자유와 시민권에 관한 논의를 축소시켰다. 이른바 언론 자유법(1774)조차 언론의 자유를 규제했으며 시민권 도입 역시 이에 관한 공공 토론이 중단되면서 한동안 보류되었다. 그럼에도 불구하고 요한 다비드 폰 라이헨바흐Johann David von Reichenbach(1732~1807), 에른스트 모리츠 아른트 등의 스웨덴령 포메라니아 저술가들은 세습 농노제Leibeigenschaft 폐지를 주장하면서 자유는 왕으로부터 유래한다는 개념을 근거로 삼았다.[51] 에른스트 모리츠 아른트의 『포메라니아의 농노제 역사』는 이 지역의 스웨덴 관리들에게 영향력을 발휘했으며 농노제는 1806년에 최종적으로 폐지되었다.[52]

스웨덴은 이미 17세기에 스웨덴령 포메라니아에서 농노제 폐지를 시도했지만,[53] 지역 귀족들의 강력한 입지와 전통적인 특권으로 인해 실패로 돌아갔다. 귀족의 특권들은 1806년에 수립된 그라이프스발트 의회에 의해 처음으로 폐지되었는데, 이는 포메라니아가 스웨덴에 통합되면서 스웨덴 법이 도입되었기 때문이다.[54]

결론

이상의 분석은 '자유frihet'의 의미가 계몽주의 시대에 확대되었음을 보여준다. 18세기 초, 정치적 자유나 계급 특권을 묘사했던 자유의 성격은 행정 관행 및 지적 담론 속에서 서서히 달라졌다. 새로워진 이 단어는 개인의 자유라는 사상을 담게 되었으며 19세기 초에는 오랫동안 정치적 측면에서 해석되던 자유 개념을 성공적으로 변화시켰다. 이러한 변화는 종래의 신민 개념 및 정의와는 달리 법을 매개로 하여 개인과 국가를 연결하는 시민권이 형성되는 과정에서 발생했다.[55]

스웨덴 왕국에서는 이러한 발전에 뒤이어 귀족들의 특권 상실 및 보편적 인권 도입 시도가 나타났다. 이때 두 가지 자유 개념 간의 연계성 및 상호 작용은 중요한 의미를 지니고 있었는데, 개인적 차원의 자유와 정치적 차원의 자유가 하나로 연결되어 있었던 데다가 공공 토론에서는 '자유'라는 한 단어로 등장했기 때문이다. 또한 스웨덴에서는 계몽 사상, 그리고 농민들의 사회적, 법적 지위에 관한 지적 담론을 주제로 다룬 다수의 서적들이 등장했다.[56]

최종적으로 이 같은 지적 담론은 스웨덴령 포메라니아의 사회 조직에 충격을 주었다. 이곳의 법은 스웨덴 본토의 법과 다른 지위를 갖고 있었으며 1806년에 이르러서야 스웨덴 헌법이 처음으로 도입되어 농노제 폐지에 기여했다. 정치적 측면에서 스웨덴령 포메라니아의 접경지대 개념은 스웨덴 사람들이 행정을 담당했다는 사실을 통해 잘 드러난다. 그뿐만 아니라 이 지역은 '교두보' 역할을 담당했으며 이를 통해 스웨덴 왕권은 유럽 대륙의 북부를 통제할 수 있었다.[57]

1815년, 스웨덴령 포메라니아가 프로이센에게 넘어간 사건은 해당 지역의 정체성과 문화 기억에 커다란 영향을 끼쳤다. 이 지역은 프로이센 왕 프리드리히 빌헬름 3세Friedrich Wilhelm III(1770~1840)의 통치권을 인정할 수밖에 없었다. 그러나 발트해 남부 해안에 위치한 '새로운 포메라니아'는 주변부라는 특성을 유지했다. 자신들의 특성을 고찰하기 시작한 주민들에게는 주체성이 요구되었다. 스웨덴의 지배를 받으며 독일문화권에서 삶을 영위했던 이들은 '국민' 개념이 등장하던 시대적 환경 속에서 순수한 독일인이나 스웨덴인이 아닌 포메라니아인이라는 정체성을 지니게 된 것으로 보인다.

한편 사람들의 이주는 매우 개인적인 차원에서 이루어졌으며 스웨덴령 포메라니아는 기능적, 상징적 측면에서 전환의 공간이었던 발트해 지역과 항상 긴밀한 관계를 유지하고 있었다. 많은 사람들이 경제적, 사회적, 지적 동기를 지닌 이주민들을 환영했는데, 이들이 1815년 이후 프로이센과 새로운 관계를 수립하는 데 기여했기 때문이다.

주석

1 이 책의 서문을 참조할 것.
2 이 책에 수록된 가브리엘라 소토 라베아가의 연구를 참조할 것.
3 Heinz Duchhardt, ed., *Der Herrscher in der Doppelpflicht : Europäiche Fürstenund ihrebeiden Throne*, Mainz : Philipp von Zabern, 1997, pp.3~8.
4 Anssi Paasi, "Boundaries as Social Practice and Discourse : The Finnish-Russian Border", *Regional Studies* 33, no. 7, 1999, pp.669~680·670. Jens E. Olesen, "Brücke nach Europa, Schwedisch-Pommern 1630~1815", *Baltic Worlds* 2, no. 1, pp.22~26을 참조할 것..
5 Helmut Backhaus, *Reichsterritorium und schwedische Provinz : Vorpommern unter Karls XI. Vormündern (1660~1672)* (Göttingen : Vandenhoeck & Ruprecht, 1969), pp.137~147.
6 Olaf Mörke, "Holstein und Schwedisch-Pommern im Alten Reich. Integrationsmuster und politische Identitäten in Grenzregionen", Nils Jörn and Michael North ed., *Die Integration des südlichen Ostseeraumes in das Alte Reich*, Köln : Böhlau, 2000, pp.425~472.
7 Jonas Nordin, "Von fremder Unterdrückung zur Freiheitszeit, Die Vorstellung von frihet im frühneuzeitlichen Schweden", Georg Schmidt, Martin van Gelderen, and Christopher Snigula ed., *Kollektive Freiheitsvorstellugen im frühneuzeitlichen Europa 1400~1850*, Frankfurt am Main : Lang, 2006, pp.143~156.
8 Torbjörn Eng, *Det svenska väldet : Ett konglomerat av uttrycksformer och begrepp från Vasa till Bernadotte*[Swedish forms of dominion : A conglomerate of expressions and concepts from Vasa to Bernadotte], Uppsala : Uppsala University, 2001.
9 다음을 볼 것. Helmut backhaus, "Verfassung und Verwaltung Schwedisch-Pommerns", Ivo Asmus ed., *Unter der schwedischen Krone : Pommern nach dem Westfälischen Frieden*, Greifswald : Stiftung Pommersches Landesmuseum, 1998, p.29.
10 Michael Roberts, *The Age of liberty*, Cambridge : Cambridge University Press, 1986, pp.111~113.
11 다음을 볼 것 : Jens E. Olesen, "Nordeuropäische Studenten in Greifswald 1456~2006", Dirk Alvermann and Karl-Heinz Spieß ed., *Universität und Gesellschaft, Festschrift zur 550-Jahrfeier der Universität Greifswald (1456~2006)*, Rostock : Hinstorff, 2006, pp.251~289.
12 Ivar Seth, *Universitetet i Greifswald och dess ställning i svensk kulturpolitik 1637~1815*, Uppsala : Wretman, 1952, pp.66~67.
13 Seth, *Universitetet*, pp.13~14.
14 Olof von Dalin, *Geschichte des Reiches Schweden aus dem Schwedischen, Erster Theil*, trans. Johann Benzelstierna and Johann Carl Dähnert(Greifswald : Hieronymus Johann Struck, 1756).

15 Seth, *Universitetet*, p.266.

16 Seth, *Universitetet*, p.289.

17 Andreas Önnerfors, "Dichter der Messkunst? Thomas Thorilds Zeit und Denken im deutschen Exil 1795 ~1808", Carola Häntsch, Joachim Krüger and Jens E. Olesen ed., *Thomas Thorild(1758 ~1808) : Ein schwedischer Philosoph in Greifswald*, Greifswald : Panzig, 2008, pp.55~92.

18 Olesen, "Nordeuropäische Studenten in Greifswald", pp.266~270.

19 Carola Häntsch, "Thorild und die philosophie in Deutschland", Carola Häntsch, Joachim Krüger, and Jens E. Olesen ed., *Thomas Thorild(1758 ~1808) : Ein schwedischer philosophie in Greifswald*, Greifswald : Panzig, 2008, pp.183~206.

20 다음을 볼 것. Andreas Önnerfors, *Svenska Pommern : Kulturmöten och identifikation 1720 ~1815*, Lund : Lund University, 2003, p.132.

21 Manfred Menger, "Thomas Thorilds Vizebibliothekar, Zur Einstellung und zum Wirken Friedrich Rühs an der Universität Greifswald", Carola Häntsch, Joachim Krüger, and Jens E. Olesen ed., *Thomas Thorild(1758 ~1808) : Ein schwedischer Philosoph in Greifswald*, Greifswald : Panzig, 2008, p.135.

22 Seth, *Universitetet*, pp.4~5.

23 Önnerfors, *Svenska Pommern*, pp.119~121.

24 Gunnar Ståhl, "Postjakttrafik och resande mellan Ystad och Stralsund 1683~1861", *Att resa i arkiven, ed. Kerstin Abukhanfusa*, Stockholm : Riksarkivet, 2004, pp.43~70.

25 Joachim Lorenz Struck, *Die Stralsundische Zeitung und ihre Beziehungen zu Schweden*, Stralsund : Die Kgl. Regierungsbuchdruckerei, 1928, p.7.

26 Ståhl, "Postjakttrafik", p.53.

27 Ernst Moritz Arndt, *Reise durch Schweden*, Greifswald : Eckhardt, 1804.

28 파시가 제시한 '정체성의 습합' 개념과 비교할 것. Paasi, "Boundaries as Social Practice and Discourse", p.677.

29 다음을 볼 것. Klas Nyberg, "Cultural Transfer and the Skeppsbron Nobility in 18th Century Stockholm", Michael North ed., *Kultureller Austausch, Bilanz, und Perspektiven der Frühenneuzeitforschung*, Köln : Böhlau, 2009, pp.309~326.

30 다음을 볼 것. Hendriette Kilemann, *Koordinaten des Nordens : Wissenschaftliche Konstruktion einer europäischen Region 1770 ~1850*, Berlin : Berliner Wissenschaftsverlag, 2005.

31 Olesen, "Brücke nach Europa", p.24.

32 Kjell Åke Modéer, "350 Jahre Wismarer Tribunal", Nils Jörn, Bernhard Diestelkamp, and Kjell Åke Modéer ed., *Integration durch Recht : Das Wismarer Tribunal(1653 ~1806)*, Köln : Böhlau, 2009, pp.1~2.

33 Andreas Önnerfors, "Deutsche und schwedische Rechtskultur im zeitgenössischen Vergleich- Gesetzeund Gerichte in den deutschen Territorien der schwedischen Krone im 18. Jahrhundert", Nils Jörn, Bernhard Diestelkamp, and Kjell Åke Modéer ed., *Integration durch Recht : Das Wismarer Tribunal (1653 ~1806)*, Köln : Böhlau, 2009, pp.140~141.

34 Paul Georg Lindhardt, *Kirchengeschichte Skandinaviens*, Berlin : Evangelische Verlagsanstalt

1983, pp.68~70.

35 Önnerfors, *Svenska Pommern*, 24, pp.179~180.

36 Rudolf Speth, *Nation und Revolution*, Opladen : Leske und Budrich, 2000, p.172.

37 Nordin, "Von fremder Unterdrückung", p.144.

38 Nordin, "Von fremder Unterdrückung", p.146.

39 Jens Rahbek Rasmusen, "Patriotic Perceptions : Denmark and Sweden 1450~1850", Claus Bjørn, Alexander Grant, and Keith J. Stringer ed., *Nations, Nationalism and Patriotism in the European East*, Copenhagen : Academic, 1994, pp.161~176.

40 Georg Schmidt, "Die Idee 'deutsche Freiheit' : Eine Leitvorstellung der politischen Kultur des Alten Reiches", Georg Schmidt, Martin van Gelderen, and Christopher Snigula ed., *Kollektive Freiheitsvorstellungen im frühneuzeitlichen Europa 1400~1850*, Frankfurt an Main : Lang, 2006, pp.159~189.

41 Dieter Strauch, "Quellen, Aufbau und Inhalt des Gesetzbuchs", Wolfgang Wagner ed., *Das Schwedische Reichsgesetzbuch(Sverige Rikes Lag) von 1734*, Frankfurt an Main : Klostermann, 1986, p.75.

42 다음을 볼 것. Niclas von Oelreich, Johann C. Dähnert trans., *Eigentliche Staatsverfassung des Reichs Schweden unter seiner gesetzmässigen Freyheit beschrieben und wider Uebelgesinnte gerettetvon dem ehrlichen Schweden*, Stralsund : Johann Jacob Weitbrecht, 1758.

43 Nordin, "Von fremder Unterdrückung", p.143.

44 Georg Schmidt, "Teutsche Kriege : Nationale Deutungsmuster und integrative Wertvorstellungen im frühneuzeitlichen Reich", Georg Schmidt and Dieter Langewiesche ed., *Föderative Nation : Deutschlandkonzepte von der Reformation bis zum Ersten Weltkrieg*, München : Oldenbourg, 2000, p.35.

45 다음의 내용을 번역했다. "Die Freyheit der Untersassen des schwedischen Reiches bestehtdarinnen, daß sie in Absicht auf die Regierung von alem Zwange frey sind, ausgenommen, was ihnen das Gesetz auferleget. Solchem nach sind sie frey, aber zugleich an das Gesetz gebunden. Diese Gesetze geben sie sich selbst zu ihrem eigenen gemeinschaftlichen Nutzen und Vortheile, und sind also selbst Gesetzgeber, und von sich selbst an das Gesetz gebunden", Oelrich, *Eigentliche Staatsverfassung*, p.13.

46 Roberts, *Age of Liberty*, p.166.

47 오늘날 핀란드 도시인 로비사의 시장이자 목사였다.

48 Alexander Kepplerus, *Borgmästarens ohs riksdags-fullmägtigens ifrån Lovisa stad, herr A. Keppleri memorial, rörande privilegier för borgare-och bonde-stånden*, Stockholm : Grefingska tryckeriet, 1771.

49 Jonas Nordin, *Ett fattigt men fritt folk : Nationell och politisk självbild I Sverige Från sen stormaktstid till slutet av frihetstiden*, Eslöv : symposion, 2000, pp.394~402.

50 "den förste medborgaren ibland ett fritt folk" : Gustav III, *Sverige, Kongl. Maj : ts Och Riksens Ständers Fastställe Regerings-Form. Dat. Stockholm then 21 Aug. 1772* (Stockholm : Tryckt i Kongl. Tryckeriet hos Henr. Fougt, 1772), § 57.

51 Johann David von Reichenbach, *Patriotische Beyträge zur Kenntniß und Aufnahme des*

Schwedischen Pommern [Königlich Schwedischem Kammerrath, 1783] I, Stralsund : Struck, 1784, pp.65~67.

52 에른스트 모리츠 아른트(1769~1860)는 스웨덴령 포메라니아에서 태어난 독일의 작가, 애국자, 역사가였으며 1803년 『포메라니아의 농노제 역사』를 출판했다. Ernst Moritz Arndt, *Versuch einer Geschichte der Leibeigenschaft in Pommern und Rügen nebst einer Einleitung in die alte teutsche Leibeigenschaft*(Berlin : Realschulbuchhandlung, 1803).

53 Kyra T. Inachin, *Die Geschichte Pommerns*(Rostock : Hinstorff, 2008), pp.89~90.

54 Andreas Önnerfors, "Das Ende des Alten Reiches als Medienereignis in schwedischen und deutschen Zeitschriften und Zeitungen", Michael North and Robert Riemer ed., *Das Ende des Alten Reiches im Ostseeraum*, Köln : Böhlau, 2008, pp.238~248.

55 Georg Schmidt, *Wandel durch Vernunft : Deutsche Geschichte im 18. Jahrhundert*, München : Beck, 2009, pp.30~39.

56 Ardnt, *Versuch einer Geschichte der Leibeigenschaft; Thomas Heinrich Gadebusch, Schwedisch-Pommersche Staatskunde*, 2 vols. (Greifswald : Röse, 1786/88); Reichenbach, *Patriotisches Beyträge.*

57 Olesen, "Brücke nach Europa", p.25.

제6장

1650년에서 1737년까지의 쿠를란트 공국

발트해 지역 내 종교적 접경지대의 변화

코르트-헤닝 우버(Kord-Henning Uber)

이 장에서는 1650년에서 1737년 사이 쿠를란트 공국의 문화·정치·행정·사회·경제 분야에서 이동하던 종교적 분계를 살펴보고자 한다. 이 같은 분석의 틀을 구성하려면 '종교적 접경지대'라는 단어를 정의할 필요가 있다. 근대 초의 지배자들은 자신들의 영토를 균질하게 만들기 위해 하나의 종교, 또는 하나의 교파만을 허용하고 육성하려 했지만, 실제로는 나머지 종교들을 몰아내거나 이들의 확산을 억제하는 데 실패했다. 그러므로 종교적 접경지대는 여러 종교 및 종교사상들 간의 충돌이 발생하는 공간인 동시에 여러 종교들이 끊임없이 계속되는 협상에 따라 국가 및 사회 내에서 상대적인 위치를 차지하는 공간이었다.

만야 올쇼스키는 종교적 차원에서 경계를 초월하는 상호 관계가 발생한다는 관점에서 발트해 지역의 시토 수도원들을 연구했는데, 이 장역시 동일한 개념을 바탕으로 쿠를란트 공국이라는 접경지대를 살펴볼 것이다. 그러나 여기에서 다루고자 하는 종교의 영향은 사뭇 다르다. 경

〈지도 2〉 1700년 당시 쿠를란트 공국과 인근 지역

제적 시각을 지니고 있었던 올쇼스키는 정치·경제·문화적 분계의 교차 양상이 수도회의 교리 및 회칙, 그리고 수도원들을 둘러싼 환경의 영향을 받는다고 생각했다.

　이 장은 경제적 여건 및 정치·경제·문화적 구조들을 통일하려는 열망이 지속적인 대립을 야기했으며, 이에 따라 종교적 분계가 재설정 되었음을 보여주고자 한다. 시토회 수도원들의 경우에는 종교적 접경지대가 경제적 성격을 지니고 있었던 반면, 쿠를란트의 근대 초 종교적 접경지대는 사회적 요소의 영향을 받았던 것으로 보인다. 이와 유사한 개념은 앤 플란의 아메리카 연구에서 나타나는데, 그는 종교적 분계를 따라 이루어진 사회적 상호 작용에 민족 및 인종 요소를 추가했다. 앤 플란은 17세기 메인 지역에서 벌어졌던 아메리카의 원주민들과 잉글랜드 주민들 간의 폭력적인 접경 교섭에서 유래한 트라우마 서사 연구를 통해 은유적 접경지대—종교적 접경지대도 여기에 해당된다—의 중요한 측면을 보여주었다. 즉 이러한 종류의 분계들은 기록물을 통해 전쟁이 지속되는 상황에서 전통적인 방식이라 할 수 있는 트라우마 복제에 크게 의존하고 있었으며, 따라서 타자에 대한 고정관념이나 이미지를 설정하기 위해 선정된 사실들의 조정 및 재조정 역시 매우 중요했다는 것이다. 한편 유럽의 접경지대 담론은 이러한 측면을 놓치고 있는 것으로 보인다.

쿠를란트의 정치 및 종교

쿠를란트 공국은 오늘날 라트비아의 남부와 서부에 자리 잡고 있었으며 몇 개의 도시들만 존재했다. 경제 분야에서는 농업의 비중이 압도적이었지만 약간의 작업장들과 지역 산물 및 사치품을 거래하는 상인들도 있었다. 사회적으로는 독일어를 구사하는 소수의 사람들이 공국 내에서 지배적인 위치를 차지했다. 또한 전형적인 신분사회를 목격할 수 있는데, 귀족이 가장 우월하고 성직자와 도시민들이 그 뒤를 따랐으며 라트비어를 구사하는 농민들은 최하층을 구성했다.

이 장에서 다루는 시기는 쿠를란트 공국을 통치했던 세 명의 공작들을 기준으로 하여 세 부분으로 구분할 수 있다. 야콥Jacob Ketteler 공작이 통치하던 1642년에서 1682년은 이 작은 공국 역사상 가장 찬란하게 번영했던 시기로 여겨진다. 그는 네덜란드를 모방하여 지역 경제에 공업을 적극적으로 도입하고 카리브 해의 토바고섬과 감비아강 입구의 소규모 요새들을 식민지로 보유했다. 야콥 공은 경제적 성공을 거둔 사업들 덕분에 귀족들로부터 한층 자유로워질 수 있었다. 공국은 1655~1660년의 스웨덴-폴란드 전쟁기에 크게 파괴되었지만 그는 예전과 거의 동일한 수준으로 경제를 재건하는 데 성공했다. 또한 야콥 공은 종교 문제에 관용적인 태도를 보였는데, 이에 대해서는 차후에 살펴볼 것이다.

야콥 공의 후계자이자 아들이었던 프리드리히 카시미르Friedrich Casimir는 1682년부터 1697년까지 쿠를란트 공국을 통치했으며 당대의 다른 이들과 마찬가지로 호사스러운 궁정을 유지했다. 그는 소유물을 담보로 삼아 생활 방식을 유지했고 국가를 파괴 직전까지 몰고 가기도 했다. 프리드리히 카시미르는 대개 나약하고 책임감 없는 지배자로 묘사되지만 루터교 신앙의 편에 서서 종교적 분계를 강화하고자 노력했다.

페르디난트Ferdinand 공작은 1697년 형제였던 프리드리히를 계승했다. 처음에는 프리드리히 카시미르의 어린 아들 빌헬름을 대신하는 섭정으로 활동했으나 1711년 조카가 사망한 이후에는 합법적인 공작이 되었다. 페르디난트의 시대에 정치적 혼란과 불신이 가득했는데, 이 같은 무질서의 근본적 원인은 그가 쿠를란트 공국에 존재하지 않았을 뿐더러 귀족들에 대해 개인적인 반감을 지니고 있었기 때문이다. 1700년에 시작된 대북방 전쟁에서 스웨덴에 패배한 이후, 페르디난트는 망명

지인 그단스크에서 공국을 지배하고자 했으며 1737년에 사망할 때까지 고국으로 돌아오지 못했다.

쿠를란트는 1561년부터 폴란드-리투아니아의 봉토였음에도 불구하고 사실상 독립을 유지했다. 공국의 수장이었던 공작은 폴란드 왕에게 신종선서를 하고 전쟁 시에는 군대를 보낼 의무를 지니고 있었다. 폴란드 왕은 열성적인 가톨릭 신자였음에도 불구하고 쿠를란트에 루터교 신앙을 허용했다. 그는 가톨릭 신앙을 편들기 위해 쿠를란트 공국의 내정에 개입하지는 않았는데, 이는 16세기 후반에 폴란드 왕국과 리투아니아 대공국의 신교도들이 가톨릭에 맞서 강력한 세력을 형성하고 있었기 때문이다.[1]

쿠를란트를 접경지대로 볼 수 있는 이유는 여러 가지를 들 수 있지만 이 장에서는 이 지역을 가톨릭, 칼뱅파, 정교회, 유대교, 소수의 이단이 공존하면서 다수가 신봉하던 루터교와 충돌하는 종교적 접경지대로 간주할 것이다. 뿐만 아니라 쿠를란트는 다양한 민족들―독일인, 라트비교인, 리투아니아인, 러시아인, 유대인―이 밀접하게 얽혀 살아가는 공간이었다.

1561년 쿠를란트 공국이 성립된 이래로 루터교는 지배적인 위치를 점하고 있었다. 1580년 공작과 귀족들은 교회 법령을 공포했으며 이에 따라 루터파 교회는 공국 내에서 행정적, 정치적, 사회적 실체를 지니게 되었다. 이 법령은 루터교 신자들에게 비루터교 신봉자들과 접촉하지 말라고 명령함으로써 여타 신앙들과의 분계를 강화하였으며 특히 칼뱅주의자들과 가톨릭 신자들은 경멸적인 방식으로 언급되었다.

쿠를란트는 공식적으로 루터교를 유일 종교로 삼는 구조를 지니고 있었지만 1617년에 이르면 한결 관용적인 모습을 지니게 되었다. 빌헬름 공작이 주도한 쿠데타가 실패한 이후 쿠를란트에 정치적 위기가 찾아왔다. 빌헬름이 절대군주제를 도입하려 했으므로 쿠를란트 귀족들은 빌헬름의 형제이자 새로운 통치자가 된 프리드리히 공작의 권력을 통제하고자 했으며 협상을 통해 정부에 참여할 권리를 획득했다. 이에 따라 중요한 정치적 결정들은 의회Landtag에서 귀족들과 공작 간의 협상을 통해 이루어져야 했으며, 최고 의원Oberräte이라 불리는 네 명의 고위 귀족관리들이 공작을 감시하고 조언을 제공했다.

1617년의 조약에 따라 쿠를란트의 가톨릭 신자들에게 종교적 자유가 허용되면서 가톨릭 교회 건축이 가능해졌고 가톨릭 귀족들은 의회에 참여할 권리를 획득했다.[2] 이러한 가톨릭 신앙 관용 정책은 귀족들과 공작 간의 협상 책임자였던 폴란드 왕을 달래려는 목적을 지니고 있었으며, 대다수의 쿠를란트 귀족들과 도시민들은 가톨릭 신앙을 크게 반대했다.

1642년 프리드리히 공작이 후계자를 남기지 않고 사망하면서 심각한 위기가 다시 찾아왔다. 폴란드-리투아니아와의 합병 및 가톨릭 개종 압력이 커질까 우려하던 귀족들은 폴란드 왕과의 협상을 통해 쿠를란트가 지니고 있던 정치적 지위를 유지하고자 했으며 추방되었던 빌헬름 공작의 아들 야콥을 공국의 통치자로 선택했다. 새로운 공작은 폴란드 왕의 지지를 확보하기 위해 영토 내에서 가장 큰 도시였던 미타우(라트비아 명—젤가바)와 골딩엔(라트비아 명—쿨디가)에 두 개의 가톨릭 교회를 건축하고 유지할 것을 약속해야만 했다.[3] 공작은 가톨릭의 영향력이 성장하는 것을 억제하기 위해 쿠를란트 경계에서 멀리 떨어진 곳에 주교좌를 지니고 있던 사모기티아 주교에게 교구 관리를 맡겼다. 반면 쿠를란트로부터 불과 수 마일 떨어진 두나부르크(라트비아 명—다우가프필스)를 주교좌로 삼고 있던 리보니아 주교가 쿠를란트 공국 내 일부 영토를 지속적으로 요구하자, 대다수의 루터교 지배 귀족들은 이를 심각한 위협으로 받아들였다.

루터교와 칼뱅파의 대립

쿠를란트의 루터교 행정업무는 감독관과 6~7명의 구역장, 그리고 여러 개의 행정구역으로 구성된 이른바 치리회를 중심으로 이루어졌다. 가장 높은 신분이었던 감독관은 공작에게 교회 문제에 관해 조언했으며 목사들의 존경을 받았다. 각 구역을 담당하던 구역장은 해당 구역의 일반 목사들과 교회 수장의 연결고리였다. 구역 간의 관계를 조율하는 통제기관이었던 치리회는 교회 사법권을 지니고 있었으며, 지역 교구와 목사들의 신학적 지식뿐만 아니라 윤리적, 물질적 생활 양식을 감독하기 위해 이른바 심방을 수행했다. 교회의 수장이었던 공작은 감독관, 구역장 또는 치리회에 명령을 내리곤 했으며, 의회가 이러한 명령을 승인하는 경우도 있었다.

우리가 다루는 시대에는 쿠를란트의 거의 모든 루터교 목사들이 루터의 가르침에 입각한 정통 교리를 따랐다. 정통파에 속한 목사들은 그릇된 교리를 배척하기 위해 성경을 분석하고 그에 관해 토론함으로써 신성한 진리를 확립하고자 했는데, 목사들이 대중들에게 기도문과 간략한 교리 문답서를 암송하도록 가르친 것도 이 때문일 것이다. 그들은 훗날의 경건파들과는 달리 교구민들과 성경에 관한 토론을 벌이지는 않았는데, 이러한 이유와 문화적 저항 탓에 기독교 교리를 이식하는 데 실패하는 경우도 있었다.

루터주의를 설파하던 성직자들은 경쟁 신앙들을 무자비하게 공격했다. 예를 들어 1639년에 감독관 아인호른^{Einhorn}이 가톨릭교도 및 칼뱅파에 분노하자, 가톨릭 귀족이었던 티에센하우젠^{Tiesenhausen}은 공작에게 서한을 보내어 이에 대한 불만을 표했다.[4] 즉 감독관이 개신교 측에서 교황권을 무시하기 위해 사용하던 '가톨릭 놈들^{papists}'이라는 단어로 가톨릭 신자들을 조롱했다는 것이다.

아인호른은 오직 성경만을 신과 일반 신자의 연결고리로 간주하면서 교황에게 적그리스도라는 딱지를 붙였던 루터와 마찬가지로 가톨릭 신앙이 예수 그리스도와 근본적으로 대립한다고 보고 가톨릭 성직자들을 '늑대', '영혼 살인자', '바알의 사제'라고 규정했다. 참고로 바알은 고대 페니키아의 신이었으며 악마의 또 다른 이름인 '베엘제붑'은 여기에서 유래한 것으로 보인다. 또한 아인호른은 예수가 모든 가톨릭 신자들을 지옥 구덩이에 던져 넣을 것이라고 주장함으로써 자신의 적개심을 생생하게 표현했다.[5]

한편 티에센하우젠이 회의를 지켜보기 위해 치리회에 모습을 드러내자 아인호른은 즉각 퇴장을 명령했는데, 가톨릭 신자는 루터 교회의 내부 업무에 관여할 권리를 지니지 못했기 때문이다. 그 후 티에센하우젠은 아인호른의 종교 혐오를 막기 위해 공작에게 불만을 전달했다. 그는 가톨릭 신자들에 대한 공격을 비판했을 뿐만 아니라 칼뱅파가 음해받는 모습 또한 묘사했다. 즉 아인호른이 사망한 칼뱅주의자들에게 경의를 표하지 말 것을 신자들에게 지시했으며, 세례식에 퇴마의식을 넣지 않는 칼뱅파의 전통을 죄로 간주했다는 것이다. 이처럼 티에센하우젠은 칼뱅파에 대한 공격을 불만사항에 포함함으로써 자신이 가톨릭 광기에 사로잡히지 않았으며 종교적 관용에 관심을 두고 있다는 사실을 보여주었다.

이러한 불만에도 불구하고, 아니면 아마도 이 때문에 아인호른은 감독관의 직책을 유지했다. 훗날 그의 정통 루터파 교리는 공작 가문, 특히 개혁 신앙을 지녔던 루이제 샤를로테Louise Charlotte 공작부인과의 심각한 갈등을 야기했다. 야콥 공은 1642년 결혼하기에 앞서 종교 관련 조항이 담긴 혼인 협정을 맺었다.[6] 이에 따르면 개혁주의 양식으로 꾸며진 예배실을 성 내부에 마련해야 했으며 공작부인은 개혁파 성직자를 지닐 권리를 갖고 있었다. 또한 이들의 아들은 루터교 전통에 따라 세례를 받겠지만 딸은 개혁파 신앙을 따를 터였다.

장남이 태어나자 루이제 샤를로테는 세례식이 거행되는 동안 퇴마의식을 행하고 촛불을 켜두던 당대의 루터교 관습을 따르고 싶지 않다는 의사를 밝혔지만 감독관이었던 아인호른은 이러한 변화에 반대했으며 결국 공작은 그의 의견을 따랐다.[7] 그럼에도 불구하고 이 결혼 사례는 공작부인, 그리고 아마도 공작의 정치적 권력이 종교적 분계를 극복했음을 보여준다. 아울러 '칼뱅파'보다는 '개혁파'라는 단어가 더욱 적절한 것으로 보이는데, 이는 장 칼뱅이 가장 커다란 영향을 끼친 인물이었다 할지라도 개혁파 교리에 이바지한 수많은 종교개혁가 가운데 한 명에 불과했기 때문이다. 그의 교리는 몇 가지 부분에서만 루터교와 달랐지만, 그 작은 차이점이 중요했다.

개혁주의 신학자들은 신의 의지를 예측할 수 없기 때문에 인간이 내리는 결정은 영적 운명에 영향을 끼치지 못한다고 가르쳤다. 또한 루터교 신학자들은 성만찬을 거행할 때 예수가 육체적으로 현현한다고 믿었던 반면, 칼뱅주의자들은 예수가 영적으로만 임재한다고 생각했다. 한편 '개혁주의'는 루터 사후 신성로마제국에서 발생했던 신학 투쟁 과정에서 만들어진 단어로, 일부 루터교 신학자들의 사상은 칼뱅 사상과 가까워졌지만 대다수는 이를 거부하고 칼뱅의 추종자들을 이단으로 간주했다.

개혁주의는 제국 내에서 칼뱅주의의 지역적 변종으로 인식되었는데, 이는 개혁주의자들이 스코틀랜드의 장로교, 프랑스의 위그노 등 칼뱅으로부터 영감을 받은 집단들과 밀접한 관계를 유지했기 때문이다. 또한 '개혁주의'는 해당 교리를 따르던 사람들의 자아 개념을 보여준다. 그들은 개혁주의 사상을 종교개혁의 도달점으로 인식하고 비성경적인 모든 관습들을 교회에서 제거하기 원했다. 이들의 눈에 루터파의 교리는 개혁과 가톨릭 신앙 중간에 자리 잡고 있었다.

1650년 5월 27일, 공작은 점차 성장하고 있던 칼뱅파의 세력을 두려워하던 대다수 루터교 신자들을 달래기 위해 '이교'에 대한 전투를 의회에서 선언했다.[8] 각 구역장들은 혹시 모를 반대파를 가려내기 위해 지역 목사들을 조사해야만 했다. '이교'라는 단어는 올바른, 즉 루터교의 '정통' 교리와 그 이외의 모든, 즉 그릇된 '이교적' 사상들 간의 대립을 나타냈다. 따라서 이 단어는 반삼위일체론자들이나 재세례파와 같은 여타의 개신교 운동들을 망라하고 있었다. 반삼위일체론자들은 성부, 성자, 성령으로 이루어진 삼위일체 사상을 거부했으며 재세례파는 성인 세례만을 인정했는데, 루터교 목사들의 눈에는 두 집단 모두 이단으로 보였다. 1670년 4월 30일, 폴란드 왕 미하우Michał는 쿠를란트 공작에게 리바우 시를 중심으로 활동하던 반삼위일체론자 두 명을 추방하도록 명령했다.[9] 한편 '이교'에 담긴 의미는 이 단어를 사용하는 사람이 누구냐에 따라 쉽게 전환될 수 있었다. 예수회는 가톨릭을 유일 신앙으로 나타내기 위해 '정통파'라는 단어를 사용하면서 루터주의와 칼뱅주의에 '이단' 및 '이교'라는 딱지를 붙여 두 신앙을 모두 폄하했다.

루이제 샤를로테와 두 딸의 옆에는 개혁주의 신앙을 지닌 소수의 도시민들과 귀족들이 있었는데, 그중 가장 유명했던 귀족은 부유하고 강력했던 크리스토퍼 폰 푸트카머Christoffer von Puttkamer였다. 그는 쿠를란트의 의장이었기에 1678년 말까지 루터교 치리회의 수장이기도 했다. 세 개의 루터파 교구가 그를 대신하여 루터교 신자가 의장이 되어야 한다고 주장하자[10] 폰 푸트카머는 12월 13일에 자신의 입장을 설명하고 관직을 유지하기 위해 야콥 공에게 서한을 보냈다. 그의 주장은 신성로마제국과 폴란드-리투아니아 연방 내에서 이루어진 개혁주의 신앙의 역사적 발전과 그와 관련된 정치적 상황을 근거로 삼았다. 그에 의하면 개혁주의 신앙은 루터의 사상을 합법화하기 위해 1530년 6월 25일 작성된 이른바 '아우크스부르크 신앙고백'의 일부였다. 개혁주의자들은 자신들의 신앙이 루터 사상의 논리적 완성이라 생각했기 때문에 푸트카머 또한 개혁주의 신앙고백을 '아우크스부르크 신앙고백'의 일부로 간주했다. 사실 루터파의 교리는 '변하지 않은 아우크스부르크 신앙고백'이라 불리곤 했는데, 이는 그 교리가 변하지 않았음을 의미한다. 반면 개혁주의 신앙고백은 Confessio Augustana variata로 불렸는데, 이는 '수정된 아크스부르크 신앙고백'으로 번역할 수 있다. 또한 푸트카머는 개신교 영방국가들의 2/3 이상이 개혁파 신앙을 지니고 있으며 개혁파는 개신교의 보호를 받는다고 말하면서 제국 내에서 개신교가 지니고 있던 보호권 또한 언급했다.

한편 폰 푸트카머는 개혁파 귀족들이 지니고 있었던 지위를 활용하고자 했다. 폴란드-리투아니아 연방에 속해 있던 쿠를란트의 개혁파 귀족들은 같은 신앙을 지니고 있던 연방 내 다른 귀족들과 동일한 권리를 인정받아야만 했다. 그러나 쿠를란트의 루터교 행정업무에서 치리회가 매우 중요한 역할을 담당했을 뿐만 아니라 대부분의 루터교 목사들이 개혁파 교리에 반대하는 교육을 받았기 때문에 정치적 논거에 기반을 둔 그의 주장은 개혁파 신앙과 루터파 신앙 사이의 분계를 유연하게 만들 수 없었다. 결국 푸트카머는 관직을 상실했지만 1684년에 작성된 의회 기록에서는 또 다른 고위관리인 원수Landmarshall로 언급되었다.[11] 이처럼 그는 여전히 영향력 있는 최고 의원들 중 한 명으로 남았다.

루터교의 정통파 진영이 쿠를란트 사회에서 문화적 권력을 지니고 있었다는 사실은 수많은 사례에서 드러나며, 이를 통해 루터파와 개혁파 교리 사이의 분계가 뚜렷했음을 알 수 있다. 1677년 병에 걸려 죽기 직전까지 갔던 야콥 공의 막내아들 알렉산데르Alexander는 루터교의 가르침을 받았음에도 불구하고 어머니와 브란덴부르크 궁정의 영향을 받아 개혁파로 개종했다. 개혁파 목사가 주관하는 영성체를 받기 원했던 그는 아버지에게 허락을 구했지만[12] 귀족들의 반대로 정치적 혼란이 발생할 것을 우려한 야콥 공은 아들의 요청을 거부했다. 그는 알렉산데르에게 죽음이 임박했을 경우에만 요청을 들어줄 것이며, 그렇지 않다면 공국 외부로 나가야 한다고 말했다. 아버지와 마찬가지로 온건했던 알렉산데르는 오토만제국과의 전쟁에서 사망할 경우 자신을 개신교 교회 가까이에 매장해 달라고 부탁했다.

1691년 폰 푸트카머는 공국의 수도 미타우에 위치한 자신의 집에서 거행했던 개혁파 예배로 인해 프리드리히 카시미르 공작과 충돌했다. 공작은 예배를 중단하라고 명령했지만 푸트카머는 이를 거절하고 공작의 누이들과 어머니를 거명하면서 개혁파 예배에 대한 용인을 얻어내고자 했다.[13] 공작은 개혁파 신앙을 지닌 두 번째 부인을 맞이할 예정이었음에도 미타우의 개혁파 신자들을 투옥하겠다고 위협했다.[14] 두 번째 부인이 도착한 이후 성 내에서는 개혁파 예배가 재개되었으며 갈등은 종식되었다. 이 충돌은 프리드리히 카시미르가 정통 루터교 신앙을 지니고 있었음을 보여준다.

프리드리히 카시미르는 즉위 후 처음으로 소집된 1684년 3월 29일과 6월 13일 의회에서 오직 루터교 신자들만이 고위 관리가 될 수 있다고 선언하고[15] 공국 내의 가톨릭 및 개혁파 귀족들에게서 정치권력을 박탈하고자 했다. 한편 개혁파 목사였던 키제베터Kiesewetter가 크리스토퍼 폰 푸트카머 부친의 장례식이 거행되는 동안 개혁주의 교리를 조롱했던 귀족들에게 분노를 표하면서 루터파와 개혁파 간의 충돌이 뚜렷해졌다.[16]

1701년 4월 13일, 페르디난트 공작이 미타우 개혁파 교구에 교회를 건립하고 목사를 유지할 수 있는 특권을 부여하면서 해당 교구의 법적 지위가 달라졌다.[17] 이 같은 합법화는 빌헬름의 후견권을 둘러싼 투쟁에서 프리드리히 카시미르의 부인 엘리자베스의 편에 서 있던 프로이센 정부를 달래는 동시에 소수 세력이었던 개혁파를 보호하려는 의도에서 기인한 것으로 보인다. 이 칙령에 반대하던 의회는 공작의 특권 부여를 폴란드 왕의 이름으로 막기 위해 바르샤바에 대표단을 파견했지만, 개혁파 교구가 폴란드 관리들을 매수했던 탓에 이들의 시도는 실패로 돌아갔다.[18]

1706년 프로이센 왕은 공작이 미타우의 개혁파 신자들을 지원하지 않는다고 불평했다.[19] 사실 페르디난트는 쿠를란트에 거주하지 않았을 뿐더러 영향력도 감소했기 때문에 개혁파 교구를 위해 힘쓸 여지가 없었던 것으로 보인다. 1727년 교회 건축을 중단시키려던 예수회 고위 성직자와 투쟁 중이었던 미타우의 개혁파 교구는 의회에 도움을 요청했다. 의회에 참석했던 루터파 귀족들은 입장을 바꾸어 개혁파의 편에 서서 지원을 약속했으며[20] 개혁 교회는 1740년에 완공되었다.[21]

1655년 스웨덴과 폴란드-리투아니아 간의 전쟁이 발발했다. 공작은 초창기에 중립을 유지했지만 1658년 스웨덴이 공국을 침공하여 공작 가족을 포로로 삼았다. 쿠를란트 주민들의 충성을 확보하려던 스웨덴 정부는 감독관이었던 하프슈타인Haffstein에게 스웨덴에 우호적인 설교를 명령했다. 이에 그는 예배 시간에 쿠를란트가 가톨릭이 아닌 루터교를 신봉하는 스웨덴에 충성을 바치게 되었으며 '기독교의 통치' 아래 들어갔다고 말했다.[22] 사실 루터교 신앙을 공유한다고 해서 스웨덴과 쿠를란트 사이의 정치적 분계가 극복될 수는 없었다. 이와는 반대로 루터파 교회와 쿠를란트 정체성 간의 강력한 관계는 정치적 분계를 강화했다. 1660년 공작은 자신이 스웨덴의 감옥에서 벗어난 사실을 주민들이 기억할 수 있도록 매년 7월 7일에 기념 예배를 드리라고 명령했다.[23] 같은 해, 의회는 성직자들이 전쟁 중에 취했던 행동을 조사할 것을 지시했으며, 사람들은 자신의 교구를 포기했던 목사들에 맞서는 치리회의 행동에 용기를 얻었다. 그 결과 부정 행위를 저지른 자들은 곡물로 받던 소득이 절반으로 감소하는 경제적 제재를 당했다.[24]

가톨릭과 예수회

1665년 야콥 공은 근대 초 가장 야심적인 가톨릭 수도회였던 예수회를 활용하기 위해 그 회원들을 수도로 초청했다.[25] 그의 계획은 예수회를 설득하여 자신이 상실한 식민지의 주민들을 개종시킴으로써 가톨릭 세력으로부터 정치적 후원을 얻어내는 것이었다. 이 시도는 실패로 돌아갔지만 예수회원들은 미타우에 남아서 쿠를란트 선교 사업에 착수했다. 예수회는 쉰베르크(라트비아 명―스카이스트클란)에서는 1638년부터, 일루크스테에서는 1637년부터 가톨릭 귀족의 교회에서 예배를 주관해 오고 있었지만 이들의 본격적인 활동은 1675년부터 시작되었다고 보아야 한다.[26] 예수회원들은 죽음을 무릅쓰고 스웨덴령이었던 리가로 건너가서 소수의 가톨릭 상인들을 위한 예배를 집전했다. 1683년 한 네덜란드계 가톨릭 상인은 장기간의 영적 지원에 보답하기 위해 8,400 폴란드 길더를 예수회에 증여했다.[27] 1681년 예수회는 미타우에 학교를 건립하기 시작했지만 의회는 1685년 12월 20일에 작업 중단을 명령했다.[28] 같은 해, 가톨릭 주교 포플라브스키Poplawski가 주관하는 위원회가 필테네 지방의 법적 지위를 조사하기 시작했다. 필테네의 루터파 영역은 쿠를란트 공국에 속하기는 했지만 본국과 복잡한 관계를 맺고 있었는데, 이는 일반적으로 필테네의 귀족들이 정치적 결정을 내렸던 반면 교회 시스템은 쿠를란트 교회와 통합되어 있었기 때문이다. 지역 귀족들은 위원회가 주창한 가톨릭 패권을 위협으로 인식하고 프리드리히 카시미르 공작에게 복종했다.[29]

이 같은 행동은 가톨릭 세력에게 한 방 먹인 정치적 성공처럼 보였지만 실제로는 주교가 이듬해에 사망함에 따라 위원회 역시 성과를 거두지 못했다고 볼 수 있다. 농민들은 루터교 목사들이 감독하던 엄격한 사회 관습들에서 벗어나기 위해 가톨릭과 루터교 사이의 적대감을 활용했으며, 이러한 맥락에서 가톨릭 사제가 비도덕적인 행위에 대한 처벌을 피하려는 미혼 남녀의 자녀에게 세례를 주는 경우도 있었다.[30] 1686년 의회는 예수회에 주택 건설 중단을 명령했지만, 해당 건물은 1690년에 완공되어 포교의 근거지이자 열 명의 예수회원이 거주하는 공간이 되었다.[31]

미타우의 신교도들은 공국의 수도에 예수회 건물이 존재한다는 사실에 커다란 불편을 느꼈다. 가톨릭 교회의 선봉에 서 있던 예수회는 전 세계에서 포교활동을 펼쳤으며 특히 개신교도들을 '이단'이라 부르면서 대립했다. 우수한 교육을 받은 회원들이 교황에게 강력한 충성을 바치던 이 단체는 개신교에 속한 지배자들을 성공적으로 개종시켰으며 특히 17세기에는 관용적이었던 폴란드-리투아니아 연방을 엄격한 가톨릭 국가로 바꾸어 놓았다.

1691년 가톨릭을 신봉하던 자이베르그 가문은 쿠를란트 내부에 주거지와 학교를 세우기 위해 일루쿠스테 영지를 예수회에 증여했다.[32]

이러한 행위는 예수회 후원뿐만 아니라 폴란드-리투아니아 연방 내에서 가문의 사회적 지위를 높이려는 의도를 지니고 있었다. 리투아니아 경계 근처에 있는 일루크스테는 쿠를란트의 경제 중심지들로부터 멀리 떨어져 있었기 때문에 미타우를 비롯한 공국 내부에서 활동하던 예수회에 크게 중요하지 않았다. 그럼에도 불구하고 가톨릭 학교들은 전반적으로 적대적이었던 공국 내에서 가톨릭 정체성을 수립하고 유지하는 데 기여했다. 그리고 쿠를란트의 각 도시에 공식 설립된 루터파 학교들은 예수회의 교육활동에 우호적이었다.

1692년 미타우의 루터파 학교장과 시의회가 충돌하면서 입학 정원이 크게 감소했다.[33] 게다가 예수회가 운영하는 교육과정이 높은 평판을 지니고 있었기에 루터파 도시민들조차 자녀들을 가톨릭 학교에 보냈다. 이처럼 학교는 다수의 루터교 신자들에게 가톨릭 신앙을 전파하는 효과적인 도구가 되었다. 얼마나 많은 학생들이 가톨릭으로 개종했는지는 알 수 없지만, 적어도 한 명은 훗날 가톨릭 사제가 되었다.

가톨릭과 루터교 사이의 종교적 분계는 두 가지 사례를 통해 뚜렷하게 드러난다. 변절한 가톨릭 수도사가 미타우에 나타나자, 예수회는 신앙을 잃었다는 이유를 들어 그를 미치광이로 취급했다.[34] 1695년에는 루터교에 속한 부모가 가톨릭으로 개종한 아들을 저주하면서 충성을 맹세한 악마에게나 갈 것이라고 말했다.[35] 다른 한편 가톨릭과 루터교의 혼종 사례들도 발견된다. 1638년 가톨릭 귀족이었던 티에센하우젠은 루터교 목사 폰 린덴von Linden과 충돌했다. 가족과 함께 최후의 만찬을 기념하기 원했던 그는 목사가 일요일에 자신의 영지를 방문하기 원했지만 폰 린덴은 티에센하우젠이 교회로 와야 한다며 거절한 것이다.

이를 통해 우리는 가톨릭 귀족이 루터교 목사와 함께 최후의 만찬을 기념하고자 했으며 이 같은 행위가 교파가 다르다는 이유로 부적절하게 여겨지지 않았다는 사실을 분명히 알 수 있다.[36]

1713년 가톨릭 주교 스쳄베크Szembek가 필테네 지역 정부에 불만을 제기하자, 필테네 귀족들은 정치적, 종교적 독립을 유지하기 위해 개신교 국가들에게 도움을 요청했다. 주교는 개신교의 저항을 극복할 만한 힘을 지니지는 못했지만 자신의 주장을 계속 견지했다.[37]

1714년 예수회는 가톨릭의 영향력을 증대시키기 위해 한 걸음 더 나아갔다. 이들은 바우스카의 한 주택을 작은 교회로 개조하기 위해 탑과 종을 설치하기 시작했다. 페르디난트 공작은 시의회에 해당 건물을 재구입하라고 명령했지만, 예수회는 야콥 공작이 자신들에게 종교의 자유를 허락했다면서 맞받아쳤다.[38] 이에 시의회는 처음부터 가톨릭 귀족이 도시법을 위반하여 건물을 구입하고 이를 예수회에 증여했으므로 예수회는 문제의 건물을 불법 소유하고 있다고 선언했다. 1715년 예수회는 왕실 법원에 바우스카 시의회를 고소하고 피고에게 바르샤바에 갈 것을 종용했다.[39] 재판의 개최 여부는 알려지지 않았지만 교회는 건립되지 않았다. 1717년에는 의회에 참석한 귀족들이 예수회가 건물을 늘리기 시작했다면서 최고 의원들에게 불만을 토로했다. 이에 최고 의원들은 예수회를 가로막을 권한이 없다고 주장했지만 결국에는 귀족들의 요구에 떠밀려 그에 대한 조치들을 취했다. 예수회에 대한 이들의 호의는 또 다른 사건을 통해 드러났다. 이들은 가톨릭 교회의 부서진 종을 공작에게 속한 교회의 종으로 대체할 것을 지시했는데, 이러한 행동은 귀족들의 대대적인 항의를 야기했다.[40]

1727년 왕립 위원회가 공국의 차기체제에 관한 협상에 나서면서 대규모의 정치적 위기가 발생했다.[41] 노쇠한 페르디난트 공작에게 후계자가 없었으므로 귀족들은 폴란드가 쿠를란트를 정치적으로 합병하여 가톨릭 영토로 만들까 봐 두려움에 떨었다. 위원회의 수장이었던 스젬베크 주교는 최고 의원들을 투옥하고 새로운 체제를 도입했는데, 네 명의 최고 의원 중 한 명은 반드시 가톨릭 신자여야 했으며 총지휘관Oberhauptmann 한 명, 지휘관Hauptmänner 두 명도 마찬가지였다.[42] 귀족들은 폴란드-리투아니아로부터의 독립 상태를 유지하기 위해 새로운 체제를 받아들여야만 했으며 그 결과 공국 내에서 가톨릭의 정치적 영향력이 증가했다. 심지어 위원회는 치리회를 가톨릭 신자였던 폴란드 왕의 직접적인 통제하에 두고자 했는데, 이는 일부 가톨릭 신자들이 치리회로부터 고소를 당했을 뿐만 아니라 위원회가 공작의 영적 사법권을 부정했기 때문이다. 그러나 이 시도는 귀족들에 의해 무산되었다.

정교회 신자들의 이주

야콥 공은 스웨덴-폴란드 전쟁 이후에 러시아에서 빠져나온 사람들을 받아들여 공국 내에 정착시키려 했다. 1670년 그는 야콥슈타트라는 도시를 만들었으며 주민들은 가톨릭 및 그리스 정교의식을 준수하는 교회와 학교를 지을 수 있는 특권을 획득했다.[43] 공작은 야콥슈타트 사제들의 임명권을 지니고 있었으므로 해당 교구들에 대한 영향력을 지니고 있었다. 한편, 17세기 중반 러시아 정교 내부에서 대분열이 발생했다. 일군의 성직자들이 성경 일부가 잘못 번역되었다고 주장하면서 전례 개혁을 요구하자 총대 주교들이 일부 의식과 전례를 수정하는 데 동의했지만, 상당수의 수도사가 개혁을 거부한 것이다.

저항하던 수도사들을 지지했던 일부 러시아 사회는 정부의 박해를 받았는데, 이 반대 집단은 구교도, 또는 고의식파로 알려졌으며 처벌을 피하기 위해 러시아 변방으로 달아났다. 따라서 '진실한' 러시아 정교 신자들뿐만 아니라 구교도들 또한 야콥슈타트로 이주했을 가능성이 매우 크다. 또한 전자의 경우라 할지라도 러시아에서 농노로 지내는 것보다는 이 도시에서의 사회적, 경제적 처지가 훨씬 좋았다. 쿠를란트 내의 정교회 문제는 이른바 동방 가톨릭으로 인해 한층 복잡해졌다. 이 집단은 교황을 교회의 수장으로 받아들였지만 그리스 정교의 전례는 그대로 유지했다. 1670년, 동방 가톨릭 신자들은 야콥슈타트에 교회를 건설했으며, 구교도들의 경우에는 예배당 건립 시기를 정확히 알 수 없지만 이에 대한 언급이 18세기에 등장했다. 1690년대에는 예수회가 일루크스테의 한 건물에 제단을 만들기 위해 석공을 고용했는데, 이는 동방 가톨릭에 속한 바실리우스 수도회의 수사를 위함이었다.[44] 이처럼 가톨릭이 러시아 정교에 영향을 끼쳤던 모습과는 달리 루터교 성직자들은 의례들을 통해 드러나는 러시아 정교 고유의 교리에는 관심이 없었던 것처럼 보이며, 단순히 그리스 정교의 교리라 칭했다.

훗날 러시아 여제가 되는 안나 이바노브나Anna Ivanovna 공작부인은 정교회 사상 최초로 쿠를란트에 등장한 정치적 인물이었다. 1709년 안나와 프리드리히 공작이 체결한 혼인 협정은 미타우에 그녀를 위한 정교회 예배당을 건설할 것을 명시했지만, 부부의 모든 자녀는 루터교 신자가 된다고 규정했다. 이들은 러시아 정교 의례에 따라 결혼식을 치렀고, 3일 후 루터교 목사의 축복을 받았다. 그러나 공작이 1711년에 사망했기 때문에 정교회 예배당은 건립되지 않았고 자녀들 역시 태어나지 않았다. 그럼에도 불구하고 안나 이바노브나는 쿠를란트 정치에 영향력을 발휘했으며 여러 차례 예수회 편을 들었지만 결코 가톨릭으로 개종하지 않았다.[45] 이러한 후원은 쿠를란트에서 폴란드에 맞서 러시아의 영향력을 확대하려는 의도에서 비롯된 것으로 보인다.

유대인

공국 내 유대인들의 상황은 분명하게 드러나지 않는다. 귀족들은 유대인들이 쿠를란트에 정착해서는 안 된다는 생각을 공유하고 있었지만 부유한 유대인들에게 돈을 빌리곤 했다. 유대인들이 언제부터 쿠를란트에 영구적으로 정착했는지는 알 수 없다. 1661년 의회는 '러시아인들'과 유대인들 모두 폴란드-스웨덴 전쟁으로 인해 파괴된 국가를 재건할 의무를 지닌다고 선포했다. 이 법령은 두 집단에 명확하게 특별세를 부과했는데, 이를 통해 러시아인들과 마찬가지로 유대인들 역시 단순한 행상인이었다는 사실을 알 수 있다. 한편 유대인들은 코사크인들을 피하기 위해 폴란드-리투아니아 남동부에서 이주했을 가능성이 매우 크다.

1692년, 의회가 유대인들은 '통행료를 상실'해야 한다고 결정하면서 쿠를란트 정부와 유대인들이 처음으로 충돌했다.[46] 이 명령은 유대인이 통행료 면제 혜택을 받는다는 의미가 아니었다. 공작은 자신의 소득원 가운데 주로 영토 경계의 통행료를 담보로 하여 유대인들에게 돈을 빌려왔는데, 의회가 통행료나 금전적 이익Zinsen을 유대인들에게 전당잡히는 관행을 명확하게 금지하고 이들이 과거에 부여받았던 징수권 또한 박탈한 것이다. 심지어 의회는 공국 내 유대인들의 모든 경제활동을 금지했다.

1698년 3월 26일에 이루어진 의회의 종결 선언은 유대인들을 겨냥한 명령들이 시행될 수 없었으며, 따라서 유대인들의 경제적 기반을 파괴하려는 시도가 실패했다는 사실을 보여준다.[47] 의회는 효력을 지닌 조약들로 인해 지난 수 년 동안 유대인들을 축출하는 데 실패했지만 차후에는 유대인들의 경제활동이 금지되고 이들이 공작의 보호를 전혀 받지 못할 것이라고 해명했다. 이후 15년 동안 유대인에 관한 명령은 존재하지 않았는데, 이는 유대인들이 쿠를란트를 떠나서라기보다는 대북방 전쟁으로 인해 쿠를란트의 정치가 마비되어 유대인들에게 관심을 둘 여지가 없었기 때문이다. 1713년 10월 6일에 작성된 페르디난트 공작의 명령서는 바우스카 시와 폰 슈뢰더von Schröders라는 귀족이 소유하고 있던 토지에 정착한 유대인 집단 간의 경제적 긴장을 보여준다.[48] 유대인들이 다양한 업종에서 해당 도시의 장인들과 경쟁을 벌이자, 공작은 이들을 추방하라고 명령했지만 이행되지 않았다. 이에 공작은 1714년 1월 12일과 2월 14일에 작성된 포고령을 통해 또 다시 유대인 축출을 요구했지만[49] 추방된 공작과 시의회는 너무나 허약해서 명령을 시행할 수 없었다. 반면 폰 슈뢰더는 필시 유대인들을 보호했을 것이다.

1719년의 의회 명령은 유대인들이 바우스카 인근에 계속 거주하고 있었다는 사실을 보여준다. 7월 14일, 쿠를란트의 정치가들은 유대인들에게 경제적 압력을 가하고자 했다.[50] 이들은 유대인들에게 거주의 대가로 400라이히스탈러를 요구했는데, 개인, 가족, 공동체 중 어디에 할당되었는지는 불분명하다. 이 금액은 황소 100마리에 해당되었기에 매년 지불하기에는 커다란 액수였다. 또한 이를 납부하지 않은 채 거주하는 유대인들에게는 50라이히스탈러의 벌금이 부과되었다. 이처럼 기독교 귀족들과 유대인 주민들 간의 분계는 경제적 요소로 인해 완화되었던 반면, 유대인들을 효과적으로 박해할 수 없었던 의회의 정치적 무능은 이 분계를 더욱 강화시켰다. 의회는 이러한 경제적 압력에 더하여 폰 슈뢰더 영지의 새로운 주인에게 유대인 회당을 스스로 파괴하라고 명령하면서 문제의 회당이 '기독교 교구들을 짜증나게 한다'고 명시했다. 유대인들과 다수의 기독교 신자들 간의 분계는 뚜렷했다. 의회는 1727년, 1730년, 1733년에도 유대인 축출을 명령했다.[51] 1753년, 귀족들은 유대인들이 매년 400라이히스탈러를 세금으로 납부한다면 쿠를란트에 거주할 수 있다고 결정했는데,[52] 이는 의회의 힘이 쇠퇴했음을 보여준다.

이교 신앙

라트비아의 이교 신앙에 관한 분석은 그 추종자들이 농촌에 거주했을 뿐만 아니라 자신들의 관습을 비밀로 유지했기 때문에 상당히 어려우며,[53] 따라서 독일어를 구사하는 주민들 사이에 퍼져 있던 미신과 라트비아 정통 이교 신앙을 식별하기란 쉽지 않다. 그럼에도 불구하고 고목, 호수, 바위 등의 특정한 자연물 숭배가 기록에 등장한다. 고대의 이교 신앙이 1700년 무렵에도 뚜렷하게 존재했다는 사실은 매우 놀라운 일인 동시에 중세의 기독교 선교활동이 매우 피상적으로 이루어졌음을 의미한다. 쿠를란트의 루터파 교회는 소속 목사들이 라트비아어를 유창하게 구사한다고 주장했지만, 그중 일부는 그렇지 못했다. 이교 신앙이 광범위하게 퍼졌던 또 다른 이유로는 지나치게 커다란 교구 규모, 부족한 목사, 주일에도 일하는 농노 관습, 독일어를 구사하는 지배자들이 강요하는 기독교 신앙에 맞서던 문화적 저항을 들 수 있다. 당시의 상황은 1682년 뮈샤젬 교구의 기독교 신앙 분석을 통해 짐작할 수 있는데, 561명 가운데 380명은 약간의 기독교 지식을 지니고 있었으며 181명은 기독교 교리를 전혀 알지 못했다. 또한 주기도문을 아는 사람은 64명에 불과했다.[54] 이러한 모습은 기독교와 이교 신앙의 혼종이 광범위하게 퍼져 있었다는 사실을 암시한다. 농노들은 교회에서 세례를 받고 결혼을 하고 최후의 만찬을 기념했지만 이교적 전통들을 여전히 유지했다.

1699년, 페르디난트 공작은 라트비아 농민들이 기독교 교리를 충분히 배우지 않는다면 '멍청한 소'처럼 죽을 것이라고 말했다. 이어서 그는 자신이 소유하고 있던 이른바 공작 교구에 속한 목사와 주민들은 아침저녁으로 찬송해야 하고, 목사 없이는 그 누구도 매장될 수 없으며, 교회 관리인과 성가대원은 주민들에게 새로운 찬송과 기도문을 가르쳐야 한다고 명령했다. 뿐만 아니라 목사들은 주민들의 성찬식 거행을 책임져야 한다고 지시했다.[55]

1704년 뮈샤젬에서 발생한 사건들은 이교의 저항을 보여준다. 사망한 주민들이 교회 인근이 아닌 숲에 매장되자,[56] 관리들이 장례식 참석자들을 태형으로 처벌한 것이다. 기독교 신앙을 조롱했던 사람들에게는 장례식조차 허용되지 않았다. 일부 주민들은 성스러운 장소에 우유, 꿀, 여타 물건들을 봉헌했으며 어떤 노인은 예배 중에 목사에게 침을 뱉기도 했다.[57] 또한 루터교 신앙과 라트비아 이교 신앙 사이의 종교적 분계는 예식뿐만 아니라 사회적 요소에 의해 좌우되었는데,[58] 특히 대북방 전쟁과 역병 이후에 발생한 라트비아 이교도들의 개종 감소 현상은 주목할 만하다. 아울러 일부 지역의 어린이들이 세례조차 받지 않았던 양상은 경제적 시각을 통해 설명할 수 있다. 즉 노동력을 원했던 귀족 지주들이 농노들의 신앙에는 큰 관심을 두지 않았던 것이다. 또한 공국에서는 종교적 자유가 허용되었기에 라트비아 지역의 농노들은 본인의 신앙을 선택할 수 있었으며 이론상 주인의 종교를 강요받지 않았다. 이러한 여건으로 인해 귀족들은 예속인들의 종교생활을 통제할 수 없었다.

결론

쿠를란트에서는 정치·경제적 요인들이 종교적 분계를 완화하는 경우가 많았으며, 이러한 모습은 전쟁기 및 페르디난트 공의 시대처럼 공국이 경제적으로나 정치적으로 취약했던 시기에 나타났다. 반면 종교적 분계는 문화 및 행정 분야에서 강력하게 유지되었는데, 이는 신의 진리가 독점적 지위를 요구했을 뿐만 아니라 루터파 교회가 영토를 통제하는 중요한 수단이었기 때문이다.

쿠를란트가 지니고 있던 종교적 접경지대 성격은 시간이 지날수록 증가했는데, 이러한 양상은 1650년과 1737년의 종교적 다양성을 비교해 본다면 알 수 있다. 각기 다른 신앙들이 모든 시기에 걸쳐 다양한 영역에서 충돌하고 공존했으며, 루터파를 표준으로 삼아 종교적 통일을 이루려던 모든 시도와 비루터 교파들의 영향력을 규탄하려던 계획들은 공국의 막막한 처지로 인해 좌절되었다. 사실 쿠를란트의 상황은 여타 종교들의 확산에 유리했으며, 공작의 승낙과 관용에 의존할 때도 있었지만 그의 도움을 받지 못하는 경우에도 이러한 양상은 자주 나타났다. 이 지역을 순수한 루터교 국가로 통일하려던 귀족들의 의도는 다양한 외부 세력들의 도전을 받고 좌절되었다. 의회, 공작, 최고 의원들 간의 갈등은 복잡한 정치적 상황 속에서 쿠를란트를 종교적 접경지대로 재구성하기 위해 종교적 소수 세력을 키워 활용하려던 외부 세력들과의 관계뿐만 아니라 종교적 경계 협상에도 영향을 끼쳤다. 또한 복합 군주제 국가였던 폴란드-리투아니아와의 복잡한 관계는 확장된 접경지대에 영향을 끼쳤다. 그럼에도 불구하고 여타 신앙들은 공국의 정부 조직과 매우 강력하게 연결되어 있던 루터교의 지배를 극복할 수 없었다. 루터교는 쿠를란트 귀족과 도시민들의 문화적 정체성을 지탱하는 중요한 기둥이 되었다. 한편 라트비아어 사용자와 독일어 사용자 사이에 설정된 강력한 사회적 분계로 인해 라트비아 농민들은 이교 신앙을 유지할 수 있었다. 이처럼 쿠를란트에 종교적 분계 개념을 적용해 보면 영토적 경계는 상이한 종교들의 확산을 방해하지 않으며 그보다는 문화적 경계가 중요하다는 사실이 드러나는데, 이는 문화적 긴장이 종교에 기반을 둔 충돌을 촉발하고 그 결과 종교적 접경지대를 만들어내기 때문이다.

주석

1 Christoph Schmidt, *Auf Felsen gesät : Die Reformation in Polen und Livland*, Göttingen : Vandenhoeck & Ruprecht, 2000.

2 Erwin Oberländer and Volker Keller, eds. *Kurland : Vom polnich-litauischen Lehnsherzogtum zur russischen Provinz : Dokumente zur Verfassaungsgeschichte 1561 ~1795*, Paderborn : Schöningh, 2008, pp.139~141.

3 Karl Wilhelm Cruse, *Kurland unter den Herzögen*, Mitau : Reyher, 1833, p.140.

4 Cruse, *Kurland*, p.140.

5 "Sitzungsberichte[n] der kurländischen Gesellschaft für Literatur und Kunst nebst Veröffentlichung des kurländischen Provinzial-Museums" [SBK] (Mitau, 1884), p.142.

6 August Seraphim, *Eine Schwester des Großen Kurfürsten : Luise Charlotte, Markgräfin von Brandenburg Charlotte, Herogin von Kurland(1618 bis 1676)* : ein Lebensbild, Berlin : Duncker, 1901, p.22.

7 Seraphim, *Charlotte*, p.22.

8 Carl von Rummel, ed., *Curländische Landtags-und Conferentialschlüsse von 1618 bis 1759* (Dorpat, 1851), p.88.

9 Latvijas Valsts Vestures Arhivs (LVVA) 554/3/139.

10 LVVA 5759/2/806.

11 *Curländische Landtagsschlüsse*, p.264.

12 Seraphim, *Charlotte*, p.115.

13 LVVA 5759/2/806.

14 LVVA 5759/2/806.

15 *Curländische Landtagsschlüsse*, p.260 · 261 · 265.

16 August Seraphim, "Aus dem Leben des Prinzen Alexander von Kurland, 1658~1686", August Seraphim and Ernst Seraphim ed., *Aus Kurlands herzöglicher Zeit : Zwei Fürstengestalten des XVII. Jahrhunderts*, Mitau : Behre, 1892, p.184.

17 Christoph George von Ziegenhorn, ed., *Beilagen zum Staats-Recht der Herzogtümer Kurland und Semgallen*, Königsberg : Kanter, 1772, p.288.

18 *Denkschrift zur Erinnerung an die Gedächtnisfeier des hundertfünfzigjährigen Bestehens des evangelisch-reformirten Gotteshauses zu Mitau am II. November 1890*, Mitau : V. Felsko, 1891, p.26.

19 LVVA 5759/2/806.

20 LVVA 5759/2/806.

21 Theodor Kallmeyer and Gustav Otto, *Die evangelischen Kirchen und Prediger Kurlands*, Riga : Grothuß, 1890, p.57.

22 Cruse, *Kurland*, p.167.

23 SBK 1893, p.91.

24 *Curländische Landtagsschlüsse*, p.177.

25 Jean Chrétien Joseph Kleijntjens, ed. *Latvijas vēstures avoti jezuītu ordena archīvos,* part I (Riga : Latvijas Vēstures Institūts, 1940), p.117.

26 Kleijntjens, *Latvijas vēstures*, I.

27 Kleijntjens, *Latvijas vēstures*, p.119.

28 *Curländisches Landtagsschüsse*, pp.286～289.

29 Cruse, *Kurland*, p.202.

30 SBK 1893, p.83.

31 Kleijntjens, *Latvijas vēstures*, p.21.

32 Kleijntjens, *Latvijas vēstures*, p.124.

33 Cruse, *Kurland*, pp.215～216.

34 Kleijntjens, *Latvijas vēstures*, p.61.

35 Kleijntjens, *Latvijas vēstures*, p.61.

36 SBK 1893, p.69.

37 Cruse, *Kurland*, p.239.

38 SBK 1888, p.43.

39 SBK 1888, p.45.

40 LVVA 640/4/29.

41 Cruse, *Kurland*, pp.294～295.

42 Oberländer and Keller, *Kurland*, p.153.

43 Cruse, *Kurland*, pp.188～189.

44 Kleijntjens, *Latvijas vēstures*, p.138.

45 Cruse, *Kurland*, p.234.

46 *Curländische Landtagsschlüsse*, pp.307～308.

47 *Curländische Landtagsschlüsse*, p.321.

48 SBK 1888, p.42.

49 SBK 1888, p.42.

50 *Curländische Landtagsschlüsse*, p.473.

51 *Curländische Landtagsschlüsse*, p.505 · 513 · 523.

52 Cruse, *Kurland*, p.268.

53 엘리자베스 드팔마 디지저가 이 책에서 언급했듯이("The Usefulness of Borderlands Concepts in Ancient History : The Case of Origen as Monster"), '이교 신앙'은 문제가 많은 단어이다. '이교도'와 마찬가지로 '이단 신앙'은 기독교 저술가들이 유럽 및 지중해 지역의 비아브라함 종교들에 붙인 경멸적인 단어이다. 후기 로마의 이교도들과 비교할 때, 라트비아의 이교도들은 거의 완벽하게 시골뜨기였으며(pagus는 '촌락'을 의미하는 라틴어이다), 제도화된 종교 지도자를 지니지 않았다.

54 SBK 1892, p.27.

55 Cruse, *Kurland*, p.222.

56 귀족들과 공작은 때로 비기독교적인 행위를 저지른 사람을 처벌하기 위해 해당 범법자의 묘지 매장을 금지했다. 본 사례에서는 제3의 공간에 대한 기독교 윤리와 이교 전통 사이의

오해가 뚜렷하게 드러난다. 즉 독일어를 구사하는 귀족들과 목사들은 라트비아 문화를 잘못 이해한 것이다. Homi K. Bhabha, *The Location of Culture*, London : Routledge, 1994.

57 SBK 1892, p.28.

58 그러므로 쿠를란트는 이 시기에 기독교 변경이었다고 말할 수 있다. 모든 주민들의 기독교화는 지배자와 루터교의 분명한 목표였다. 이러한 목표는 전쟁, 역병, 정치적 혼란, 부족하고 무능력한 성직자들로 인해 성취할 수 없었다. 아메리카 인디언들과는 달리, 이교도이거나 종교에 무관심했던 라트비아인들은 독일의 식민지 개척자들에게 압도되지 않았으며 공국 내 대부분 지역에서 살아남았다. 이 책에서 다음을 참조할 것. Clinton F. Smith, "Native Borderlands : Colonialism and the Development of Native Power".

제7장

아메리카 원주민의 접경지대

식민주의와 토착 원주민 세력의 발전

클린턴 F. 스미스(Clinton F. Smith)

　접경지대 이론Borderlands theory은 20세기 초 프레데릭 잭슨 터너의 변경이론에 대한 허버트 유진 볼튼의 반응에서 시작했다. 터너의 제자였던 볼튼은 미국 역사 형성의 중요한 요인인 남·북부 사이의 관계가 동·서부를 중심으로 전개된 변경이론에는 생략되어 있다고 보았다. 이후의 역사가들은 이러한 방향성에 대한 견해 차이를 수용하여 식민주의 세력과 아메리카 원주민 세력 사이에 일어난 충돌과 교섭에 대해 다양한 문제들을 제기했다. 이를 단순하게 도식화하자면, 접경지대는 원주민 세력에게 식민주의를 약화시킬 수 있는 여지를 제공했고, 이를 통해 원주민들은 다양한 방식으로 식민주의자들에게 대항할 수 있었다는 것이다.[1] 역사적으로 드물게도 원주민들은 자신들의 세계를 재편할 수 있을 만한 충분한 힘을 가지고 있었다.

　역사가들은 (아메리카의) 접경지대를 구성하는 데 있어 '원주민'과 '유럽'을 필수 조건으로 전제하는 경향을 보여왔다.[2] 실제로 유럽인들이 만들어낸 식민통치구조의 성장과 번영이 아메리카 원주민들의 세계와 그들의 선택을 어떻게 변화시켰는지 이해할 필요가 있다. 그러나 식민주의는 더욱 크고 복잡한 관계의 일부였을 뿐이다.[3] 원주민의 세계에 어떤 일들이 일어났고, 어떻게 그러한 일들이 식민주의적 열망들을 발현시켰는지 관찰·기록하고 논의·해석했던 당시의 통치기구 및 그 관료들이 작성한 자료를 바탕으로 진행된 역사 연구는 식민주의에 방점을 두었다. 그러나 자료가 제한되었다고 해서 역사가들이 부족들 사이의 관계를 간과하는 것은 문제의 소지가 있다.[4] 이러한 관계는 흔히 식민주의 서사의 어딘가에 등장하는 간단한 '막간극' 정도로 보이지만, 이를 아메리카 원주민의 역사를 진정으로 이해하는 거라 보기는 어렵다.

최근 페카 하말라이넨의 『코만치제국』으로 인해 역사가들이 아메리카 원주민의 역사와 접경지대를 이해하는 방식이 변화했다. 식민주의의 언어를 의도적으로 사용하여, 코만치인들이 "식민주의자들의 전초기지들을 굴복시키고 착취했으며, 이를 배제하거나 흡수해 제국의 구조로 완전히 탈바꿈함으로써 북아메리카 및 중앙아메리카의 광대한 지역들에서 제국주의의 전통적인 궤적을 뒤집었다"고 주장하면서 하말라이넨은 아메리카 원주민 역사에서 가장 익숙했던 서사들에 이의를 제기했다.[5] 하지만, 코만치인을 핵심 세력으로 만들면서도 하말라이넨은 유럽인과 원주민의 접경지대에 관심을 두었다. 학자들은 식민지 공간에 주목했지만, 아메리카 원주민들에게는 자신들의 역사를 위해 필수적이었던 다른 접경지대가 존재했다. 원주민들 사이에서 발견되는 충돌과 교섭으로 형성된 접경지대는 아메리카 원주민의 역사를 관통하는 중요한 통찰을 제공한다.

여기서 더 나아가 마이클 위트겐Michael Witgen 은 『민족의 무한성An Infinity of Nations』에서 다원적 사회체제를 통해 아메리카 원주민들이 북아메리카를 관리했던 방식을 이해하기 위해서는 이들의 언어와 인식의 구조를 살펴봐야 한다고 역사가들에게 역설했다.[6] 사회적 관계는 원주민들을 통제했던, 복합적이면서도 중첩된 문화와 종교, 정치 및 경제적 이념을 한 데 엮어서 원주민들 사이의 접경지대를 형성했다. 이러한 접경지대는 식민지배 권력과 관계없이 존재하는 경우가 많았다.

아메리카 원주민들 사이의 관계는 유럽인들과의 관계에서와 마찬가지로 세력 판도를 형성하는 결정적 요인이었다. 예를 들어, 미합중국이 진출한 북부의 대평원과 같은 공간을 원주민의 세력이 제한적이었고, 그 제한된 힘을 발휘할 수 있는 수단마저 많지 않았던 빈 땅으로 단순하게 이해해서는 안 된다. 이러한 공간을 식민지배 권력에 대한 반작용으로만 이해해서도 안 된다. 그 대신, 역사학자들은 이를 원주민 집단들과 다양하게 형성된 원주민들의 접경지대 사이에서 일어난 토착적 상호작용에 의해 형성된 공간으로 보아야 한다.

부족들 간의 관계에서 형성된 세계가 바로 식민지배 권력이 자신들의 계획을 추진할 수 있었던 공간이었다. 이 관계는 식민통치구조에 의해 도전을 받거나 휘둘리기도 했지만, 식민주의적 영향과 관계없이 기능하기도 했다. 원주민의 역사에 있어 정착민이나 관료 혹은 상인들이 원주민의 땅을 침략한 것에 큰 의미나 중요성을 부여할 필요는 없었다. 폭력이나 평화를 통한 문화 간 접촉 지역으로서의 접경지대는 유럽인-아메리카 원주민의 이원적 관계가 어떠한 의미로 존재하는지와 관계없이 다수 존재했다. 접경지대의 형성에 있어 가장 중요한 것은 친족 관계였는데, 이는 사람들을 내부자 또는 외부자로 구분하여 그에 따라 어떻게 대우할지를 결정하게 만드는 요소였다.[7] 예를 들어, 라코타인의 친족 관계는 한계가 없어서 어떠한 상황에서나 개인이나 집단을 흡수한 뒤 상호 교류의 양식과 규칙을 바꿀 정도로까지 확장될 수 있었다. 인류학자 레이몬드 데말리Raymond DeMallie에 따르면 친족 관계는 "가능성들의 체계로, 인간의 모든 상호 작용을 구성하고 그에 의미를 부여하며 세계를 질서 정연하게 인식할 수 있게 하는 친숙한 관념을 제공했다".[8]

18세기 말에서 19세기 초에 이르는 동안 북부 대평원의 라코타인은 식민주의적 구조와는 관계없는 토착적인 접경지대들로 이루어진 세계를 만들었다. 라코타인이 이루어낸 결과 대부분은 원주민들과 유럽인들이 뒤얽힌 선별적이고 확장적인 교역망 덕분이었다. 하지만 유럽인의 영향력은 일부에 불과했다. 역사가들은 아메리카 원주민을 포함한 접경지대의 역사를 구성할 때 식민주의의 이면을 고려해야 한다. 원주민의 경계는 유럽인의 경계 내에 존재하거나, 그와 중첩되어 존재하는 경우가 많았다. 이러한 경계는 명확한 경계 구획으로 상징되는 영토에 대한 유럽적 시각과는 달리 공백이 많고 유동적이었다. 이러한 원주민의 유동성이 유럽적 시각에 혼선을 빚어왔다. 원주민의 공간을 복원할 때 어려움이 발생하는 이유는 정치적, 경제적, 친족 및 정신적 관계에 상응하는 원주민의 공간성을 유럽인들이 이해하지 못했다는 데에 부분적으로 기인한다. 라코타인의 예시는 충돌과 교섭을 통해 원주민들이 어떻게 그들만의 접경지대를 형성했는지를 이상적으로 보여주고 있다.

라코타인과 아리카라인, 만단인과 히다차인

　루이스·클라크Meriwether Lewis·William Clark탐험대가 미주리강 상류를 탐험하던 1805년 라코타인은 평원에서 우세한 지위를 확보하고 있었다. 실제로 루이스와 클라크는 라코타인을 '미주리의 해적 떼'라고 매도했고, "탐험의 진행을 막고, 가능하다면 강도질을 시도할 거라 충분히 여겨질 만한 행동을 하는" 라코타인 전사 집단을 마주칠까 봐 항상 노심초사했다.[9] 루이스와 클라크가 탐험을 시작할 무렵 모피 상인들은 라코타인과 풍부한 경험을 갖고 있었다. 이러한 경험은 루이스와 클라크가 라코타인과 직접 교역하는 것에 대해 함구하는 것은 물론, 탐험대가 라코타인의 힘과 호전성을 두려워하게 만드는 이유가 되었다. 탐험 도중 라코타인의 영역에 가까워졌다고 생각하자 (실제로는 멀리 떨어져 있었지만) 탐험대는 저녁 무렵 강을 따라 자신들이 미리 지펴두었던 모닥불에 선상대포를 발사하기도 했다. 이러한 순간들은 뒤돌아보면 우습기도 했지만, 루이스·클라크 탐험대가 실제로 얼마나 두려움에 떨었는지, 그리고 라코타인의 의도에 대해 어떻게 생각하고 있었는지를 보여주었다.

　얼마나 과장되었는지와는 상관없이 이들의 공포에 근거가 없었던 것도 아니었다. 루이스와 클라크가 미주리강을 따라 탐험하던 무렵, 라코타인은 대부분의 원주민 집단을 미주리강 밖으로 몰아냈다. 라코타인을 제외하면 아리카라인, 만단인, 히다차인 세 집단만이 이 지역에 끈질기게 남아 있었다. 샤이엔인, 아라파호인, 크로우인, 오마하인, 퐁카인, 포니인, 어시니보인인 등을 포함한 다른 부족들은 라코타인의 힘에 밀려 북부 대평원 중심에서 쫓겨났다. 미주리강 주변 전역에서 라코타인은 교역을 통제하고, 말과 모피, 아메리카들소 가죽, 총기 등의 거래를 통해 세력 유지를 위한 수단을 확실하게 장악하고자 했다. 이러한 행위는 친족 관계의 존재 혹은 그것의 부재와 밀접하게 연관된 접경지대를 형성했다. 라코타인 영역의 경계에서는 끊임없는 교섭이 일어났다. 라코타인은 이 경계에서 다른 부족들과의 상호 교류의 방식을 만들어냈다.

명목상 라코타인의 보호 아래 있던 세 부족은 다수의 더 강한 적으로, 때로는 내부의 협력자로서 라코타인과 마주했다.[10] 사실상 지역 내의 마을과 라코타인 사이의 관계는 라코타인 전사 집단의 폭력적 착취와 위협으로 규정할 수 있었다. 이 지역에서 활동했던 수많은 모피 거래상과 초창기의 식물학자, 그리고 탐험가들이 이를 증언하고 있다. 이들 중 일부는 마을주민들을 라코타인의 농노라고까지 묘사하기도 했으며, 더 많은 이들은 라코타인이 양보를 강요하며 교역 조건을 좌우한다고 언급했다. 식물학자 존 브래드버리John Bradbury는 1809년부터 1811년까지 태평양 모피 회사Pacific Fur Company의 직원들과 미주리강 상류를 향해 이동하던 중, 아리카라인 마을에 도착한 지 하루 만에 사오백 명가량의 라코타인 전사 집단이 나타났다고 기록했다. 라코타인 전사 집단은 모피 거래상들로부터 마을과 총기류는 거래하지 않겠다는 약속을 이미 받아냈지만, 그들이 약속을 지키는지 분명히 확인하고자 했다.[11] 모피 거래상들은 실제로 교전이 일어났는지 확신하지 못했지만, 라코타인의 그림 달력winter count(아메리카 원주민들이 사용했던 그림 달력, 첫눈이 올 때를 기준으로 일 년을 표현했다—역자 주) 기록에는 폭력의 위협이 실재했던 것으로 볼 단서가 있다. 같은 기간 스물일곱 명의 만단인과 스무 명의 히다차인이 라코타인에게 살해당한 것이다.[12] 마누엘 리사Manuel Lisa와 함께 여행하고 브래드버리의 탐험대와 함께 미주리강을 따라 상류를 탐험했던 헨리 마리 브래큰리지Henrie Marie Brackenridge는 아리카라인을 관찰한 후 "전사들은 마을에서조차 무기 없이 다니는 경우가 드물었다. 활이나 창 혹은 총을 옷의 일부로 간주했고 무기 없이 다니는 모습을 보이는 것은 다소 부끄러운 일이라고 여겼다"고 언급했다.[13]

라코타인의 협박은 왜 이렇게 불길하면서 위협적이었을까? 라코타인 전사 집단은 오백 명 정도에 불과했고 그에 대응하여 보낸 아리카라인 전사 집단도 오백 명 정도였지만, 브래드버리는 라코타인과 처음 마주쳤을 때 이들이 두 전사 집단의 추가 합류를 기다리고 있다는 것을 깨달았다.[14] 추가 전사 집단의 규모가 기대치의 절반이나 사 분의 일에 불과했더라도 아리카라인은 무장이 잘된 더 많은 수의 전사들을 상대하게 되었을 것이다. 총기와 말을 쉽게 입수할 수 있었고 더 많은 전사를 보낼 수 있었기 때문에 라코타인은 마을 주변으로의 접근을 통제할 수 있었으며, 마을들이 향후 모피 교역에 참여하는 것을 저지할 수 있었다. 다수를 차지했던 라코타인은 평원지역 전역을 누비며 거래 대상인 아메리카들소 가죽을 어렵지 않게 확보할 수 있었다. 모피 거래상들은 마을을 자주 방문했고, 라코타인은 종종 마을에서 이 모피를 거래하곤 했다. 미주리강을 통해 마을에 쉽게 접근할 수 있었기에 마을은 상설 거래 장소가 되었다. 라코타인은 넓은 지역을 이동하며 광대한 영토를 조성할 수 있었을 뿐만 아니라, 양크턴인, 양크토나이인, 다코타인과 같은 친족 집단과의 연례 교역 시장을 통해서도 유럽 상품을 취급할 수 있었다. 이렇게 확보한 상품 공급처를 통해 라코타인은 여유 물량을 거래했고, 대평원의 다른 부족들보다 무장을 강화하여 그 위치를 굳건히 했다.

많은 인구는 또 다른 장점을 제공했다. 라코타인은 영토 변두리의 적들과 교전하여 더 많은 영역을 확보하는 동시에 충분한 수의 전사들을 동원하여 미주리강 주변의 집단들을 위협했다. 그들은 이렇게 확보한 여분의 모피 제품을 미주리 중부 마을을 방문한 모피 거래상들과 직접 교역하거나 유럽산 상품 및 농산물들을 마을 주민들과 직접 거래했다.[15] 하지만 브래큰리지가 지적했던 것처럼, 폭력의 위협은 항상 존재했다.[16] 라코타인은 모피 제품과 말 거래를 유지하기 위해 마을을 활용한 반면, 마을이 동일한 거래에 참여하는 것은 제한했다. 이러한 조치는 결국 마을들이 라코타인에 의존하지만, 동시에 분개하도록 만들었다. 아리카라인과 만단인 그리고 히다차인은 요새화한 자신들의 마을 주변 접경지대가 어떻게 변화하는지 경험하고 목격했다. 라코타인은 폭력을 통해 마을 주변 지역을 위협하고 변화시켰는데, 그것은 아리카라인과 만단인, 히다차인은 어떠한 친족 관계도 맺지 않은 외부인으로 남아 있었기 때문이었다. 다시 말해 라코타인은 필요하다고 생각되면 마을에 폭력을 가할 수 있었고 실제로도 그렇게 했다.

샤이엔인 및 아라파호인과의 동맹이 부상하면서, 라코타인은 지속적인 세력 확장에 필요한 코만치인의 말을 얻을 또 다른 수단을 확보하게 되었다. 라코타인은 이 동맹을 통해 미주리강의 모피 상인을 통해 확보한 여분의 총기류와 대평원 남부 코만치인의 말을 교환했다. 이러한 비스페인계 모피 상인들은 총기 거래에 있어 스페인 통치 영역 내의 상인들만큼 엄격한 규제를 받지 않았다.[17] 라코타인은 샤이엔인 및 아라파호인과 친족 관계를 맺어 친족 간 의무를 부여했으며, 교역을 발전시키기 위한 수단으로 친족 간 상호 호혜적인 선물 교환을 활용했다.[18] 교역상의 이유로 자제했던 마을에 대한 폭력은 1820년대 후반과 1830년대에 발생했다. 1834년 라코타인은 세 곳의 히다차 마을 중 두 곳을 파괴했다.

1864년, 아리카라인의 족장이었던 하얀 방패White shield는 "우리는 다코타인이 두렵다. 그들은 우리 부족의 남녀는 물론, 아이들을 죽이고 말을 훔쳐 갈 것이다. 그들이 두렵기에 우리는 마을 안에 있어야 한다"고 언급했다.[19] 라코타인의 약탈에 대한 하얀 방패의 언급은 예수회 소속 피에르 데스메Pierre DeSmet가 같은 해에 남긴 기록과—"많은 아리카라인들이 살해당했다. (…중략…) 수우인은 계속해서 그들을 자신의 사냥터에서 몰아냈다. 샤이엔부터 옐로스톤강에 이르는 그들의 땅을 강제로 점령했다"[20]—일치한다. 이 이야기는 다양한 원주민들이 거주하며 경쟁했던 대평원 북부를 라코타인이 어떻게 재편했는지, 그래서 어떠한 지형으로 만들어갔는지를 알려준다. 미국이 대평원으로 진출할 당시, 이러한 일들로 인해 연방정부의 선택은 제한적이었다. 또한 군사 및 민간 영역에서 대평원에 대해 어떠한 시선을 가지고 다가가야 할지를 규정했다. 라코타인은 자신들의 영토와 조직을 형성했고, 이는 접경지대를 단순히 식민주의로 인한 약화의 부산물이 아니라 아메리카 원주민의 창조물로 만들었다.[21]

아리카라인, 만단인, 히다차인 그리고 라코타인 사이의 관계는 한 지역에서 세력을 행사했던 단일 원주민 집단의 예시로 매우 적절했지만, 이들 집단이 미주리강을 넘어 다른 토착 세력과 형성했던 관계, 그리고 갈등도 무시할 수는 없다. 히다차인은 크로우인과 긴밀한 관계를 유지했는데, 이는 대부분 친족 관계에 기인한 것이었다.[22] 강력한 자주적 공동체였던 크로우인은 미주리강 서쪽에서 라코타인과 교전에 자주 휘말리곤 했다. 근거 부족으로 인해 정확한 전쟁의 이유를 특정하기는 어렵지만, 이후 진행된 전쟁과 연관되어 타당해 보이는 몇 가지 이유가 있다. 첫째, 크로우인은 대평원 내 또 다른 말 교역 경로를 대리하고 있었다. 샤이엔인과 라코타인이 통합되며 코만치족의 말이 대평원 북부로 이동하는 중요한 통로가 형성되었는데, 이것은 크로우인이 라코타인과 샤이엔인의 교역에 위협이 되었다는 뜻이었다. 더욱이 친족 관계를 통해 히다차인과 크로우인의 교역이 강화됐지만, 친족 관계를 맺지 않은 라코타인과 크로우인은 서로에게 적이자 외부인으로 남았다.[23]

라코타인, 크로우인, 1851년 포트래러미 조약

이러한 양상은 1851년 포트래러미 조약Fort Laramie Treaty 이후 잠시 달라졌다. 교섭에 참여한 사람들 대부분은 원주민 사이의 항구적인 평화를 이룰 수 있을 것이라 믿었지만 아메리카 원주민들이 그들 자신의 세계를 이해하는 방식을 고려하지 못했다. 라코타인은 수많은 원주민들을 내쫓았지만, 필요할 때는 협상을 반대하지 않았다. 모피 상인인 에드윈 톰슨 데니그Edwin Thomson Denig에 따르면 라코타인은 1846년 아메리카들소 개체 수가 감소하자 아리카라인과의 평화에 동의했다. 데니그는 라코타인이 가죽을 포함한 여러 물건을 아리카라인의 옥수수 및 다른 농산물과 거래했다고 기록했다. 또한, 그는 "이를 통해 눈에 띌 위기에 있던 다른 무리와 함께 리틀미주리강 초입에 있는 아리카라인 마을 뒤에 야영지를 차리는 수확을 얻었는데, 이는 이전 위치보다 약 160km 정도 더 서쪽에 있는 곳이었다. 여기에서 그들은 사냥감을 찾고, 크로우인에 대한 전쟁을 계속했다"고 남기기도 했다.[24] 라코타인은 아리카라인 사냥꾼들을 적극적으로 괴롭혔고 아리카라인 마을 근처에 거대한 무리의 들소 떼가 있으면 접근하지 못하게 막았다.

미네콘주 라코타인의 지도자 외뿔Lone Horn은 포트래러미 조약 이후 크로우인과의 평화에 대해 아마도 비슷한 시각을 취했던 것 같다. 라코타인의 영역에서 들소 개체 수가 점차 감소하면서 크로우인과도 대화가 필요했다. 다른 라코타인의 무리가 외뿔의 결정을 전적으로 지지했는지는 분명하지 않다. 그림 달력에서도 그의 계획에 대한 반응을 자세히 기록하고 있지 않기 때문이다. 하지만 미네콘주인에게 있어 크로우인과의 평화는 필요한 자원에 접근할 기회를 제공했다.[25]

외뿔과 크로우인의 평화는 오랫동안 이어졌고, 미네콘주의 지도자는 계속해서 이를 유지하겠다고 약속했다. 그림 달력은 지독하게 추웠던 1852~1853년 겨울에 한 네즈퍼스인(아마도 한 무리)이 미네콘주인의 겨울 야영지에 도착했다고 기록했다. 다섯 개의 그림 달력에 외뿔의 야영지에 도착한 적이 언급되는데, 그는 담뱃대를 들고 있다고 그려진다. 외뿔은 함께 담배를 피워 이 네즈퍼스인을 구해주었고, 그렇게 평화로운 교섭을 위한 길을 연다. 이렇게 네즈퍼스인들을 보호했는데, 그들은 종종 크로우인들과 함께 겨울을 났다. 외뿔은 그렇게 크로우인과 앞서 이룬 평화를 지켰고 그들의 동맹 부족을 죽이지 않음으로써 위기를 초래하지 않았다.[26] 같은 해 아메리칸 말American Horse 역시 샤이엔인 대표가 계속되던 포니인과의 전쟁에서 라코타인의 지원을 구하기 위해 담뱃대를 들고 찾아왔을 때 다른 라코타인이 그들의 관심을 다른 곳으로 돌렸다고 언급하고 있다. 라코타인의 모든 무리가 겨울 동안의 불가침을 충실히 지켰던 것 같다.

하지만 이듬해에 사건이 벌어지기 시작했다. 그림 달력은 미네콘주인과 크로우인 사이의 긴장을 보여준다. 키 큰 전사Long soldier의 홍크파파Hunkpapa 그림 달력은 '수우인에게 살해당한' '수우인 모자'를 쓰고 있는 '크로우 인디언'에 대해 언급한다.[27] 그가 말하는 '모자'는 라코타인의 덮개 모자였을 것이다. 라코타인은 몇 가지 의류에 중요한 영적인 의미를 부여했다. 아마 크로우인이 실수로 덮개 모자를 썼고 그 과정에서 라코타인의 믿음을 모욕했을 수 있다. 이유가 무엇이든 1853~1854년에 크로우인과 미네콘주인 사이에 갈등이 새롭게 발생했음을 알려주는 첫 번째 조짐이 나타났다. 이듬해 라코타인의 그림 달력에 크로우인에 대한 언급이 없는 것으로 보아 크로우인은 부족원 한 명이 살해당한 것에 대해 보복하지 않았던 것 같다. 하지만 블랙풋인이 미네콘주인의 지도자인 용감한 곰Brave Bear을 살해했다는 기록은 있다.[28] 용감한 곰의 죽음은 크로우인이 옐로스톤 인근의 크로우인 영토에서 블랙풋인과 싸우는 동안 미네콘주인과 크로우인이 영토를 공유하고 있었다는 사실을 암시한다. 그림 달력 기록자가 지리적 위치를 언급하진 않았지만, 크로우인의 영토에 진입했던 용감한 곰이 크로우-블랙풋인 사이에서 지속된 교전의 희생자가 되었을 가능성은 크다.

대부분의 그림 달력은 1854~1855년에 일어난 용감한 곰의 죽음을 기록하고 있지만, 선한 세례자Battiste Good는 아시니보인인 다섯 명을 죽인 한 브룰레스인의 폭력사건으로 이 해를 기록하고 있다. 선한 세례자의 그림 달력은 라코타인이 부족의 변화하는 필요에 따라, 그리고 포트래러미 조약을 통해 이룩하려고 했던 부족들 간 평화는 고려하지 않으며 행동했음을 보여준다.[29] 브룰레스인들이 1851년에 포트래러미 조약에 서명했을 수도 있었지만, 조약은 원주민들의 언어로 평화를 조성하는 데 실패했다. 어시니보인인은 라코타인에게는 계속 외부인이었기 때문에 라코타인이 그들을 공격할 수 있었다. 미네콘주인이 크로우인과 평화를 유지했다는 것은 그들이 비옥한 사냥터에 계속 접근할 수 있는 기득권을 보유하고 있었음을 보여준다. 크로우인과 미네콘주인은 담배를 같이 피웠지만, 미네콘주인이 크로우인과 친족 관계를 이루기 위해 노력했다는 명백한 증거는 존재하지 않는다.

라코타인은 다른 부족과 동맹을 맺기로 했다면 가공의/실제의 친족 관계를 맺을 수 있는 다양한 선택권을 가지고 있었다. 담배를 피우는 것은 새로운 친족 관계를 맺는 한 가지 수단이었다. 담뱃대는 라코타인의 우주관과 직접적인 관련이 있었다. 라코타인의 구전에 따르면 신성한 여인이 라코타인에게 담뱃대를 전하고 사회의 기본 원칙을 가르쳐주었다고 한다. 담뱃대를 최초로 사용하며 들소 위대한 영혼wak'an t'aŋka과 라코타인이 관계를 맺게 되었다. 담뱃대는 라코타인 사회를 형성하는 데 중심적인 역할을 했을 뿐 아니라, 하얀 들소 송아지 여인White Buffalo Calf Woman은 "두 부족이나 집단 간의 평화가 합의될 때마다 이 담뱃대가 구속의 수단이 될 것이다"라고 설명하기도 했다.[30] 데말리는 더 나아가 담뱃대가 남성과 여성의 결합을 의미하기도 했기 때문에 이를 통해 라코타인을 하얀 들소 송아지 여인의 형제자매로 만들었다고 추측했다.[31] 담뱃대는 다양한 라코타인 무리 간의 관계를 좌우했던 친족체계를 형성하는 데 핵심적인 역할을 했지만, 크로우인과 담배를 피우는 것으로는 미네콘주인에게 같은 수준의 친족 간 유대가 형성되지는 않았다.

친족 관계는 샤이엔인, 아라파호인, 라코타인 간의 관계를 강화했다. 1850년대 중반까지 동맹은 40년 이상 지속했다. 훙카^{Hunka} 의식과 부족 간 결혼은 이들 집단을 하나로 엮어 주었지만, 미네콘주인과 크로우인 간의 관계에 대해서는 특별한 기술은 없었다. 결과적으로 평화는 요원했고, 라코타인은 대체로 크로우인에 대해 공세를 취했다. 거대한 들소 떼에 대한 접근성을 확보해야 할 필요성이 커지기도 했고, 친족의 유대가 라코타인과 크로우인의 관계를 완전히 결속시키지도 못했기 때문에 그들은 다시 전쟁에 돌입했다.[32] 하지만 1851년 이후 확인할 수 있듯이, 이러한 부족들 사이의 접경지대에는 친족 관계, 폭력, 정치 등 복잡한 교섭이 수반되어 부족들 간의 관계가 평화가 될지 폭력이 될지 결정하게 되었다.

결론

크로우인과 히다차인이 대평원의 교역망에서 스스로의 위치를 무엇이라고 여겼든 간에 라코타인의 단속적인 공격은 직접적인 경쟁은 아닐지언정 이들을 최소한 위협으로 인식하면서 때로는 공세를 조절했다는 것을 보여준다. 교역과 친족 관계가 겹치며 대평원을 가로지르는 밀집된 관계망이 형성되었다. 이러한 관계는 전쟁을 일으키거나 친족 관계를 만들어내기도 했지만, 회의장과 교섭 그리고 폭력을 필요로 했던 평원 곳곳에 접경지대를 만들어냈다. 이러한 접경지대는 유의미한 식민지배 없이도 존재했고, 유럽인들의 이해 밖에 있는 관계들을 중심으로 형성되었다. 이는 식민지배가 약화하거나 강화되며 나타난 결과물이 아니라, 원주민들이 자신들의 정치적, 경제적 그리고 친족 관계를 행사하는 과정에서 창조된 것이었다.

이 장 앞뒤의 장들에서 접경지대 이론의 복잡성과 적용 가능성을 인식하는 것의 중요성이 드러난다. 엘리자베스 드팔마 디지저가 제안했듯이, 접경지대 이론은 개념적 접경지대를 들여다보는 창을 제공할 수 있다. 그렉 피셔와 알렉산더 드로스트는 고대 후기 북아프리카와 근동의 정치체가 갖고 있던 관념 및 정체성과 그 형성 과정을 분석하는 데 있어 접경지대 이론을 적용하는 것이 도움이 된다고 제안한다. 나머지 장은 물론, 이 장에서도 역사가들이 여러 다양한 맥락에서 접경지대 이론을 활용할 수 있다는 것을 보여준다. 또한, 역사가들이 어떻게 볼튼-터너 전통의 덫에서 벗어나 토착/식민의 이항성에 의존하는 대신 접경지대의 다면적 특징에 가치를 두는 새롭고 혁신적인 방식으로 접경지대의 개념을 적용하기 시작했는지 입증한다. 이렇듯 접경지대 이론을 새롭게 적용할 때마다 왜 이 이론을 적용하면 복잡한 역사의 순간을 통찰하는 새로운 시각을 얻어내는지 그 이유를 증명할 수 있다.

주석

1   Albert L. Hurtado, "Parkmanizing the Spanish Borderlands : Bolton, Turner, and the Historians' World", *Western Historical Quarterly* 6, no. 2, 1995, pp.161～163.

2   다르게 말하자면, 많은 역사적 사건들이 지역 단위에서, 미묘한 차이를 드러내며 발생했지만, 이들 또한 유럽인과 아메리카 원주민이라는 보다 광대한 범주만을 강조할 뿐이었다.

3   마이클 위트겐은 발견을 기술하는 것에 대한 자신의 견해를 바탕으로 이러한 문제의 본질을 짚어냈다 : Michael Witgen, *An Infinity of Nations : How the Native New World Shaped Early North America*, Philadelphia : University of Pennsylvania Press, 2012, pp.25～28 참조.

4   한편, 이 장에서 아메리카 원주민들 상호 간의 관계를 규정하는 다양한 동맹과 전쟁, 그리고 영적, 경제적, 친족 관계 등을 정의하는 유용한 줄임말로서 '부족들 간의 관계(intertribal relations)'라는 용어를 사용한다. 이러한 형태의 역사가 어떻게 기술되는지에 대한 좋은 예는 위트겐의 『민족의 무한성』을 참조하라.

5   Pekka Hämäläinen, *The Comanche Empire*, New Haven : Yale University Press, 2008, p.3.

6   위트겐의 작업을 접경지대 역사연구로 규정할 수는 없다 하더라도, 그의 연구는 접경지대의 원주민들에게 접근하는 방식을 크게 바꿔 아메리카 원주민의 역사를 서술하는 데 있어 원주민의 언어와 인식의 구조가 가진 중요성에 대한 결정적인 통찰력을 제공한다. Witgen, *Infinity of Nations*, pp.18～20 참조.

7   Witgen, *Infinity of Nations*, pp.42·95～97; Raymond J. DeMallie, "Kinship and Biology in Sioux Culture", Raymond J. DeMallie and Alfonso Ortiz ed., *North American Indian Anthropology : Essays on Society and Culture*, Norman : University of Oklahoma Press, 1994, pp.125～146.

8   DeMallie, "Kinship and Biology in Sioux Culture", p.133.

9   Meriwether Lewis and William Clark, Gray Moulton ed., *The Definitive Journals of the Lewis and Clark Expedition : August 25, 1804-April 6, 1805,* vol. 3, Lincoln : University of Nebraska Press, 1999, p.121.

10   Raymond J. DeMallie, "Teton", William C. Sturtevant ed., *Handbook of North American Indians : Plains*, Washington : Smithsonian Institution, 2001, pp.794～800.

11   John Bradbury, Reuben Gold Thwaites ed., *Early Western Travels*, vol. 5, *Bradbury's Travels in the Interior of America, 1809 ～1811*, Cleveland : A.H. Clark, 1904.

12   Candace S. Greene and Russell Thornton, eds., *The Year the Stars Fell : Lakota Winter Counts at the Smithsonian*, Lincoln : University of Nebraska Press, 2007.

13   Henry Marie Brackenridge, *Early Western Travels*, vol. 6, *Brackenridge's Journal up the Missouri, 1811 : Franchere's Voyage to the Northwest Coast, 1811 ～1814*, Cleveland : A.H. Clark, 1904, p.120.

14   Bradbury, *Early Western Travels*, vol. 5, pp.103～107.

15　David J. Wishart, *The Fur Trade of the American West : A Geographical Synthesis*, Lincoln : University of Nebraska Press, 1992; Joseph Jablow, *The Cheyenne in Plains Indian Trade Relations, 1795~1840*, Lincoln : University of Nebraska Press, 1994; Pekka Hämäläinen, "The Rise and Fall of Plains Indian Horse Culture", *Journal of American History* 91, no. 3, 2003, pp.833~862.

16　Brackenridge, *Early Western Travels*, vol. 6, pp.118~122.

17　Hämäläinen, *Comanche Empire*, pp.41 · 189.

18　패트리샤 알버스는 다음과 같이 썼다. "역사적으로 대평원지역에서 아메리카 원주민은 지리적으로 인접한 부족 집단이 다양한 방식으로 서로의 존재를 수용하는, 일련의 뚜렷하지만 중복되는 지역사회의 형태로 통합되었다." 알버스에 따르면 가장 중요한 세 가지 형태는 통합, 합병, 그리고 전쟁이었다. 합병과 전쟁은 모두 전문화된 노동 생산이 부족했을 때 발생했지만, 양 집단이 합병으로 자원을 공유하는 곳에서 전쟁은 상품을 통제하기 위해 발생했다. 통합은 두 집단이 교역에서 상호 이익이 되는 특화된 역할을 발전시켰을 때 발생했다. 알버스의 견해를 따르면 라코타인과 샤이엔인이 서로 다른 상품(라코타의 총과 샤이엔의 말)을 통해 관계를 맺었음에도 통혼을 통해 점차 통합으로 나아간 것으로 보인다. Patricia Albers, "Symbiosis, Merger, and War : Contrasting Forms of Intertribal Relationships among Historical Plains Indians", John Moore ed., *The Political Economy of North American Indians*, Norman : University of Oklahoma Press, 1993, pp.97 · 100~102 · 112 ~115 참조.

19　이 공격에 대한 책임이 다코타인들에게 있다고 하얀 방패가 지목했지만, 이 모습은 그들이 점령한 지역 일반은 말할 것도 없고 라코타인의 행동과 더욱 잘 들어맞는다. 하얀 방패가 가해자로 지목한 것이 오역이나 오기로 인해 라코타인이 아니라 다코타인으로 되었을 수도 있다. White Shield, "Speech of White Shield,' Head Chief of the Arickarees", *Report of the Commissioner of Indian Affairs for the year 1864*, Washington : Government Printing Office, 1864, p.264 참조.

20　P.J. DeSmet, "No.125", *Report of the Commissioner of Indian Affairs for the year 1864*, Washington : Government Printing Press, 1864, p.278.

21　마이클 위트겐의『민족의 무한성』과 페카 하말라이넨의『코만치제국』은 어떻게 아메리카 원주민들이 대륙의 한복판에서 자신들의 세계를 만들어냈는지에 대해 훌륭한 예시를 제공한다.

22　모든 증거는 히다차인과 크로우인이 17세기 초반까지 통합된 집단으로 남아 있었을 거라 암시한다. 그러나 크로우인이 보다 서쪽으로 이동하면서 이들은 친족 관계를 유지하면서도 정체성은 변화했을 가능성이 있다. Fred W. Voget, "Crow", William C. Sturtevant ed., *Handbook of North American Indians; Plains*, Washington : Smithsonian Institution, 2001, pp.695~710 참조.

23　대평원의 교역망에 대한 예시는 Wishart, Jablow, and Hämäläinen, "The Rise and Fall of Plains Indian Horse Culture"를 참조.

24　Edwin Thompson Denig, *Five Indian Tribes of the Upper Missouri : Sioux, Arickaras, Assiniboines, Crees, Crows*, 1st ed, Norman : University of Oklahoman Press, 1961, p.25.

25　부족들 간의 관계에 대해 역사적으로 라코타인은 가능할 때, 그리고 그것이 도움이 될

때 비폭력적인 협상 수단을 종종 선택했지만, 역사학자들은 오래전부터 크로우인과 미네콘주인 사이의 평화를 포트래러미와 연관 지어왔다.

26 Kingsley Bray, "Lone Horn's Peace; A New View of Lakota-Crow Relations, 1851~1858", *Nebraska History* 66, 1985, pp.30~33.

27 "Long Soldier's Winter Count", Lakota Winter Counts Online Exhibit, Smithsonian National Museum of Natural History and National Anthropological Archives, http ://wintercounts.si.edu/.

28 이 그림 달력에서 언급되는 블랙풋인을 라코타 블랙풋인과 혼선을 빚으면 안 된다. 이들 그림 달력은 크로우인들과 싸웠던 블랙풋인 연합, 혹은 니치타피(Niitsítapi)를 참조로 한다. Lakota Winter Counts On-line Exhibit 참조.

29 "Battiste Good's Winter Count", Lakota Winter Counts Online Exhibit.

30 Frances Densmore, *Teton Sioux Music*, Washington DC : Government Printing Office, 1918, p.65.

31 DeMallie, "Kinship and Biology in Sioux Culture", p.128.

32 Bray, "Lone Horn's Peace : A New View of Lakota-Crow Relations, 1851~1858", pp.30~36.

제8장

홍등가를 넘어
멕시코-미국 접경지대에서의 지역·국가 간 이주(1870~1912)

베로니카 카스티요-무뇨즈(Verónica Castillo-Muñoz)

1901년까지 (콜로라도강) 삼각주 지대는 세계에서 가장 척박하고 건조한 사막지역을 대표했다. 그러나, 원주민들이 보여준 것처럼 농업의 가능성은 잘 알려져 있었다. 그들은 수년간 강이 범람한 지역의 가장자리를 따라 집을 지었다. (…중략…) 임의로 옥수수와 수박을 심은 것 말고는 특별한 준비를 하지 않고도 놀라운 결과를 얻어냈고, 그것은 이 지역을 찾는 이들의 이목을 끌 만했다. 이제 미국의 기술자들에게는 콜로라도강의 수자원을 통제하고, 비옥한 토양을 실제로 활용하기 위해, 보다 과학적으로 토지에 수자원을 공급하는 일만 남아 있었다.

—J. C. 앨리슨(J. C. ALLISON), 기술 자문*

콜로라도강 하류 삼각주 개간

멕시코-미국 전쟁Mexican-American War의 결과 멕시코 영토의 절반 이상이 미국에 합병되면서 국경지역이 재편되었다. 1853년 미 의회는 전쟁으로 획득한 캘리포니아, 애리조나, 네바다, 유타, 뉴멕시코, 와이오밍, 콜로라도를 통합하기 위해 충분한 재원을 들인 남서부 지역 탐사를 승인했다. 지형기술자인 R. S. 윌리엄슨R. S. Williamson 중위와 J. G. 팍스J. G. Parks 중위의 지휘로 콜로라도사막 일부라도 영국계 미국인 농장주들의 정착지로 가능할지 파악하기 위한 탐사대가 출발했다.[1]

위 인용문에서도 알 수 있듯, 콜로라도강을 따라 탐사한 미국인 기술자들은 태양이 작열하는 사막에서 강의 범람을 활용해 다양한 농작물을 재배하며 생존한 원주민들에게 상당한 관심을 보였다. 이들은 바하 칼리포르니아를 향해 미 남서부를 가로지르다 캘리포니아만으로 흘러드는 콜로라도강의 수자원을 통제할 수 있다면 사막에서도 성공적으로 농업을 육성할 수 있음을 깨달았다.

이러한 미국인 기술자, 개발업자의 계획은 미국과 유럽 그리고 멕시코 투자자들에게 막대한 규모의 토지 양허와 보조금을 지원하며 임기(1872~1876) 동안 멕시코 북부의 개발을 추진했던 세바스티안 레르도 데 테하다Sebastian Lerdo de Tejada 대통령의 계획과 일치했다. 이러한 토지 양허는 멕시코 접경지역의 경제 개발을 확대하려던 포르피리오 디아즈Porfirio Diaz(1877~1911) 정권까지 계속되었다. 디아즈 대통령은 공한지Terrenos Baldios 법을 확장하고, 외국인 투자자에게 보조금 지급을 확대하는 등의 추가 혜택을 제공했다.[2] 이러한 정책으로 미국인의 투자가 미국 남서부 지역 너머까지 확대되었다. 1860년부터 1914년까지 미국 투자자들은 81만km² 이상의 멕시코 토지(대부분 북부)를 매입했다.[3]

19세기 말, 바하칼리포르니아는 멕시코 진출을 위한 미국의 전략적 요충지가 되었다. 미국 투자자들에게 토지를 대규모로 매도하면서 멕시코 북부의 노동과 인구구조가 변화했다. 산업화가 진행되고, 관광업, 광산업, 소 목축업과 농업의 규모가 확대되기 시작하면서 멕시코 접경지역의 원주민들은 급격한 변화를 경험하게 되었다.

1897년부터 1904년까지 미국 투자자들은 원주민들이 거주했던 콜로라도강 주변의 토지를 약 4,046km² 이상 매입하고 이를 다시 미국 농장주들에게 전대했다. 이러한 토지 매매의 활황세는 콜로라도강에 댐을 건설하는 등 동시에 진행되었던 캘리포니아 임페리얼계곡Imperial Valley의 개발과도 맞물린 것이었다.

역사가들은 미국-멕시코 국경의 역사 연구를 통해 접경공간 분석을 식민지 시대와 지리적 경계를 넘어선 범주로 확장했다.[4] (일부 본서에 포함된) 유럽사 연구자들은 접경지대 연구가 고대 세계를 연구하는 데에도 유용하다고 생각한다. 이와 유사하게, 치카노Chicano 노동을 연구하는 역사가들은 멕시코인의 미국 이주를 미 제국주의 유산의 일부로 검토한다.[5]

접경지대를 다룬 최근의 역사는 급격한 산업화와 관광업, 그리고 국경 인근의 악명 높은 '홍등가' 형성에 초점을 맞춘 멕시코 북부의 역사들을 포함해 미국의 투자가 멕시코에 미친 영향을 분석한다.[6]

이 장에서는 바하칼리포르니아 북부 변두리 지역 토지 투기의 기원을 조사해 접경지대 연구의 범위를 확장한다. 영토의 변화, 기업형 농업의 급작스러운 출현, 그리고 영국계 미국인과 멕시코 메스티소 노동자들의 바하칼리포르니아 이주라는 새로운 현실에 저항하고 적응하기 위해 원주민들이 사용했던 다양한 전략을 살펴본다. 이를 분석하면 1870년부터 1912년까지 미국의 투자와 지역 이주를 통해 어떻게 멕시코-미국 접경지대의 지역사회가 형성되었는지 이해할 수 있다.

콜로라도사막에서의 삶

콜로라도 삼각주 지대는 소노라Sonora사막에서 국경을 기준으로 멕시코 쪽으로는 메히칼리계곡Mexicali Valley, 미국 쪽으로는 임페리얼계곡과 코첼라계곡Coachella Valley까지 뻗어 있었다. (최대 섭씨 49도의) 뜨거운 여름과 비가 거의 내리지 않는 온화한 겨울이 이 지역의 특징이었다. 콜로라도강은 이 삼각주 지대를 관통하며 끊임없이 범람해 비옥한 토양을 만들어냈다. 19세기 대부분의 기간 동안에는 멕시코-미국 접경지대에서 정착하거나, 반半유목생활을 영위했던 원주민들이 삼각주 지대를 점유했다. 1890년 멕시코의 인구 조사에 따르면, 3,420명의 코코파Cocopah인이 바하칼리포르니아의 반유목민 마을에 거주했고 2천여 명 이상의 사람들이 란체리아Rancherias라고 알려진 소규모의 정착민 마을에 거주하고 있었다.[7]

코코파인의 삶은 가족을 중심으로 이루어졌다. 윌리엄 켈리William Kelly에 따르면, 코코파인은 샤뮬shamules이라고 알려진, 직계가족과 친척을 포함한 집단으로 일하고 이주했다.[8] 가구들은 주로 부계 혈통을 따라 형성되었고, 대개는 확장되어 다세대 집단을 구성했다. 신성한 장소에서 열리는 연례의식과 축하연을 통해 사막에 사는 다른 코코파인들과 사회

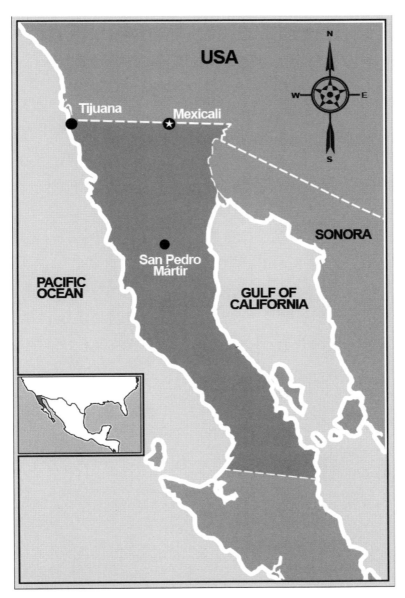

〈지도 3〉 바하칼리포르니아

적 친밀감을 유지했다. 의식의 진행을 위해 선정된 임시 부족장은 분쟁 시에는 협의회이자 중재자로 봉사했다.

코코파인들의 공동체에서 성별 노동 분업의 양상은 사막의 다른 원주민 공동체의 그것과 유사했다. 남성이 사냥과 어로, 말을 기르는 동안 여성은 경작을 담당했다. 일 년에 한 번 코코파인은 콜로라도강을 따라 정착했고, 물고기를 잡고 농작물을 수확하며 생계를 유지했다. 이들은 버드나무 가지로 너비 약 4.5m, 높이 1.8m의 사각형 모양의 소형 가옥을 만들어 여름의 폭염에 대비했다.[9]

코코파인은 천연 관개 역할을 했던 강의 범람에 의존해 옥수수와 콩, 호박 그리고 수박을 재배했다. 이들은 생계 유지를 위해 강바닥을 따라 야생 식물과 과일을 채취했다. 수개월간의 여름에 코코파인 여성은 대형 버드나무 바구니를 짰고 씨앗과 주요 식품을 담아 지붕에 저장했다.

코코파인 여성은 요리용 도기를 만들었고, 과일과 채소가 상하지 않도록 지하 저장고를 지었다. 코코파인 남성은 삼각주 지대에서 말을 기르고 낚시와 사냥을 했다.[10] 물고기가 일상의 식단 중 하나였기 때문에 남성들은 많은 시간을 할애하여 중간 크기의 그물을 만들어 매일 강둑에서 물고기를 잡았다. 어로 및 수확 철이 끝난 후 코코파인은 강에서 멀어졌다가 강의 연중 범람이 끝나는 시기에 맞춰 돌아왔다. 코코파인 일부는 연중 일정 기간 동안 유마Yuma 근처에서 살았으며, 다른 이들은 바하칼리포르니아의 고지대로 이동했다.[11]

파이파이Pai Pai인, 티파이Tipais(디에게뇨Diegueño라고도 알려짐)인, 쿠마이Kumais인 그리고 킬리와Kiliwas인은 (오늘날 시에라 후아레즈Sierra Juarez로 알려진) 하쿠메시에라Jacume Sierra에 소규모 정착지를 형성하고 영구 거주했다. 1880년대에 멕시코 정부가 임명한 조사관 데이비드 골드바움David Goldbaum은 바하칼리포르니아 북부의 원주민 공동체를 방문하여 하쿠메 시에라에서 약 스무 개의 소규모 정착지를 발견했다.[12] 이곳의 기후는 온화했고 원주민들은 산줄기를 따라 흐르는 수많은 개울을 통해 물을 사용할 수 있었다. 이 지역에서 원주민들은 과일, 채소 및 작물을 재배했다.

다른 원주민 집단과의 결혼이나 동거는 이러한 부족 공동체들이 가족 단위 밖에서 결혼을 장려했기 때문에 드문 일이 아니었다. 20세기에 막 접어들었을 무렵에도 칼 룸홀츠Carl Lumholtz는 콜로라도강 근처에서 거주하는 코코파 및 아파치Apache인의 혼종 원주민 가구를 만날 수 있었다.[13] 하지만 식량 부족은 콜로라도사막의 원주민 부족들 간 호의적 관계를 위협했다. 코코파인은 마리코파Maricopa, 피마Pima, 파파고Papago 등 애리조나의 원주민 부족들과 돈독한 관계를 유지했고, 미국 쪽 접경지대의 유마Yuma인과 모하비Mohave인을 공격하기 위해 힘을 합치기도 했다.

멕시코 관료들은 끊임없이 이동하는 원주민들에게 의심의 눈초리를 보냈고 정부에 대한 이들의 충성심에 대해 의문을 제기했다. 그들은 종종 미국-멕시코 접경지역 원주민들 사이의 관계를 오해하기도 했다. 샌디에이고의 멕시코 영사들과 바하칼리포르니아 출신의 지사jefes políticos들은 접경지역 내 원주민 공동체의 유동적인 관계로 인해 바하칼리포르니아를 미국에 빼앗길지도 모른다는 우려가 담긴 서신을 종종 보내기도 했다.[14]

바하칼리포르니아의 부지사subjefe político 호세 마리아 비야그라나José María Villagrana는 더 강력한 군의 주둔을 요청하며 멕시코 중앙정부에 아래와 같은 서신을 보냈다.

접경지역에서 야만적인 인디언들 간 분쟁이 전쟁으로 발전할 수 있습니다. 그렇게 되면, 우리는 접경지역의 영토를 잃게 될 것입니다. 우리 영토를 지킬 멕시코인이 충분치 않습니다. 완전히 버림받은 이 외딴 곳에 우리 멕시코 정부의 보호를 요청합니다.[15]

비야그라나는 원주민들을 멕시코의 골칫거리로 생각했고, 미국과 멕시코 사이에 또 다른 전쟁이 발발할 경우 원주민들이 멕시코가 아닌 미국 편에 설 것이라 보았다.

대규모의 원주민과 유럽 이주민들의 낮은 변두리 지역 이주율이 멕시코의 더딘 발전의 원인이라고 생각했던 멕시코시티의 정치인들과 지식인들은 비야그라나의 주장에 공감했다. 알폰소 루이스 벨라스코Alfonso Luis Velasco와 같은 학자들은 변두리 지역에 지식계층보다 육체노동자bra-zos들이 더 많은 현실이 멕시코의 산업화를 가로막는다며 탄식했다.[16] 원주민에 대한 이러한 편견은 이들이 수세대에 걸쳐 바하칼리포르니아에 거주하며 사막에서의 경작에 있어 뛰어난 능력을 보여주었음에도 불구하고 왜 멕시코 정부가 국내외 투자자들에게 토지를 매도하는 데만 관심이 있었는지를 설명한다.

1870년대 멕시코 정부는 미국-멕시코 접경지대 인근의 멕시코 엘리트들과 외국인들을 대상으로 복수의 토지 양허를 시행했다. 1872년, 레르도 데 테하다Lerdo de Tejada 대통령은 할리스코 과달라하라 출신의 이히니아 코스톨레도Hijinia Costoledo 부인이 하쿠메시에라에서 약 25km² 규모의 토지를 매입했음을 입증하는 서한을 바하칼리포르니아 지사인 호르헤 레헤르도Jorge Regerdo에게 보냈다.[17] 당시 이 지역은 개인이나 투자자에게 토지를 매도하거나, 혹은 이를 규제할 수 있는 권리를 국가에 부여한 베니토 후아레즈 대통령의 1859년 개혁법Reforma Laws에 따라 빈 공유지terrenos baldios로 기록되어 있었다.

1874년, 토목기사인 마누엘 아스피로즈Manuel Aspiroz는 야코보 블랑코Jacobo Blanco, 기예르모 안드라데Guillermo Andrade, 가히올라Gaxiola 형제와 함께 바하칼리포르니아와 소노라에서 약 4,046km² 이상 토지를 매입해 멕시코 영농 산업과 콜로라도강 지역 식민 회사La Compañia Mexicana Agrícola Industrial y Colonizadora de Terrenos del Rio Colorado를 설립했다. 가히올라 형제와 안드라데는 블랑코, 아스피로즈와의 합작 사업을 시작하기 전부터 사업 동료였다. 그들은 가히올라&안드라데 목재, 모직물 및 일반 중개 회사Gaxiola & Andrade Wood, Wool and General Commission Merchants를 샌프란시스코에서 운영하고 있었다.[18] 당시 멕시코 정부를 위해 일했던 블랑코와 아스피로즈는 샌프란시스코에 거주하던 이들 멕시코 사업가들과 친밀한 관계였다.

안드라데와 그의 동업자들은 강바닥을 따라 자라는 약 3.6m 길이의 내한성 야생 대마인 카냐모 실베스트레Cañamo Silvestre의 시장성을 확인하는 한편, 미국에서 메스키트 나무와 토종 야생식물인 썩은 부들을 각각 목재와 비료로 판매했다. 이 회사는 코코파인은 물론 캘리포니아 로스앤젤레스 및 바하칼리포르니아의 산타로잘리아Santa Rosalía 탄광 출신 이주 노동자 2백여 명을 고용해 콜로라도강 인근에서 새 정착촌colonia를 건설하는 계획에 착수했다.

이 광대한 토지의 판매를 직접 승인했던 세바스티안 레르도 데 테하다 대통령의 이름을 딴 레르도 정착촌Colonia Lerdo은 콜로라도강 인근에 최초로 설립된 이주민와 원주민의 마을이었다. 일부 노동자들은 가족들을 데려왔고, 레르도 정착촌에 집을 지어 함께 거주했다. 노동자 고용 및 사업 시행의 관리 감독을 맡았던 I. 폰세라다I. Foncerrada는 아내 그리고 아홉 명의 자녀와 함께 이주했다. G. 줄리아니G. Giuliani와 페데리코 아케르Feferico Aker, 그리고 샌프란시스코 출신으로 추정되는 제소네 체사레Zesone Cesare 같은 이탈리아계 이민자들은 섬유 공정에서 폰세라다를 도왔다. 칠레 출신의 프란시스코 페르민Francisco Fermíne과 브라질 출신의 후안 바우티스타Juan Bautista는 카냐모 대마 섬유의 선적과 수출을 지원했다. 약 150여 명의 멕시코 메스티소 노동자들이 대마의 절삭 작업을 담당했다. 3년 후, 레르도 정착촌의 노동자는 2백여 명에서 8백여 명으로 증가했다.[19] 이들은 연평균 약 5천 톤의 대마를 절삭했다.[20]

그로부터 4년 후, 대규모 식재와 작목 때문인지 강의 흐름이 레르도 정착촌 방향으로 바뀌었다. 1877년, 집과 말, 대마 절삭 장비들을 집어삼키며 마을의 2/3가 완전히 물에 잠겼다. 당시 보고된 인명 피해는 없었으나, 수많은 가족과 어린이들이 마을에 거주했음을 감안하면 인명 피해가 발생했을 가능성은 충분했다. 학자들은 강의 흐름이 레르도 정착촌 방향으로 바뀐 뒤 마을이 완전히 사라졌다고 주장했다.

여행가들과 민족지학자들이 남긴 개인적 진술을 보면 강의 범람으로 침수된 후에도 정착촌 일부는 남아 있던 것으로 보인다. 20세기에 막 접어들어 바하칼리포르니아를 방문했던 윌리엄 켈리와 칼 룸홀츠는 대략 천여 명의 주민이 여전히 레르도 정착촌에 사는 것을 확인했다.[21] 당시의 비극에서 살아남은 메스티소 노동자들은 정착촌을 떠났고, 코코파인과 아파치인들만 남아 있던 것으로 보인다.[22]

레르도 정착촌에 일어난 홍수로 회사는 몰락했다. 대부분의 멕시코 투자자들은 영농산업 식민 회사와의 제휴를 중단했고, 결국 안드라데만이 유일한 투자자로 남았다. 후에 그는 멕시코 접경지역 인근 투자에 관심을 보였던 미국의 사업가이자 개발업자인 토마스 H. 블라이드Thomas H. Blythe와 합작 회사를 설립했다.[23] 더 많은 메스티소와 이주민 노동자를 유입시키기 위해 기예르모 안드라데는 멕시코 대통령에게 공식 청원서를 제출하여 국경 인근 2백여 가구 규모의 새 정착촌 건설 허가를 요청했다. (원주민이 아닌 사람들로 해당 지역의 인구를 늘리고 싶었던) 멕시코 정부는 할당된 부지의 재산세를 면제해 주었다.

하지만 안드라데는 메스티소 노동자를 메히칼리계곡으로 끌어들이는 데 어려움을 겪었다. 1886년까지 회사 소유의 새 정착촌에 거주한 메스티소 가구는 53가구밖에 되지 않다.[24] 메스티소와 코코파인은 홍수로부터 정착촌을 보호하기 위해 약 14.5km의 제방을 구축했고, 유실수를 심었으며 다양한 곡물을 시험 재배했다.

북부지역에 충분한 노동력을 끌어들이는 데 있어 안드라데는 여전히 어려움을 겪었다. 그는 더 높은 임금을 지급했던 바하칼리포르니아의 산타로잘리아 광산이나 애리조나의 구리광산과 경쟁할 수 없었다. 멕시코의 메스티소 노동자들은 국경을 넘어 로스앤젤레스에서 일할 수 있는 선택권도 갖고 있었다. 1882년 중국인 노동자 배척법Chinese Exclusion Act이 제정된 이후 로스앤젤레스의 멕시코 이주민은 20% 증가했다.[25] 메스티소 노동자를 유입시키는 데 실패한 이후 안드라데는 140여 코코파인 가구를 거주민으로 인정해 달라고 요청하는 서신을 마누엘 곤잘레스Manuel Gonzales 대통령(1880~1884)에게 보냈다. 멕시코 정부는 그중 절반의 가구만 거주민으로 인정하는 데 동의하며 '외국인' 70가구를 메히칼

리계곡으로 추가 유입시켜 달라 요청했다.[26]

한편, 북부지역의 토지를 매입하는 개발업자의 수는 증가했다. 1871년, 바하칼리포르니아의 탄광 투자를 통해 부의 대부분을 축적했던 기술자 윌리엄 덴튼William Denton은 이히니아 코스톨레도 부인으로부터 하쿠메시에라의 토지 25km²를 매입했다. 덴튼은 해당 지역에 쿠마이인의 소규모 정착촌이 있다는 사실을 알고도 토지를 매입했다.[27] 그가 하쿠메시에라의 토지를 매입한 지 1년 뒤, 메히칼리계곡과 멕시코만을 잇는 도로 건설에 관심이 있었던 안드라데와 블라이드는 덴튼의 자격 취소를 시도하며 격렬한 분쟁에 돌입했다.

당시 멕시코에 귀화한 지 얼마 되지 않았던 덴튼은 안드라데의 탄원을 기각시키기 위해 변호사들을 고용했고 멕시코시티의 대통령을 여러 번 방문하기도 했다. 수년간 이어진 분쟁에서 멕시코 정부는 결국 안드라데의 손을 들어주었고 (알고도네스Algodones라 불린) 덴튼의 토지 일부를 공한지로 선언했다. 멕시코 정부를 위해 일했던 야코보 블랑코와 친밀한 관계였다는 점이 안드라데의 승리에 결정적 역할을 했을 가능성이 있다. 1882년, 야코보 블랑코는 안드라데와 블라이드의 알고도네스 매입 협상에 일조하며, 그들이 멕시코 삼각주 지대의 대부분을 점유할 수 있도록 도왔다.

멕시코 접경지역에서 투자자에게 토지를 판매하는 데 이의를 제기했던 원주민에 대한 법정 기록은 없지만, 이들이 퇴거 명령에 대해 이의를 제기했던 증거는 있다. 영국계 미국인과 멕시코인 토지 개발업자들이 토지를 매입한 이후 원주민들 대부분은 이주를 거부했다. 1896년, 안드라데의 대리인이었던 에우헤니오 로메로Eugenio Romero는 안드라데가 바하칼리포르니아에서 매입한 사유지로부터 디에게뇨인과 유마인을 퇴거시킬 수 있도록 도와달라고 멕시코 정부에 여러 번 요청했다. 로메로는 지사 아구스틴 상기네스Agustin Sanguines에게 아래와 같은 서신을 보냈다.

> 유마인과 디에게뇨인 일부가 국경에 인접한 북부지역 기예르모 안드라데의 사유지를 지난 수년간 불법 침입하고 있어 이를 보고하고자 서신을 쓰게 되었습니다. 이 원주민들은 멕시코가 아닌 미국의 원주민 보호 구역에 속한 이들로서 (…중략…) 이들이 우리의 영토에 정착하면 피해가 발생할 수 있습니다. 소노라의 원주민처럼 우리 정부에 반기를 들 수 있습니다. 이들은 폭력적인 성향이 있습니다. 이렇게 생명의 위협이 있다는 것을 알게 되면 아무도 북부지역에 정착하려고 하지 않을 것입니다.[28]

안드라데는 디에게뇨인과 유마인이 자신의 사유지에 거주하는 것을 반대했는데, 이들이 그의 밑에서 일하려 하지 않았기 때문이었던 것 같다. 안드라데는 소노라의 야키Yaqui인과 비교하며 멕시코 정부를 설득하여 유마인과 디에게뇨인의 추방을 시도했다. 고향인 소노라에도 토지를 보유했던 안드라데는 아파치인과 야키인이 원 거주지였던 소노라계곡에서 퇴거를 거부하며 저항했던 것과 이들이 결국 멕시코 정부에 대해 반란을 일으켰던 것을 매우 잘 알고 있었다.[29]

1896년 12월 14일 오전, 멕시코인 판사는 디에게뇨인과 유마인을 알고도네스의 멕시코 법원으로 소환했다. 법정은 원주민 가족들과 변호사들 그리고 멕시코와 미국의 대리인들로 북적였다. 애리조나의 유마인 보호구역 대리인인 W. F. 헤퍼넌W. F. Heffernan과 프란시스코 에스투디요Francisco Estudillo는 추방 절차를 지원하기 위해 출석했다.

판사와 통역사가 각 가족을 호명하면서 알게 된 사실은 그들 대부분이 바하칼리포르니아에서 태어났다는 것이었다. 디에게뇨인과 유마인은 "못 믿겠다면 우리가 태어난 곳으로 직접 데려다 주겠다"라고도 했다.[30] 이들은 수세대 전부터 대대로 이 지역에 거주했다고 주장하며 애리조나 유마로의 추방을 거부했다. 이날 저녁, 공판이 끝났을 때 애리조나의 유마를 출생지로 선언하고 판사의 결정에 따라 공식 추방된 사람은 남성 두 명뿐이었다.

이 사건은 원주민들이 어떻게 삼각주 지대 토지와의 밀접한 관계를 주장하며 추방에 이의를 제기하고 저항했는지를 보여준다.[31] 또한, 대대로 유마와 바하칼리포르니아 사이를 자유롭게 이동했던 원주민들이 양국의 정부와 투자자들이 정한 정치적, 경제적 분계선에 어떻게 갑자기 갇히게 되었는지도 설명한다.

미국 투자자의 토지 투자 열풍

많은 미국인 투자자들이 메히칼리계곡의 토지 매입에 관심을 두게 되면서 콜로라도강 인근에 원주민들이 거주하는 것은 점점 어려워졌다. 디아즈의 관대한 토지 양허 정책에 따라 멕시코의 토지를 매입하는 미국 개발업자의 수도 증가했다. 1888년까지 공한지 법에 저촉받지 않는 토지의 규모는 25km²로 확대되었고, 이에 따라 미국 개발업자들이 멕시코의 토지를 더 쉽게 매입할 수 있게 되었다.

이와 함께 투자자들과 미국 정부는 미국에 속한 콜로라도사막에 대한 조사에 앞장서면서 개발업자들에게 토지 양허를 허가했다. 1893년, C. P. 헌팅턴C. P. Huntington은 토지 및 관개 프로젝트 관련 투자자들에게 솔턴호Salton Lake를 따라 2,023km²의 토지를 매도했다. 이러한 신사업에 뛰어들기에는 '너무 늙어버린 것'을 아쉬워했던 헌팅턴은 해당 토지 및 관개 프로젝트의 수익성에 대해 아래와 같이 기술했다.

> 자본가적인 목적이 실현된다면, 캘리포니아 남부 전 지역 및 국경 이남의 멕시코 북부지역에 3백만 명 이상을 보유한 제국을 세울 수 있을 것이다. 토양이 충분히 비옥하기에 이들은 자급자족할 수 있을 뿐만 아니라 과일, 꿀, 견과류 및 일부 채소들을 동부지방과 유럽에 공급할 수 있을 것이다.[32]

영어신문에 실렸던 헌팅턴의 인터뷰는 투자자들을 캘리포니아로 끌어들이기 위한 선전으로 보였다. 당시 그는 남태평양 철도 회사Southern Pacific Railroad Company를 경영하며 캘리포니아 전 지역에 부동산 투자를 진행하고 있었다.[33]

많은 사람이 헌팅턴의 말에 귀를 기울였다. 1893년, 기술자인 찰스 록우드Charles Rockwood와 다른 동료들은 콜로라도 개발 회사Colorado Development Company를 설립하고 임페리얼계곡에서 관개 공사를 시작했다. 이들의 목표는 멕시코 국경 쪽에서 흘러오는 콜로라도강에 대한 수자원 접근성을 극대화하는 것이었다.[34]

콜로라도 개발 회사는 멕시코 쪽 국경지역에서도 관개 공사에 착수하기 위해 기예르모 안드라데와 협상을 시작했다. 수로 건설이 곧바로 시작되었고 멕시코에서 미국으로 물이 이동하기 시작했다. 임페리얼계

<표 1> 기예르모 안드라데가 영국계 미국인 투자자에게 판매한 토지

년.월	판매자	구매자	규모(km^2)	금액
1888.10	G. 안드라데	알론슨 던한 (Alonson Daunhan)	기록 없음	105,000 페소
1889.3	G. 안드라데	윌리엄 힐(William Hill), 존 메리트(John Merrit), W. 피엘러(W. Fiehler), A. 블라셀(A. Blasell)	495	35,062 페소
1889.11	G. 안드라데	아이작 A. 버튼 (Isaac A. Burton)	809	12,500 페소
1897.10	G. 안드라데	멕시코 콜로라도강 토지 회사 (Mexican Colorado River Land Company)	3,125	미공개
1903.7	G. 안드라데	불카노 호수 회사 (compañia Lago Vulcano)	미공개	미공개
1903.8	G. 안드라데	바하칼리포르니아 관개 및 토지회사 (Irrigación y terrenos Baja California)	1,200	미공개
1904.6	G. 안드라데	콜로라도강 토지 회사 (Colorado River Land company)	1,850	173,000 페소

출처 : Archivo del Registro público de la Propiedad y Comercio, Ensenada, Baja California

곡으로 공급되는 물의 양이 늘어나자 개발업자들은 경작용 토지를 추가로 개방하기 시작했다. 1903년까지 약 101km²의 토지가 경작되었고, 이듬해에는 농장의 수가 두 배로 증가했다.[35] 7천여 명 정도가 거주하던 임페리얼계곡 일대는 급격히 성장했으며 더 많은 미국인 농장주와 투자자들이 콜로라도강 인근의 토지 매입에 뛰어들었다.

미국의 개발업자 및 은행가들과 폭넓은 인맥을 형성했던 기예르모 안드라데는 접경지역 투자에 깊은 관심을 보인 영국계 미국인 사업가들에게 회사의 토지를 양허하며 재정 수익을 창출했다. 〈표 1〉은 안드라데와 미국 투자자들 간의 토지 판매 및 거래 금액을 보여준다. 1888년에서 1904년 사이 안드라데는 1874년에 자신이 취득했던 토지 대부분을 6명의 미국 투자자들에게 판매하며 수십만 달러를 벌어들였다.

이 표에 나타난 것처럼, 안드라데는 메히칼리계곡의 사유지 대부분을 해리 챈들러Harry Chandler와 해리슨 오티스Harrison Otis(당시 로스앤젤레스 타임즈 소유주), 그리고 M. H. 셔먼M. H. Sherman이 소유한 멕시코의 콜로라도강 토지 회사Colorado River Land Company(이하 CRLC)에 판매했다. 거래 금액 일부가 멕시코의 기록에 등재되지 않은 것으로 보아 이들의 매매 절차는 미국에서 완료된 것으로 보인다. 아이작 A. 버튼Isaac A. Burton은 메히칼리계곡뿐만 아니라 소노라주의 토지도 매입했다. 그는 전략적으로 콜로라도강을 따라 토지를 매입했다.[36]

CRLC의 투자자들은 계곡 내 반 건조성 토지 경작의 성공 여부가 미국과 멕시코 모두를 관통하며 흐르는 콜로라도강의 유량에 달려 있다는 사실을 알고 있었다.[37] 1904년 체결된 미국과 멕시코 간의 연방 수자원 협정으로 메히칼리계곡은 콜로라도강의 수자원에 대해 동등한 접근성을 확보했다.[38] 콜로라도강의 수자원을 전적으로 통제하길 원했던 임페리얼계곡의 농장주들은 이 협정에 끊임없이 이의를 제기했다.[39] 그러나 CRLC는 연방 수자원 권리를 협상할 수 있는 재력과 영향력을 가지고 있었던 챈들러를 활용해 콜로라도강 수자원의 절반을 확보했다. CRLC는 관개 수로 여러 개를 건설해 메히칼리계곡의 반 건조성 토지를 비옥한 땅으로 바꾸는 데 성공했다.

CRLC는 토지를 매입한 후 중·대형 농지를 환금작물 재배나 가축 방목 등에 관심 있는 미국의 기업과 개인 농장주들에게 임대했으며, 동시에 자본이 부족한 농민에게는 대출을 제공했다. CRLC의 소유주는 로스앤젤레스 타임즈를 이용해 미국 전역에서 구매자와 투자자를 끌어들였다. 이들은 또한 잠재적인 영농산업 투자자들을 위해 시찰 여행을 조직했던 멕시코 정부 관료들의 지원을 받기도 했다.[40]

1909년 남태평양 회사Southern Pacific Company가 메히칼리와 캘리포니아, 애리조나를 잇는 철도를 완공하며 미국으로의 면화 수출이 쉬워졌다. 그로부터 4년 전, 멕시코 정부는 남서부와 그 외 미국 전역을 연결하려는 목적으로 메히칼리와 알고도네스를 경유하는 철로를 건설하려한 남태평양 회사의 청원을 승인했었다.[41]

기예르모 안드라데는 바하칼리포르니아를 통과하는 철도 건설을 원활히 추진하기 위해 약 404km²의 토지를 남태평양 회사와 자회사인 바하칼리포르니아 토지 수자원 회사Compañia de Terrenos y Aguas de la Baja California에 판매했다.[42] 이 계약으로 인해 메히칼리계곡은 미국의 상업 시장과 가까워졌지만, 동시에 멕시코의 다른 지역들로부터는 고립되었다. 메히칼리계곡과 멕시코의 다른 주들을 연결하는 철도는 없었기 때문이었다.

1910년까지 CRLC는 메히칼리계곡에서 성공 가도를 달리고 있었다. 회사는 토지를 평균 20~120km² 규모의 대형 농장으로 나눴고 이를 대부분 미국의 재배업자와 투자자들에게 임대했다.[43] CRLC로부터 최초로 대형 자산을 임차한 회사로는 알라모 모초 농장Alamo Mocho Plantation, 델타 토지 회사compañia de Terrenos del Delta, 바하칼리포르니아 개발 회사Baja California Development Company, 바하칼리포르니아 농업 회사Baja California Agricultural Company,

바하칼리포르니아 수로 회사Baja California Canal Company 및 수로 델타 회사Canal Delta Company 등이 있었다. 이 회사들은 해당 자산을 1년에서 10년간 임차했고 만료 시에는 계약을 갱신할 수 있었다.[44] 일부 회사들과 농장주들은 이를 평균 1km²에서 10km²의 토지로 다시 분할해 같은 조건으로 소자본 농장주들에게 재임대했다.

CRLC는 재배 작물의 종류를 결정했고, 임차인은 이를 미국 시장의 특정 매수인에게 팔아야 할 의무를 갖고 있었다. 낮은 임대료와 미국 시장에 대한 접근의 용이함 등은 CRLC의 토지임대가 가진 장점이었다.[45] 하지만 첫 임차인들에게는 토지를 개간하고, 면화와 같은 작물의 재배에 적합하게 토지를 개량하는 등의 어려움이 존재했다.

CRLC의 공동투자자들은 메히칼리계곡을 거의 방문하지 않았다. 도로시 케링Dorothy Kering이 언급했듯, 해리슨 그레이 오티즈, 해리 챈들러, M. H. 셔먼과 W. H. 앨런 주니어W. H. Allen Jr는 농민이 아니라 남부 캘리포니아 전역에 막대한 이해 관계를 가진 개발업자였다.[46] 이들은 총괄 관리자로부터 메히칼리계곡에서 임대한 모든 토지에 대한 보고를 받았다. 워커 K. 보우커Walker K. Bowker와 H. H. 클라크H. H. Clark가 1904년부터 1930년까지 CRLC를 관리했다. 1929년, H. H. 클라크는 CRLC 관리자의 책임에 대해 아래와 같이 기술했다.

지난 한 해 동안 우리는 4천 명에서 8천 명에 달하는 노동자를 고용했다. 노동자뿐만 아니라 8천여 마리의 노새, 20대의 대형 트랙터 그리고 11대의 준설선을 활용해 관개 수로를 정비했다. 목장에는 4,828km 배수로를 설치했다. 토양의 생산성을 높은 수준으로 유지하는 것이 우리의 큰 문제 중 하나였다. (…중략…) 농장주들이 토지를 깊게 갈고 자주 경작하도록 했고, 미국 최고의 농업 전문가들을 대규모로 고용하여 농장주들에게 작물 재배 방법을 교육하고 판매를 돕게 했다. 우리는 파종 및 재배 시기에 농장주들을 도왔을 뿐 아니라 수확 시기에는 목화씨를 빼냈다.[47]

H. H. 클라크는 CRLC의 농민들에게 수자원 공급 문제가 발생하지 않도록 심혈을 기울였다. 클라크와 보우커는 투자자들과 농민들 사이에서 관리자이자 중재자로서 중요한 역할을 담당했다. 임차인의 수수료와 수확에서 거둔 이익 사이의 균형을 세심하게 맞추었고 농민과 주요 투자자들 모두와 지속해서 소통했다. 이는 일반 투자자들에게도 마찬가지였다.

관리자들은 메히칼리에 거주하지 않고 매일 캘리포니아 임페리얼계곡에서 멕시코로 국경을 넘어왔다.

기예르모 마르티네즈Guillermo Martínez와 안셀모 라미레즈Anselmo Ramírez는 CRLC의 회사 기록에 등록된 4명의 멕시코 임차인 중 하나였다. 임차인 대부분은 영국계 미국인 또는 아시아계 미국인 농장주들이었다. 제임스 린치James Lynch, H. S. 애봇H. S. Abbott, J. P. 로든J. P. Lorden, 그리고 M. J. 논M. J. Non, 로 힝Law Hing, CRLC로부터 토지를 임차한 M. J. 원M. J. Won 같은 아시아계 미국인 농장주들은 캘리포니아 출신이었다(각각 샌프란시스코, 로스앤젤레스, 임페리얼계곡 출신). 하지만 콜로라도, 네브래스카, 워싱턴 등 다른 주 출신의 투자자들도 많았다.[48] CRLC는 콜로라도 덴버의 블랙 뷰트 회사Black Butte Company를 임차인으로 기록하고 있다. 아마도 블랙 뷰트 회사는 목화 재배와 노동력 관리를 감독하는 총괄 관리자

〈표 2〉 콜로라도강 토지 회사(CRLC) 임대 계정(1917년 6월 30일까지, 달러)

성명	융자	총액	미지불
제임스 린치(James Lynch)	4,082.00	4,082.00	6,418.00
블랙 뷰트 회사(Black Butte Co.)	2,625.00	2,625.00	0
R. C. 쇼(R. C. Shaw)	2,484.24	2,484.24	15,271.26
지오 A. 롱(Geo. A. Long)	0	0	0
브랜든버거그(Brandenberger)	0	0	0
M. J. 논(M. J. Non)	13,784.30	13,784.30	2,417.38
로 힝 & 추(Law Hing & Chew)	4,250.00	4,250.00	3,750.00
리 럼(Lee Lum)	1,579.55	1,579.55	3,618.02
J. P. 로든(J. P. Lorden)	3,500.00	3,500.00	9,568.72
짐, 힝(Jim, Hing)	1,060.00	1,060.00	298.60
H. S. 애봇(H. S. Abbott)	60,586.87	60,586.87	0
안셀모 라미레즈 (Anselmo Ramírez)	2,500.00	2,500.00	0
기예르모 마르티네즈 (Guillermo Martínez)	2,500.00	2,500.00	0

참고 : 상기 표는 1917년에 총괄 관리자가 기록한 총 85명의 농장주 중 14명의 예시만 포함함
출처 : Colorado River Land Company papers, Sherman Library, box 67, Corona del Mar, California

를 고용했을 것이다.

일부 CRLC 임차인은 파종과 수확기에는 농장에 거주했고 나머지들은 임페리얼계곡과 CRLC 농장을 오갔다. 투자자와 관리자 그리고 일부 농장주들이 국경 너머에 거주하는 것이 그리 특별한 일은 아니었다. 1910년부터 1920년까지 많은 중산층 및 (정치인을 포함한) 상류층 멕시코인들은 메히칼리와 국경을 마주한 쌍둥이 도시인 칼렉시코Calexico에 거주했다.[49] 근거리인 데다 효율적인 교통 시스템이 존재한 덕분에 미국 및 멕시

코 중·상류층 주민들은 메히칼리에서 일하면서도 칼렉시코의 쾌적한 거주 환경을 누릴 수 있었다.

CRLC 농장주들은 노동자들에게 주택을 영구히 제공하지 않았다. 농장주와 그 가족들이 농장 내 유일한 주택을 차지했고, 노동자들은 라마다Ramada라고 알려진 풀과 판자, 나무로 만든 임시 가옥에서 지냈다.[50] 농장주들은 노동자들을 위해 주택을 짓는 데에는 투자하지 않으려고 했고 CRLC 또한 이를 위한 어떤 장려 방안도 제공하지 않았다. CRLC의 계약서에는 주택과 울타리를 포함해 임차인이 작업한 모든 토지 개선사항은 임차 계약이 끝난 후 CRLC의 소유로 귀속된다고 명시했다. 이러한 개선사항에 대한 이후의 추가 보상도 전혀 없었다.[51]

1906년 무렵이 되자 많은 원주민은 자신의 토지를 더 경작할 수 없었고, 결국 국경 양쪽에서 미국의 회사를 위해 일해야 했다. 코코파인은 점점 더 미국 회사의 고용에 의존하게 되었다. 일부 회사는 현금 대신 식량과 의류를 지급했다. 많은 원주민 가구는 메히칼리계곡에 영구적으로 정착했고, 나머지는 우드로 윌슨Woodrow Wilson 대통령이 코코파인 보호 구역을 승인한 후 애리조나의 유마 인근으로 이주했다.[52]

국경 양쪽에서 미국 정부와 투자자들이 후원한 관개수로들을 코코파인들이 건설하고 유지·보수했다. 개발업자들은 원주민들을 고용해 강가의 나무를 베어내고 요새를 지었다. 이 일은 온도가 섭씨 48도에 달했던 여름에는 특히 고된 일이었다.

멕시코 메스티소 노동자의 이주

메히칼리 및 임페리얼계곡에서의 관개 작업이 진척을 이루면서 영국계 미국인 개발업자들은 토지 정리를 위해 멕시코 북부와 서부에서 메스티소 노동자를 유치하기 위한 노력을 재개했다. 1910년 인구 조사에 따르면 989명의 남성 메스티소 노동자와 428명의 여성 메스티소 노동자들이 메히칼리 행정구역에 거주했다.[53] 메히칼리에 정착한 이주 노동자 사라고사 콘트레라스Zaragoza Contreras는 코코파인에 대해 "스페인어를 한마디도 못 하는 거친 원주민이며, 저녁에 밖에 나가면 (자신들에게) 항상 총질을 했기 때문에 안심하고 살 수 없었다"고 증언했다.[54] 코코파인에 대한 사라고사의 인식은 새로운 환경에서 생존을 위해 노력했던 원주민들과 스페인어를 전혀 하지 못한다는 이유로 코코파인을 외국인으로 생각했던 메스티소 이주 노동자들 사이에 반복된 갈등이 존재했음을 보여준다.

코코파인들 또한 계곡으로 일하러 온 메스티소 노동자들을 신뢰하지 않았다. 아델라 포르티요Adela Portillo는 어머니로부터 "빨리 잠자리에 들지 않으면 멕시코 남성이 자신들을 산 채로 잡아먹을 것"이라고 말을 종종 들었던 것을 기억한다.[55] CRLC가 영국계 농장주 및 추가로 이주한 메스티소 노동자들에게 땅을 더 임차한 뒤에도 민족 간 갈등은 지속되었다.

메스티소 남성들은 처음 이주할 때에는 혼자 왔다가 몇 년 후 가족들을 메히칼리계곡으로 데려왔다. 1901년에서 1907년까지 인근 주에서 메히칼리계곡으로 이주한 삼십여 메스티소 가문 중에는 수마야Sumaya, 비야리온Villarion, 바리오스 아리아스Barrios Arias 가족이 있었다.[56]

라몬 수마야Ramón Sumaya는 1901년 엔세나다Ensenada 탄광촌에서 메히칼리계곡으로 이주했다. CRLC 농장주에게 정규직으로 채용되기 전까지 그는 아내 및 가족들과 떨어져 지냈다. 7년 후, 베르나르다 수마야Bernarda Sumaya가 남편과 함께 살기 위해 이주했는데, 이때 그녀는 자녀의 대모代母로 남편과 사별했던 델피나 모레노Delfina Moreno를 같이 데려왔다. 베르나르다와 델피나 모레노와 같은 여성들이 토지를 정리하고 콜로라도강을 따라 나무를 심는 임시 인부로써 CRLC에 고용된 최초의 메스티소 여성들이었다.

1909년 무렵, 수마야 부부는 메히칼리의 A. J. 플로레스A. J. Flores로부터 공터를 구매할 만큼의 자금을 모았다. 이들은 계곡지역의 메스티소 노동자들을 위해 식료품과 생활용품을 판매하는 작은 가게를 열었다.[57] 라몬이 계약제 노동자로 여러 CRLC 농장을 거치며 일하는 동안 베르나르다와 델피나는 가게를 운영할 수 있었다.

1911년 이후, 인근의 주와 소노라, 시날로아Sinaloa, 바하칼리포르니아수르Baja California Sur 지역들로부터 더 많은 남성이 메히칼리계곡으로 이주해 목화농장에서 계약노동자로 일했다. CRLC의 토지 임차인들은 계약 주기 동안 자신들을 위해 일한다는 전제하에 이동에 필요한 경비를 지급했다. 예를 들어 바하칼리포르니아수르의 에우스타키오 로메로Eustaquio Romero는 롱Long 농장에서 일했고 1년 후에 아내인 호세파 마르티네즈Josefa Martinez와 아이들을 데려왔다.[58] 이들은 두 번째 계약 주기가 끝나자 메히칼리에 영구적으로 정착했고 여러 CRLC 농장주 밑에서 일했다.

에스테반 칸투Esteban Cantú 주지사는 멕시코 영토 수호를 위해 멕시코인의 토지 개척을 지원했다. 미국 상원은 1910년부터 1920년까지 바하칼리포르니아 매입을 확정하기 위해 다양한 시도를 했다.[59] 칸투 주지사는 더 많은 계약제 노동자들을 메히칼리에 머무르게 하기 위해 영국회사인 토지 개척 회사Compañia de Terrenos y Colonizacion와 미국회사인 바하칼리포르니아 토지 수자원 회사로부터 약 65km²의 땅을 몰수하여 멕시코인 정착촌들을 조성했다.[60]

칸투는 재산세 체납을 사유로 CRLC로부터 토지를 매입한 회사를 표적으로 삼았다. 에라두라Herradura 정착촌에는 약 2.4km²의 부지에 24가구가 거주했고 아바솔로Abasolo에는 1.29km²에 12가구, 가장 큰 정착촌 중 하나였던 소노라에는 6.85km²에 65가구가 거주했다.[61]

메히칼리의 행정청은 이주민들을 위해 대지를 매입하거나, 최소 3년 동안 임차할 수 있도록 선택 가능한 지급 조건을 마련했다.[62] 접경지역의 멕시코군을 증강하기 위해 칸투는 남성들에게 멕시코 군대에 복무하는 한 비용을 내지 않고도 정착촌에 거주할 수 있게 했다.[63]

해당 지역에 멕시코인을 정착시키려 했던 칸투의 지원 정책은 성공적이었다. 1919년 무렵, 가구당 평균 0.1km²의 땅을 소유하거나 임차하며 메히칼리계곡에 거주하는 멕시코인의 수는 4천여 명에 달했다. 결과적으로 메히칼리의 멕시코 메스티소 인구는 1910년~1919년 사이에 3배로 증가했다.

결론

　미국 투자자들을 돌이킬 수는 없었다. CRLC는 여러 개의 관개 수로를 건설했고, 메히칼리의 반건성 토양을 비옥한 토양으로 변모시키며 이를 캘리포니아 임페리얼계곡 토지까지 확장하는 데 성공했다. 점차 많은 영국계 미국인 농장주들이 임페리얼계곡에 정착하면서 멕시코 쪽 국경지역을 매입하는 개발업자의 수도 증가했다.

　원주민 공동체들은 토지 강탈로 인해 위협을 받게 되었지만, 일부는 이주를 거부했고 토지 소유주의 추방 요구에 대항해 성공적으로 권리를 지켜냈다. 그러나 콜로라도강에 댐을 건설하며 코코파인의 삶은 완전히 바뀌었다. 이들은 농업 노동자 혹은 강을 따라 진행된 관개 작업 노동자로 전락했다. 많은 원주민이 메히칼리계곡에 영구적으로 정착했고, 영국계 미국인 투자자들이 자금을 후원한 관개 수로 건설 및 유지보수 작업에 고용되었다. 20세기가 시작될 무렵, 원주민 공동체는 멕시코-미국 국경지역에 새롭게 형성된 이주 노동자 정착촌에 병합되기 시작했다.

주석

*   "Reclamation of the Lower Colorado River Delta in Mexico", report prepared by J.C. Allison, consulting engineer for the Colorado River Land Company.

1   "The Eastern Part of San Diego County to be Irrigated", *Panama Star and Herald*, June 19, 1893; Charles Robinson Rockwood, *Born of the Desert : Personal Recollections of the Early History of the Imperial Valley*, Calexico CA : Calexico Chronicle, 1930; Elwood Mead, *Irrigation Institutions : A Discussion of the Economic and Legal Questions Created by the Growth of the Irrigated Agriculture in the West*, New York : Macmillan, 1903.

2   디아즈 대통령은 1877년부터 1880년까지 첫 번째로 재임했으며, 1884년 다시 집권하여 1911년까지 재임했다.

3   미국인들은 소노라와 치와와, 바하칼리포르니아 및 코아우일라에서 광산철도 및 농산업에 투자했다. "Lower California for Sale", land report and description International CO. of Mexico, Lower California, Mexico, July 1887, Don Meadows Paper, 1824~1994, Special Collections and Archives, University of California, Irvine CA; John Mason Hart, *Empire and Revolution*, Berkeley : University of California Press, 2002 참조.

4   Eric V. Meeks, *Border Citizens*, Austin : University of Texas Press, 2007; Oscar Martinez, *Border Boom Town*, University of Texas Press, 1978; Grace Delgado, *Making the Chinese Mexican : Global Migration Localism, and Exclusion in the U.S.-Mexico Borderlands*, Palo Alto : Stanford University Press, 2011; Schiavone Camacho Julia, *Chinese Mexicans : Transpacific Migrations and the Search for a Homeland*, Chapel Hill : University of North Carolina Press, 2011; Kelly Lytle Hernandez, *Migra! A History of the U.S Border Patrol*, Berkeley : University of California Press, 2012; Geraldo Cadava, *Standing a Common Ground : The Making of a Sunbelt Borderland*, Massachusetts : Harvard UniversIty Press, 2013 참조.

5   David Montejano, *Anglos and Mexicans in the Making of Texas, 1836~1986*, Austin : University of Texas Press, 1987; Carey McWilliams, *Factories in the Field*, Berkeley : University of New Mexico Press, 1985; Francisco Balderrama and Raymond Rodríguez, *Decade of Betrayal; Mexican Repatriation in the 1930s*, Albuquerque : University of New Mexico Press, 1985; Vicki Ruiz, *From Out of the Shadows; Mexican Women in Twentieth-Century America*, New York : Oxford University Press, 1998; George Sanchez, *Becoming Mexican Americans : Ethnicity, Culture, and Identity in Chicano Los Angles*, New York : Oxford University Press, 1998; George Sanchez, *Becoming Mexican Americans; Ethnicity, Culture, and Identity in Chicano Los Angeles*, New York : Oxford University Press, 1993; Camille Guerin Gonzalez, *Mexican Workers and American Dreams; Immigration, Repatriation, and California Farm Labor, 1900~1939*, New Brunswick NJ : Rutgers University Press, 1994 참조.

6　Samuel Truett, *Fugitive Landscapes : The Forgotten History of the U.S.-Mexico Borderlands*, New Haven : Yale University Press, 2006; Rachel St. Johns, *A line in the Sand*, Princeton : Princeton University Press, 2011; Susan Tiano, *Patriarchy on the Line : Work and Ideology in the Maquila Industry*, Temple : Temple University Press, 1994; Josiah Hernan, *Life and Labor and the Working People of Northern Sonora 1886~1986*, Tucson : University of Arizona Press, 1991; Ramon Ruiz, *The People of Sonora and the Yankee Capitalist*, Tuscon : University of Arizona Press, 1988; Oscar Martinez, *Border Boom Town : Ciudad Juarez since 1848* , Austin : University of Texas Press, 1978; Eric Michael Schantz, "From the Mexicali Rose to the Tijuana Brass : Vice Tours of the United States-Mexico Borders, 1910 ~1965", PhD diss., University of California, Los Angeles, 2001 참조.

7　바하칼리포르니아 지역 원주민의 숫자는 계절에 따라 변동했다.

8　William H. Kelly, *Cocopah Ethnography*, Tucson : University of Arizona Pres, 1977, p.66.

9　Kelly, *Cocopah Ethnography*, p.47.

10　이들은 토끼, 새, 뱀과 같은 작은 동물들을 주로 사냥했다. Kelly, *Cocopah Ethnography*, p.24 참조.

11　Lieutenant George H. Derby, 1852, in Kelly, *Cocopah Ethnography*, pp.9~10.

12　Anita Alvarez de Williams, *Primeros Pobladores de la Baja California*, Mexicali, Baja California : Instituto Nacional de Antropología e Historia, 2004, p.108.

13　그는 거주지 내에서 양 부족의 성인 남녀가 뒤섞여 있음을 발견했다. Carl Lumholtz, *New Trails in Mexico*, New York : Charles Scribner's Sons, 1912, p.250 참조.

14　Minutes from Jefe Político, Jacobo Blanco to Mexican cónsul in San Diego(189), Grupo : México Limite con EUA Archivo General de la Nación, México City.

15　원사료 : Pues el día que por instigaciones o algún pretexto se pongan en pie de guerra esas tribus salvajes la propiedad de esta frontera desaparecerá, tanto porque el numero de blancos que la habitan es diez veces menor, cuanto por la falta absoluta de elementos para sostener siquiera con algunos visos en la probabilidad de un buen éxito, una lucha semejante. Creo que esos motivos as que suficientes para que el Supermo Gobierno extienda oportunamente su protección a este remoto punto de la Republica que hasta hoy se encuentra abandonado a sus propia suerte.

　　Letter from subjefe político, José María Villagrana to Gobernación, 1873, Fondo Gobernación, 1873, 11H-ABC (AGN 41 : 2) 참조.

16　Daniel Cosio Villegas, *Historia Moderna de México*, México : Editorial Hermes, 1957.

17　Denton Collection, University of California, San Diego, box 1, 1872.

18　나중에 이 사업에 합류한 다른 동료들로는 A. F. Somera, Estanislao Hernández, Gregorio Almada, Wenceslao Iberri, William Mathews, Camilo Martin, Gregorio Urriolagoitia, and Franciso Logan이 있다. William Hendricks, "Guilermo Andrade and the Mexican Colorado River Delta, 1874~1905", PhD diss., University of Southern California, Los Angeles, 1967 참조.

19　José Alfredo Gómez Estrada, *La gente del delta del Rio Colorado : Indígenas, colonizadores y ejidatarios*, Mexicali : Universidad Autónoma de Baja California, 2000, p.61.

20 한번 재배할 때 노동자들은 대략 5천 톤의 대마를 거두었으며 이를 다시 섬유 추출을 위해 물에 담가두었다. Otis B. Tout, *The First Thirty Years*, San Diego : O.B. Tout, 1931, p.44 참조. 콜로라도 삼각주 지대의 야생 작물에 대해서는 J. C, Allison, *Consulting Engineer*, 1920, *Los Angeles Times* Company Records, box 3, Huntington Library, San Marino CA의 보고서를 참조.

21 Carl Lumholtz, *New Trails*, p.251.

22 Carl Lumholtz, *New Trails*, p.251.

23 1882년 블라이드가 갑자기 세상을 떠나며 안드라데가 회사의 주인이 되었다.

24 Hendricks, "Guillermo Andrade", p.143.

25 George Sánchez, *Becoming Mexican American*, Oxford : Oxford University Press, 1993; Manuel Gamio, *The Life Story of the Mexican Immigrant*, New York : Dover Publication, 1971; Paul Taylor, *Mexican Migration to the United States*, Berkeley : University of California Press, 1934; Paul Taylor, *A Spanish Mexican Community, Arandas in Jalisco, Mexico*, Berkeley : University of California Press, 1933; Quintana Isabela Seong-Leong, "National Borders, Neighborhood Boundaries : Gender, Space, and Border Formation in Chinese and Mexican Los Angeles, 1871~1938", PhD diss., University of Michigan, Ann Arbor, 2010; Matt Garcia, *A World of Its Own : Race, Gender, and Citrus in the Making of Greater Los Angeles, 1900~1970*, Chapel Hill : University of North Carolina Press, 2001; Gilbert Gonzalez, *Labor and Community : Mexican Citrus Workers Villages in Southern California County 1890~1950*, Chicago : University of Illinois Press, 1994.

26 Letter written by Andrade to Jacobo Blanco, July 2, 1894, folder 11H (20 : 150~151), Limites Mexico Estados Unidos 11H UABC; Gómez Estrada, *La gente del delta del Rio Colorado*, 121.

27 덴튼은 포멘토의 행정관청에 보낸 편지에서 해당 토지에 거주민이 있다는 사실을 알고 있었다고 인정했다. Letter written by Denton to the Secretaria de Fomento, December 25, 1885, William Denton Collection, box 1, University of California, San Diego, La Jolla, California 참조.

28 원사료 : Respetuosamente expongo : Que desde hace algunos años se están pasando algunos indios de la tribu Yuma y Dieguinos a los terrenos de mi poderante, ubicados en la tribu Yuma y Dieguinos a los terrenos de mi poderante, ubicados en la parte norte de este territorio cerca de la línea divisora, con los Estados Unidos de Norte América, siendo ya considerable el numero que ahí hay, y cuyos indios pertenecen a las reservaciones de aquel país y no a México; que la inmigración de esos indígenas a territorio Mexicano serán sumamente nociva para el país y para los intereses del señor Andrade. ... por ser de carácter pendenciero y de mala índole y con facilidad pervertían a los cucapas que viven en aquellos terrenos y son indios buenos y trabajadores y todos podrán mas tarde substraerse a la obediencia al gobierno y causar los grandes males que los indios del estado de sonoa han causado y están causando a sus habitantes. ... ninguna familia querrá ir a poblar exponiendo sus vidas y sus hijos. Carta de Eugenio Romero, Apoderado Jurídico de Guillermo Andrade, Al jefe Político de Baja California, Ensenada, 31 de Enero de 1896, Fondo : Gobernación, Archivo General de

la Nación, caja 315, exp 208/1 (11H-UABC, Herrera Carrillo, exp. 4.21) 참조.

29 아파치, 야키 그리고 마요인에 대해서는 Evelyn Hu Dehart, *Missionaries, Miners, and Indians; Spanish Contact with the Yaqui Nation in Northwestern New Spain, 1533～1820*, Tuscon : University of Arizona Press, 1981; Andrian Banjes, *As If Jesus Walked on Earth : Cardenismo, Sonora, and the Mexican Revolution*, Wilmington : S.R. Books, 1998 : Edward H. Spicer, *The Yaquis : A Cultural History*, Tucson : University of Arizona Press, 1980; Trudy Griffin-Pierce, *Native Peoples of the Southwest*, Albuquerque : University of New Mexico Press, 2000; Miguel Tinker Salas, *In the Shadow of the Eagles; Sonora and the Transformation of the Border during the Porfiriato*, Berkeley : Univesity of California Press, 19970 : and St. Johns, *Line in the Sand* 참조.

30 Oficio : Juez de Paz de la Sección Municipial de los Algodones, Diciembre 14, 1896, Limites México-Estados Unidos, Archivo General de la Nación, Mexico City.

31 에릭 미크스(Eric V. Meeks), 윌리엄 플로레스(William V. Flores) 그리고 레나토 로살도 (Renato Rosaldo)는 이러한 관계들을 문화적 시민권(cultural citizenship)이라 정의했다. Meeks, *Border Citizens*; Flores and Benmayor, eds., *Latino Cultural Citizenship : Claiming Identity Space and Rights*, Boston : Beacon, 1997; Rosaldo, ed., *Cultural Citizenship in Island South East Asian : Nation and Belonging in the Hinterlands*, Berkeley : University of California Press, 2003 참조.

32 "Salton Lake Sold", *Panama Star and Herald*, June 19, 1893, 1.

33 C. P. 헌팅턴에 대해서는 Collins P. Huntington Papers, Huntington Library, San Marino, California; Oscar Lewis, *The Big Four : The Story of Huntington, Stanford, Hopkins, and Croker, and of the Building of the Central Pacific*, New York : A.A. Knopf, 1938 참조.

34 Edgar F. Howe and Wilbur Jay Hall, *The Story of the First Decade in Imperial Valley California*, Imperial : Edgar F. Howe and Sons, 1910; David O. Woodbury, *The Colorado Conquest*, New York : Dodd, Mead, 1941 참조.

35 밀 25㎢, 보리 58㎢, 귀리 3㎢, 옥수수 6.2㎢, 알팔파 2.3㎢. Howe and Hall, *Story of the First Decade*, 96 참조.

36 1899년 버튼은 프레드 위커 샴(Fred Wiker Sham)에게 미국 금화 3000페소를 받고 소노 라의 토지를 양도했음을 참조. Special Collections, University of California, San Diego, La Jolla, California.

37 콜로라도강은 임페리얼계곡으로 환류되기 전 대략 32km 정도를 멕시코 영토를 관통해 흐른다.

38 Dorothy Keri, "Yankee Enclave : The Colorado River Land Company and Mexican Agrarian Reform in Baja California", PhD diss, University of California, Irvine, 1989, 51.

39 Celso Aguirre Bernal, *Compendio Histórico Biográfico de Mexicali 1539～1966*, Mexicali : Mexicali, B. CFA, 1966, pp.363～366; Tout, *First Thirty Years*, 52; Kerig, "Yankee Enclave."

40 Schantz, "From the Mexicali Rose", pp.338～341.

41 José Gómez Estrada, *La gente del delta del Rio Colorado*, p.78.

42 Tout, *First Thirty Years*, p.364.

43 Kerig, "Yankee Enclave", p.153.

44 Maria Eugenia Anguiano Telles, *Agicultura y migración en el Valle de Mexicali*, Tijuana : El Colegio de la Frontera Norte, 1995, p.62.

45 CRLC의 총괄 관리자인 H. H. Clark는 판매 과정에 대해 다음과 같이 설명했다 : "우리는 목화 재배에 자금을 대고, 공동 판매 대리점을 제공한다. 여기서 전문가들이 목화를 분류하고 공동 관리해 최고액 입찰자에게 판매한다." (Tout, *First Thirty Years*, 366).

46 Kerig, "Yankee Enclave".

47 Tout, *First Thirty Years*, p.366.

48 에릭 샨츠는 미국 각지에서 온 잠재적 투자자들을 위한 시찰 여행을 로스앤젤레스 타임즈(Los Angeles Times)가 어떻게 조직했는지 기술했다. Schantz, "From the Mexicali Rose", p.340 참조.

49 Kerig, "Yankee Enclave", p.65.

50 Cochran manuscript on Baja California, box 001, Special Collections, 1919, University of California, Irvine, pp.130-E and 38; Pablo Herrera Carrillo, *Reconquista y colonización del Valle de Mexicali*, Mexicali : Universidad Autonoma de Baja California, 2002, p.147.

51 CRLC Company Rent Agreement, 1933, box 67, Sherman Library, Corona Del Mar, California.

52 Anita Alvarez de William, *The Cocopah People*, Phoenix : Indian Tribal Series, 1974; Inter-Tribal Council of Arizona website, http : //www.cocopah.com/about-us-html.

53 Aguirre, *Compendio,* p.81.

54 Herrera Carrillo, *Reconquistt y colonización del Valle de Mexicali*, p.112 참조

55 "Ya duérmase si no ba a venir un Mexicano y se los va a comer." Testimony of Adela Portillo in Gomez Estrada, *La gente del delta del Rio Colorado* 참조

56 Archivo Histórico del Gobierno del Estado, Fondo : Pablo Martínez, caja 5, exp.47, Testimonios orales "Pioneros y Fundadores de Mexicali"; Gomez Estrada, *La gente del delta del Rio Colorado*.

57 Notarias del Estado de Baja California, book 10, Reporte de compra venta A. J. Flores a Ramón Sumaya, Protocolo de Primera Instancia, Mexicali, Baja California, February, 12, 1909.

58 Archivo Histórico del Gobierno del Estado de Mexicali, caja 5, Pablo Martínez.

59 See *Los Angeles Times*, January 5, 1891, 4c.2 참조

60 Pablo Herrera Carrillo, *Reconquista y colonización*, p.74~75; Kerig, "Yankee Enclave", p.162.

61 Hurrington Cochran Manuscript on Baja California, Special Collections, University of California, Irvine, 130-B; Anguiano Tellez, *Agricultura y Migración* 77; Herrera Carrillo, *Reconquista y colonización*, p.162.

62 Herrera Carrillo, *Reconquista y colonización*, p.74~75.

63 Kerig, "Yankee Enclave", p.162.

제9장

확장하는 국가 내 접경지의 의료화

의료진, 위생 보고서, 멕시코 성장 시기의 변경 문제, 1930~1950

가브리엘라 소토 라베아가(Gabriela Soto Laveaga)

정치·경제 지도는 이제 서구화되었지만, 문화 지도는 대체로 우리 서구사회가 정치적·경제적 정복을 시작하기 전의 모습을 유지하고 있다. (…중략…) 우리 서양인들이 그들을 '원주민'이라고 부를 때는 암묵적으로 그들에 대한 인식에서 문화적 색채를 배제한다. 우리는 그들을 우리 자신과 같은 열정을 가진 인간으로서가 아니라 그 지역 생태계의 일부로 번성하는, 우연히 마주친 들짐승으로 바라본다.*

1977년, 멕시코에서 '낙후지역과 사회 주변인 집단을 위한 국가 종합 계획Coplamar : Coordinación General del Plan Nacional de Zonas Deprimidas y Grupos Marginados(이하 코플라마르)'이 수립되었다.[1] 명칭에서 명백히 드러난 것처럼, 이 계획은 아직 국가의 통치력이 완전히 미치지 못한 곳에 거주하는 멕시코인들을 지원하기 위해 제정되었다. 이 계획은 주거, 영양, 교육, 건강 분야를 개혁해 멕시코 시골지역에서 빈곤을 근절하겠다는 야심찬 목표를 갖고 있었다. 그것은 다시 말해, 경제적 불평등이 초래한 문제를 문화적 방식으로 해결하겠다는 것이었다. 그러나 낙후지역에서 '주변인'으로 사는 것은 무엇을 의미했을까? 국가는 어떻게 특정지역을 공적 원조 범위 밖의 지역으로 정의하고 그곳에 거주하는 사람들을 주변인으로 분류했을까? 물론 이 계획의 명칭은 많은 사람에게 '무엇'에 대한, 결정적으로 '어디'에 대한 주변인지를 고민하게 했다. 나아가 그 경계지점에 다다른 사람들은 누구였는가? 이들을 변화시키려면, 먼저 그들이 다른 국민과 비교해 무엇이 다른지, 또는 이들에게는 무엇이 결핍되어 있는지 이해해야 했다. 다르게 말하면, 이 계획은 시골 주민들을 더 잘 이해하여 그들과 그들의 생활 방식을 더 쉽게 바꾸기 위해 고안된 것이었다.

코플라마르 계획을 통해 단순히 재정 장려책만으로는 국가 수준의 빈곤을 해소할 수 없다는 결론이 도출되었다. 오히려 빈곤의 모든 측면이 동시에 해소되어야 했다. 일견 혁신적인 것처럼 보였지만, 1970년대의 코플라마르 계획이 멕시코 변경지역의 문제들을 조사(이해)하기 위해 수립된 최초의 심층적인 국가 주도의 정부 재정지원 계획은 아니었다. 코플라마르 계획이 더 잘 알려지긴 했지만, 그에 버금가는 계획이 40년 전인 1930년대에 진행되었다. 멕시코 내륙에 의대생들이 파견되었는데, 이들은 국내의 낙후된 변경지역에 거주하고 있던 멕시코인들의 질병과 공중보건 상태, 인프라, 환경 및 생활습관 등을 보고해야 했다. 이 장은 변경지역에서 일어난 변화를 설명하기 위해 의대생들이 작성한 위생 보고서를 자료로 이들 지역에 대해 어떻게 기술했는지를 분석하고자 한다. 보고서는 외딴 지역에 의약학을 도입하며 일어난 일들을 관찰하기보다는, 광범위한 지역에서 발생한 유사한 건강상의 문제를 지적하며 지역 차에 대한 구분을 회피하는 방식으로 서술되었다. 멕시코의 변경지역은 빈곤 문제 및 위생의 수준에 있어 처한 상황이 유사하다고 인식되었고, 따라서 단일한 의료 예방책, 예를 들어 새로운 하수 처리시설, 산파의 퇴출, 예방접종 등을 적용할 수 있었다. 이 책의 다른 필자들이 설명하는 것처럼 민족 정체성의 형성 과정은 다양한 모습으로 나타나는데, 1930년대 멕시코의 경우 영토의 범주를 원주민 비중이 높은 외진 지역까지 확장하는 과정에서 국가권력을 강화하기 위해 공중보건은 핵심적인 수단이 되었다.

혁명 이후 근대 국가를 세우는 수단으로 의약학을 활용한 것이 이번이 최초는 아니었다. 소련에서 공중보건을 활용해 지역에 대한 국가의 통제를 강화하고 정치적 권력을 행사한 것은 논쟁의 여지는 있지만 널리 알려지고 연구가 활발히 진행된 사례 중 하나였다. 새로운 소련의 인민은 공산당의 이상뿐만 아니라 과학과 의료의 힘에 대해서도 확고한 신념을 가지고 있었다.[2] 소련의 사례와 마찬가지로, 멕시코에서도 공중보건 계획이 확대되면서 건강의 문화적 의미가 시험대에 올랐고, 도시 공간으로부터 단일한, 과학적 영향력이 발현된다는 생각도 강화되었다. 멕시코의 다양한 원주민의 과거는 문화적 다양성이 아니라 질병에 관해 기술하도록 훈련받은 의대생들이 작성한, 건강에 관한 현대적 서술로 대체되었다.

이 장의 목적상, 변경지역은 현대 멕시코가 불평등한 발전으로 인해 야기된 사회경제적 분열을 극복하기 위해 노력했던 구역으로 이해해야 한다. 많은 경우, 발전된 도심과 그렇지 못한 시골 사이의 무정형의 공간이었던 이러한 '구역'은 1930년대 후반의 농촌 개혁과 산업화의 확대 과정에서 극적인 변화를 경험했다. 앞서 언급한 1970년대의 코플라마르 계획에서는 전통적인 문명-문화적 변경지역 그리고 더욱 최근에 확립된 접경지대의 개념 모두를 예견했지만, 의대생들이 파견된 지역은 경제적 동인에 의해 경계가 정해지는 경우가 많았다.[3] 하지만 이 개념들은 이러한 경우에 훨씬 더 유용하다. 문명-문화적 변경지역은 때로는 폭력적인 접촉을 통해 전통적 구조를 변화시키는 원동력이지만, 접경지대의 개념은 공동의 기반을 찾고 공통된 의미의 지평에 참여하기 위해 분투하는 두 개의 다른 문화나 집단 사이에 지속적인 협의가 이루어지는 주변 공간을 드러낸다.[4] 이른바 '중간 지역middle ground',[5] '제3의 공간third space'[6] 또는 '접경지대'[7]는 발전 수준이 다른 두 집단이 서로에 대해 배움으로써 빈부의 경계를 국가적 차원에서 극복하는 사회경제적 맥락으로 이해할 수도 있다.[8]

1936년부터 수백 명의 6년 차 의대생들이 접근하기 어려운 지역사회에 파견되어 일정 기간 의료 서비스를 제공해야 했다. 이후 멕시코 헌법에 명시되어 지금껏 이어져 오고 있는 요건은 시골 주민들의 생활양식과 건강에 관한 최종 보고서를 꼼꼼하게 작성하는 것이었다. 보고서는 의학적 관심사를 넘어선 것이었다. 의사들은 해당 지역의 빈곤 상태를 임상적으로 조사하면서 발전과 산업화가 얼마나 시골지역에 유입되었는지 알려야 했다. 특히 내륙지역의 건강 습관, 문화, 전통 신앙, 노동구조, 사회 관계 등에 중점을 두었다. 이 계획은 공중보건을 위한 조치이자 시골지역의 의료진 수를 재분배하려는 시도로 낙인찍히긴 했지만, 국가의 경제적 잠재력을 강조하기 위한 자료 수집활동이기도 했다. 의료진은 관료나 정치인, 사회복지사는 아니었지만, 이러한 변경지역에 처음 발을 들인 사람들이 종종 멕시코 시골의 의료진이었기 때문에 실제로 이들이 이러한 역할을 많이 맡았다. 보통 국경에 대해 말할 때 우리는 국경을 정의하는 데 필요한 관료주의적 세부사항들, 특히 국가의 변두리에 대해 기록하고 이를 문서화하기 위해 파견된 사람들은 고려하지 않는다. 의대생들이 작성한 위생 보고서는 의료진들이 발전과 저발전 사이의 중간 영역을 어떻게 다루었는지 보여주는 증거가 된다. 그들은 이 공간을 건강하지 않을 가능성이 있기에 원치 않았던, 변두리에 사는 멕시코인들로부터 바람직한 시민들의 경계를 분명하게 나타내는 접경으로 바라보았다.

　문명의 접경이라 바라본 곳으로 의료진을 파견하는 과정에서 예기치 않은 지리적 변화가 발생했다. 작은 마을과 지역사회를 조사하는 과정에서, 건강한 작은 섬들이 현대 멕시코의 일부로 그려졌고 사람들이 동식물처럼 경관의 일부가 되었다. 시골지역의 건강을 증진하는 일은 사회 공익의 도구이자 소외된 지역을 큰 국가로 통합하는 정치적 도구로 여겨졌다. 이 장에 나타난 것처럼, 1930년대, 1940년대, 1950년대의 멕시코에서 소외지역으로 취급된다거나 발전단계의 경계(접경)에 있다는 것이 무엇을 의미하는지 멕시코인들은 의료진을 통해 이해하기 시작했다. 이들의 묘사는 20세기 말까지도 국민적 상상 속에 남아 있었다. 빈곤은 오랫동안 국토에 낙인을 찍고 이러한 공간을 분열시켰지만 ― 메마른 토양, 물 부족, 불충분한 도로 모두 멕시코에 무엇이 필요한지 재해석하는 데 기여했다 ― 사회적 구조로서 빈곤의 개념 역시 그때그때 유행하는 정치적 추세를 반영하기 위해 지속적으로 갱신되어야 했다. 멕시코 시골 사람들의 후진성의 본질은 언제나 언어(스페인어를 하지 못함), 생산(자본주의를 받아들이지 못함), 교육(기본 기술을 습득할 수 없다고 인식된 무능력함), 태도(개선하고자 하는 욕구가 부족하다는 추정) 및 피정복민들에게 팽배한 전반적인 악감정(전형적인 게으름)과 관련되어 있다고 서술되었다. 연구를 위해 변경지대로 파견되어 당시 멕시코인들의 우려와 야망에 관해 많은 부분을 밝혀낸 사람들과 더불어, 위생 보고서의 중점이 된 것은 이러한 시골의 가난했던 토착 멕시코인들이었다.

문명의 경계로부터의 보고

의대생들은 나중에 상관에게 보고할 자세한 질문 목록과 정보 점검표를 가지고 갔다. 이 목록의 내용은 당시 멕시코에서 의료가 어떻게 이해되고 있었는지, 그리고 건강에 영향을 미친다고 여겨졌던 요인이 무엇이었는지 보여준다. 학생들은 현지에 도착하기 전에 본인이 배정받은 지역의 역사에 몰입하도록 요청받았다. 예를 들어, 도착하기 전에 인구와 주변 환경을 다룬 '책, 요약 보고서, 연구자료' 등을 읽어야 했다.[9] 또한, 이들은 개별 면담을 해야 한다는 지침을 받기도 했는데, 그것이 지역사회의 생활과 사람들의 사고방식, 관심사를 충분히 이해하기 위한 수단이었기 때문이었다.[10] 보고 내용에서 가장 중요한 것은 그들이 외부인으로서 관찰한 결과였다. 사실, 관찰이 '가장 권고되는 방식'이었는데, '학생들이 지역사회와 동등한 존재가 되어 더 쉽게 지역사회 내의 습관, 사고방식, 관심사, 개인적 인간 관계를 이해할 수 있기 때문'이었다.[11] 지역사회에 발을 들이기 전에 의대생들에게 시골 사람들의 행동을 연구해야 한다고 권고한 것은 멕시코가 분단된 국가라는 생각을 강화했다. 즉 시골 멕시코인들에게 멕시코는 설명이 동반되어야 하는 국가라는 것이었다.

보고서는 두 부분으로 구성되었다. 첫 번째는 주변 환경에 대한 전반적인 설명이었고, 두 번째는 지역사회에 대한 상세한 분석이었다. 두 지침 모두 주변 지역을 어떻게 바라봐야 할지 학생들에게 인식을 재고하도록 권고하기에, 더 자세히 살펴볼 만한 가치가 있다. 첫 번째 지침에서부터 질문지를 설계한 사람들이 발병의 우려에 따라 국가를 나누었을 때 발생할 수 있는 문제점을 인식하고 있다는 사실을 명백히 알 수 있다. 예를 들어, 의대생들은 먼저 배정받은 '구역'의 정치적 구분 요소를 명시하도록 요청받았다. 다시 말해, 지역사회의 이름, 인근 인구, 자치체, 주요 도심까지의 거리 등이었다. 하지만 비교적 쉬운 이러한 작업을 마치면, 배정받은 지역사회의 역사를 공중보건의 시각에서 기술해 달라는 요청이 뒤따랐다. 이들이 역사가가 아니었다는 사실을 유념하자. 이 질문은 '설립 당시부터 마을이 거쳐 온 발전 과정'을 가늠하기 위한 수단에 접근하도록 학생들을 유도했다. 여기서 '발전 과정'은 '어떠한 보건 지원, 마을을 덮쳤던 전염병, 재해 등'으로 더 상세히 명시되었다. 이렇게 명시한 후, 청년 의사들은 지역사회의 크기(km^2)와 함께 강, 강어귀, 수원의 수를 기록하도록 요청받았다. 마지막으로, 연간강수량(mm)과 '사이클론, 회오리바람, 우박, 한파' 등 풍력 자원 및 기상 현상에 관해 간단히 보고해야 했다. 하지만 의대생들은 자신이 맡은 지역사회에 도착했을 때 종종 막막해 하기도 했다. 한 작성자는 학생들이 "정신적 차원의 지원 없이 고립되어 있다고 느끼곤 했는데, 대부분 (의대생들이) 오랜 시간 동안 상급자로부터 소식을 듣지 못해서 자신이 맡은 업무의 방향성을 잃기 시작하고, 장애물을 만나 휘청이면서 보고서는 보통 실패로 돌아가곤 했다"고 언급했다.[12] 여기에서 역사가도, 측량사도, 지리학자도 아니었던 의대생들에게 어마어마한 업무가 부여됐다는 사실을 짚고 넘어갈 필요가 있다. 이렇게 명백한 사실에도 불구하고, 국가는 시골지역의 변화하는 인구 통계를 조사하는 데 수련의들이 제공한 설명과 사실에 의존하고 있었다. 그리고 실제로 시골지역은 바로 이들의 눈앞에서 변화하고 있었다.

일부 보고서는 어떻게 현대 농업과 새로운 사회 간접자본 계획이 빠른 속도로 지형을 변화시켰는지 보여준다. 사람들은 미경작지로 옮겨와 개량된 도구를 활용해 새로운 마을을 세웠고, 결국 새로운 변경을 형성했다. 예를 들어, 1948년 멕시코 북부 관개지에서 의사 안토니오 벨라오 데 라 토레Antonio Velao de la Torre는 한때 덤불이 우거지고 자생식물로 가득했던, '최근 정복된' 지역이 "주민들의 의욕적인 목화재배로 인해 나무 한 그루조차 남지 않았다"고 기록했다.[13] 한때 야생의 땅이었던 곳에 목화 덤불이 '수 킬로미터' 펼쳐졌고, '수자원부 소유의' 복잡한 관개 설비가 물을 공급했다. 불안하게도 이러한 수로가 건조지대 전체의 유일한 수원이었다. 마시고, 세탁하고, 목욕하고, 소를 비롯한 여러 가축에게 물을 주는 데 사용된 물이 모두 이 인공 수로를 통해 공급되었다. 그가 지적한 것처럼, 당연히 물은 식용으로 부적합했고 지역 전체의 수인성 질병의 가장 큰 원인이었다. 이 '변경' 농업지역의 인구 대부분은 멕시코의 다른 지역에서 온 사람들이었다. 유행성 인플루엔자에 쉽게 걸렸던 노인들과 같은 일부 인구는 이미 인근 광산에서 일하면서 '기관지 질환'을 앓고 있었다.[14] 너무 병이 들어 더는 코아우일라Coahuila주의 인근 광산에서 일하기 어려워진 광부들이 기회를 찾아 이주했다. 국내 이주, 노동 조건, 심지어는 지형의 변화까지도 이 지역 안팎으로 인구 유입의 흐름을 변화시켰다는 것이 보고서를 통해 명백해졌다. 그러나 가장 큰 영향을 받은 것은 환경이었다.

이와 유사하게 멕시코 동부 해안으로 국가가 확장되고 있었고, 급성장하는 석유 산업에 자리를 내주며 열대림이 크게 훼손되었다. 이 변경지역에도 마찬가지로 기록을 위해 의사들이 파견되었다. 타바스코^{Tabasco}주에 대한 보고서를 작성한 의사는 타바스코 사람들에 대해서는 감탄해 마지않았지만, 특히 급성장하는 석유 산업과 비교했을 때 '주州에 후진성'이 존재한다는 것을 알릴 수밖에 없다고 인정했다.[15] 그의 의견에 따르면, 흥미롭게도 이 후진성의 원인은 교통 및 통신체계가 원시적인 단계에 있었기 때문이었다. 주 전체에 운영 중인 고속도로가 단 하나뿐이었다. 하지만 이 의사는 이곳에 매장된 천연자원이 필요하기에 분명 단기간에 고속도로의 수가 변화할 거라 기록했다. 몇십 년이 지난 1951년 타바스코주는 이미 하루 1,900배럴의 석유를 생산하고 있었지만, 철도는 단 하나뿐이어서 농산물과 소의 수출에 결정적인 영향을 미치고 있었다. 이러한 교통의 격리는 주가 보유한 부富를 반영하지 못했고, 의사는 그 원인으로 '수자원 관리의 부재'와 함께 '부실한 정부'를 꼽으며 이들이 성장을 저해하는 주요 장애 요인이라 지적했다. 식수 부족과 함께 높은 문맹률도 발견되었다. 대부분의 지역에서 40%를 상회했던 문맹률은 국가를 확장하기 위한 어떤 시도도 무산시키는 듯했다.

식자율이나 문맹률은 의료 보고서에서 꾸준히 다루어지는 주제다. 1910년 인구 조사에 따르면, 멕시코 남성의 33%, 멕시코 여성의 27%만이 글을 읽고 쓸 수 있었다.[16] 그 결과, 20세기 초반부터 교육은 멕시코 국가 건설 계획의 중요한 요소였다. 멕시코사 연구자들이 지적했듯이, "교육자들은 경쟁적인 국제 질서 속에서 사회질서, 생산, 국방을 위해 국민을 국가화하려는 개발주의적 사고와 사회공학의 국제적 분위기에 편승했다".[17] 이를 위해 교사들은 변화를 옹호하는 사람이 되었지만, 그들이 생각한 행동의 변화는 농촌에 적용하기는 어려운 과학 및 교양과 연계되기 일쑤였다. 이 교사들 대부분은 '지역의 문화를 멸시했고 그 논리를 이해하는 데 관심을 거의 기울이지 않았으며,' 의사들의 보고서 역시 이러한 생각을 반영했다.[18] 지역사회 위생과 미화 사업이 교실에서 시작됐기 때문에, 학교는 그 후 위생이 개인의 성취 및 지역사회의 참여와 직접적인 관련성을 가지는 장소가 되었다. 이러한 노력에도 불구하고, 그리고 교육의 대상자들을 확인했음에도 불구하고 의사들은 대체로 시골의 멕시코인들은 위생 문제에 대한 교육이 불가하다는 결론을 내렸다. 일부 의사들이 주장했던 원인 중 하나는 인프라 부족이었는데, 역설적으로 이로 인해 교실이 위험하고 비위생적인 환경이 되었다는 것이었다. 예를 들어 1951년 마타모로스Matamoros 북부지역에 체류하던 의사 살바도르 세론 데 지베스Salvador Céron de Gyves는 에히도산토토마스Ejido Santo Tomas의 작은 학교엔 교실이 두 개뿐인데, 책상이 너무 높아서 제일 어린 학생들은 올라갈 수도 없을 정도였다고 기록했다.[19] 모든 책상은 다섯 명의 학생이 함께 사용했고, 관찰자에게 더 충격적으로 다가온 것은 '보건 기준에 명시된 규격이 아니었다'는 점이었다. 다시 말하면, 칠판이 학생들 뒤에 걸려 있어서 칠판에 쓰인 내용을 보기 위해 이상한 각도로 몸을 비틀어야 했다. 가장 놀라웠던 것은 학교에 화장실이 없어서 아이들은 고속도로 반대편의 노지를 이용하기 위해 고속도로를 건너야 했다. 세론이 관찰했던 것처럼, 교통량이 많았던 고속도로임에도 불구하고, 아이들은 자동차에 치일 위험을 무릅써야 했다.[20] 이 작은 마을에는 수돗물이 없었기 때문에 마타 모로스로부터 뚜껑도 없는 항아리에 물을 담아와야 했다. 아이들은 컵 하나를 다 같이 사용했고, 당연히 많은 질병이 전파됐다.

위와 같은 상황도 크게 우려가 되었지만, 의사에게 가장 걱정스러웠던 것은 학교 건물의 위치였다. 학교 북쪽 인근에 마을의 쓰레기 처리장이 있어서 '참기 힘든 고약한 악취 속에서 숨을 쉬어야 하는' 더운 계절에 파리 떼가 교실을 습격했다.[21] 두 교실에는 6~15살 사이의 재학생 102명이 있었지만, 출석률도 문제였다. 게다가, 인구 조사에 따르면, 밭일을 하기 때문에 학교에 가지 못하는 학생이 52명이나 더 있었다. 물론 출석하는 학생 중 50% 이상의 학생들에게서 이가 들끓었고, 헤졌거나 찢어진 옷을 입고 지저분하게 등교하는 학생은 75%를 넘었다.[22] 세론은 이러한 상황에 낙담했고, 보고서에서 '조국에 건강한 시민을 공급한다면 국가 발전으로 보답받을 것'이라 역설한 정치가이자 교육 개혁가 후스토 시에라Justo Sierra를 떠올렸다.[23] 세론은 특히 국가 내부에서도 가장 접근하기 어려운 벽지에서는 교육 개혁과 위생을 통해 발전을 이룩하겠다는 약속은 달성하기 어려우리라 생각했다. 또 다른 의대생에 따르면, 이는 멕시코의 시골에서 수많은 언어를 사용하기 때문이었다. 실제로 젊은 의사 프란시스코 쿠에바스 블랑코Francisco Cuevas Blanco는 지역 내 '95%에 육박하는 문맹률을 해소'하기 위해 스페인어를 가르치는 데 특별히 중점을 둔 문해 캠페인을 시작해야 한다고 요구했다.[24] 그의 주장에 따르면, '원시 신앙이 너무 깊게 뿌리내리고 있기 때문에 이 지역에 문명의 혜택을 들여오는 것은 결실 없는 일'이었다.

일부 의사들은 맡은 임무와 실제 현장 상황에서 느낀 개인적인 불쾌감을 해소하지 못하기도 했다. 니카라과Nicaragua 출신으로 의학 학위를 취득하기 위해 멕시코에 온 마르시알 리오스Marcial Rios의 경우가 그러했다.[25] 멕시코 내륙 지역을 연구한 리오스는 세부 주제로 시골의 성 위생을 선택했다. 시골 주민들의 습성에 대한 그의 설명은 시골의 멕시코인들이 미개하고 문란하며 무지하다는, 당시 만연했던 상투적 인식에 신빙성을 부여했다. 예를 들어, 그는 지역의 높은 사망률에 관해 설명하는 보고서의 도입부에서, 그 주된 원인으로 마을 내에 의료에 대한 주의가 '전무'하기 때문이라고 언급했다. 그는 방충망을 갖추지 못해 '파리 떼'가 들끓는 침실과 공중보건은 전혀 신경 쓰지 않은 채 나무판에 고기를 늘어놓은 정육점 등 이 작은 마을의 일상을 세심하게 기록했다. 하지만 그에게 있어 가장 큰 골칫거리는 주민들 사이에 만연해 있던 사회적 관습이었다. 예를 들어, 리오스는 어느 한쪽 파트너가 성병에 걸렸는지의 여부를 확인하기 위해 혼전 검진법을 시행하기로 결심했다. 그에 따르면, 법을 존중하지 않았으며, 이로 인해 "비합법적인 관계가 빈번했다".[26] 또한 리오스는 "여성공포증이 있는 것은 명백하지만 동성애 성향은 보이지 않는 소심하며 겁 많고 두려움이 많은" 사람들 사이에서 자위 행위를 하는 사람의 비율이 높은 것을 관찰했다.[27] 그리고 이러한 자위 행위의 비율을 유일하게 능가한 것이 '적극적이거나 잠재적'인 소아성애자의 수였다. "매우 적은 인구 수임에도 불구하고 빈번하게 발생했고, 에둘러 말하자면 수치심이나 자존감, 또는 도덕 관념이 없는 사람들이 매일 밤낮 없이 때를 가리지 않고 저질렀다." 이러한 설명은 멀리 떨어져 있던 도시의 거주자들에게 소외 지역에

사는 사람들은 물질적으로 가난할 뿐만 아니라 사회적·도덕적 지도가 필요하다는 인식을 하게 했다.

인성의 결함을 언급하는 것 이외에, 의사들은 미심쩍은 민간요법의 존재에 대해 기록하는 데도 상당한 노력을 기울였다. 오악사카Oaxaca주 후치탄Juchitan에서 의사인 알베르토 로블레스 캉가Alberto Robles Canga는 당시 급격하게 확산되었던 결핵을 치료하기 위해 사람들이 신봉했던 이상한 의식을 관찰했다. 환자는 노새에 앉아 전체 주민 앞에서 행진하고, 사람들은 환자를 갈대로 때렸다. 환자가 자신이 목격한 광경을 큰 소리로 외치면 치료가 되는 것이었는데, 사람들은 성관계 중인 두 사람을 우연히 발견한 사람이 결핵에 걸린다고 믿었기 때문이었다.[28] 그는 풍토성 결핵은 그보다는 "식생활 결핍, 절대적인 예방책 부족, 병에 걸린 소아·노인·동물 간 지속적 접촉, (…중략…) 해당 지역의 기후 그리고 먼지 흡입"이 원인일 가능성이 더 크다고 언급했다.[29]

현지의 이러한 믿음 외에도, '주민에게 실제로 위협이 된' 치료인들이 존재했다.[30] 베라크루즈주 남동부에 파견된 또 다른 의대생은 해당 지역에서 "전통 치료인들의 수가 걱정스러운 수준에 도달했다"고 언급했다.[31] 게다가 이들은 "조제법의 약리적 구성은 고려하지 않고 약을 처방하는 등 굉장히 뻔뻔했다".[32] 일부 의대생들은 연방 정부가 개입해 "멕시코 국민을 보다 소양을 갖춘 국민으로 만들기 위한 (건강) 캠페인을 강화하여 돌팔이를 근절"해야 한다고 주장했다.[33] 궁극적으로 이 보고서들은 멕시코의 도시 및 시골 사이의 접경에서 공중보건의 발전을 문서로 만드는 노력을 통해 두 지역을 하나로 엮는, 거의 불가능에 가까운 일을 강조하는 데 성공했다.

결론

1930년대 말 의대생들이 국내 소외 지역에서 일어난 변화를 문서화하기 위해 처음 파견되었을 때, 이들 변경지역은 멕시코라는 국가가 계속해서 팽창하기 위해 위생을 개선해야 하는 공간으로 보였다. 멕시코는 국가를 빈곤의 측면에서, 다시 말해, 국내 경제의 불균형 수준을 확증하는 유산자와 무산자의 통계적 목록으로 재조명했다. 역사가 아놀드 토인비를 서두에서 인용한 것처럼, 전부는 아니지만 대개 원주민이었던 멕시코 시골의 빈곤층들은 수십 년 동안 인류학적 호기심의 대상이었고, 통계나 인구 조사라는 명목으로 괴롭힘을 당해 왔으며, 사회적 질병을 앓고 있다고 일관되게 규정되면서도 자금 부족이라는 이유로 실제로 겪고 있던 생물학적 질환은 대개 치료받지 못했다. 많은 젊은 의사들은 잠재적으로 현지의 사회 기반을 개선할 수 있는 자원의 부족에 초점을 맞추는 대신 행동에만 중점을 두어, 가난한 시골의 멕시코인들은 문화적으로 퇴보했고, 더 나쁘게 말하자면, 가르칠 수도 없다고 바라보았다. 실제로 국가는 식민주의, 현지의 경제·정치적 계급 문제와 불평등한 부의 분배 등 해결되지 못한 문제를 국가의 실패가 아닌 의료적 문제라고 재명명한 의사들의 보고서를 활용해 농촌사회를 음험한 공간으로 탈바꿈했다. 민족과 인종, 문화적 분열이 뒤엉켜 골머리를 앓는 땅에서 국가가 어떻게 발전되어야 하는지 제시하는 새로운 현대적 이상에 부합하도록 국가의 변경은 변화하고, 치유되며, 사회적으로 설계될 수 있다는 믿음이 존재했다. 실제로 이러한 공간을 수십 년 동안 정의했던 것은 의료 보고서에 담긴 질병과 위생 보건의 언어들이었다.

주석

*   Arnold Toynbee, *A study of History : Abridgement of Volumes I - VI by D.C. Somervell*, Oxford : Oxford University Press, 1987, p.36.

1   *Necesidades esenciales en Mexico : Situación actual y perspectivas al año 2000*, vols. 1-5, Mexico : Siglo XXI, 1982.

2   Paula Michaels, "Medical Propaganda and Cultural Revolution on Soviet Kazakhstan, 1928 ~1941", *Russian Review* 59, no.2, 2000, pp.159~178; Susan Gross Solomon, "Social Hygiene and Soviet Public Health, 1928~1932", *Health and society in Revolutionary Russia*, ed. Susan Gross Solomon and John F. Hutchinson, Bloomington : Indiana University Press, 1990, pp.175~199; Mark Adams, "Eugenics as Social Medicine in Revolutionary Russia", *Health and society in Revolutionary Russia*, ed. Susan Gross Solomon and John F. Hutchinson, pp.200~223.

3   Anssi Paasi, "Boundaries as Social Practice and Discourse : The Finnish-Russian Border", *Borders and Border Politics in a Globalizing World*, ed. Paul Ganster and David E. Lorey, Lanham : Rowman & Littlefield, 2005, pp.177~137; Henk van Houtum and Ton van Naerssen, "Bordering, Ordering and Othering", *Tijdschrift voor Economische en Sociale Geografie* 93, no.2, 2002, pp.125~136; Pekka Hämäläinen and Samuel A. Truett, "On Borderlands", *Journal of American History* 98, no.2, 2011, pp.338~361

4   Gloria E. Anzaldúa, "Preface", *Borderlands/La Frontera : The New Mestiza*, San Francisco : Aunt Lute Books, 1987.

5   Richard White, *The Middle Ground : Indians, Empires, and Republics in the Great Lakes Region, 1650~1815*, New York : Cambridge University Press, 1991.

6   Homi K. Bhabha, *The Location of Culture*, London : Routledge, 1994.

7   Anzalldúa, "Preface".

8   Alexander Drost, "Historische Grenzräume und kognitive Grenzziehungen der Gegenwart", *1200 Jahre deutsch-dänische Grenze : Aspekte einer Nachbarschaft*, ed. Steen Bo Frandsen, Martin Krieger, and Frank Lubowitz, Neumünster : Wachholtz, 2013, p.24.

9   "Instructivo Para el Estudio Integral del Distrito Sanitario", Archivo Bustamante, UNAM, n.d.

10   "Instructivo Para el Estudio Integral del Distrito Sanitario", Archivo Bustamante, UNAM, n.d.

11   "Instructivo Para el Estudio Integral del Distrito Sanitario", Archivo Bustamante, UNAM.

12   Roberto Robles Canga, *Informe Sanitario del Municipio de Juchitán*, Oaxaca, Mexico : UNAM, 1946.

13   Antonio Velao de la Torre, *Informe Sanitario de la Colonia Anahuac, municipio de*

Matamorous Tamps, con un estudio de la susceptibilidad a la difteria, Mexico : UNAM, Mayo 1948, p.10.

14　Velao de la Torre, *Informe Sanitario*, p.17.

15　Joaquin Azpiroz Contreras, *Informe Sanitario de la Población de Atasta Municipio de Centro, Tabasco El Paludismo en la Región*, Mexico : UNAM, 1951.

16　Mary Kay Vaughn, "Nationalizing the Countryside : Schools and Rural Communities in the 1930s", *The Eagle and the Virgin : Nation and Cultural Revolution in Mexico, 1920-1940*, ed. Mary Kay Vaughan and Stephen E. Lewis, Durham : Duke University Press, 2006, p.158.

17　Vaughn, "Nationalizing the Countryside", p.158.

18　Vaughn, "Nationalizing the Countryside", p.159.

19　Salvador Cerón de Gyves, *Informe Sanitario e higience escolar en el municipio de Matamoros de la Laguna, Coahulia*, Mexico : UNAM, 1951.

20　Cerón, *Informe Sanitario*, p.44.

21　Cerón, *Informe Sanitario*, p.44.

22　Cerón, *Informe Sanitario*, p.57.

23　Cerón, *Informe Sanitario*, p.58.

24　Francisco Cuevas Blanco, *Informe Sanitario de Huautla de Jiménez, Oaxaca*, Mexico : UNAM, 1947, p.63.

25　Marcial Osmán Ríos Ramírez, *Informe Sanitario de Suchil, Durango : Higiene sexual*, Mexico : UNAM, 1950.

26　Ríos, *Informe Sanitario*, p.32.

27　Ríos, *Informe Sanitario*, p.44.

28　Canga, *Informe Sanitario*, p.24.

29　Canga, *Informe Sanitario*, p.24.

30　Canga, *Informe Sanitario*, p.35.

31　Amando Kirsch Giuliani, *Informe Sanitario de Zanapa, Veracruz*, Mexico : UNAM, 1949.

32　Kirsch, *Informe Sanitario*, p.43.

33　Kirsch, *Informe Sanitario*, p.44.

제10장

접경을 넘나드는 영세 교역 연구를 통한 정치적 국경의 사회적 기능의 이론화

올가 사순케비치(Olga Sasunkevich)

접경을 넘나드는 영세 교역, 즉 "유통 과정에서의 시간과 공간에 따른 가격과 환율의 차이를 이용하는, 일종의 차익 거래"는 전 세계의 많은 접경에서 찾아볼 수 있다.[1] 영세 교역은 시기와 지역을 통틀어 어느 정도 보편적인 이동 현상으로 서로 다른 접경지역에서 반복적으로 출몰하곤 한다. 영세 교역상들은 다양한 이름으로 불렸는데 탈사회주의 시기 동유럽에서의 **왕복 교역상**shuttle traders, 멕시코-미국 접경에서의 **밀수꾼**fayuqueros, 아르헨티나, 브라질, 파라과이의 삼각지대에서의 **보따리 장수**sacoleiros 등이 그것이다. 하지만 그들의 활동의 성격은 같다. 그들은 불법적으로 소규모의 상품을 국경 너머로 운송하여 접경지역 양측의 서로 다른 시세를 통해 이득을 얻는 것이다.

학술문헌에서는 소규모 월경 교역의 서로 다른 측면이 강조되어 왔다. 첫째, 어떤 학자들은 그러한 교역의 경제적 측면에 집중하였는데 그것은 거의 모든 사회에서의 비공식적 경제활동에서 중요한 부분을 차지혔다.[2] 이 장에서는 어떻게 접경을 넘나드는 영세 교역이 어떻게 이루어지고 그에 필요한 자원은 무엇이며 그로써 일어나는 문제(예를 들자면 부패) 또는 그로써 해결되는 문제들이 무엇인지 조명하였다. 둘째, 학자들은 영세 교역의 사회적 의미를 탐구하였다. 이 장에서는 영세 교역에 종사하는 개인들을 통해 그들이 종사하게 된 원인이나 지역사회에서 영세 교역의 지위를 검증하였다. 특히 흥미를 끌었던 지점은 여러 지역에서 성, 인종, 연령 등으로 다른 이들과 구분되는 사람들이 영세 교역에 종사하는 경향이 높게 드러나는 까닭이 무엇인지에 관한 것이었다.[3] 셋째, 학자들은 국가적, 그리고 비국가적 행위자와 비교하여 영세 교역의 성격과 사회적 입지를 조사하였다. 정치경제학적 관점에서 월경 교역을 연구하는 학자들은 국가에 의해 규제되는 교역과 영세 교역 사이에서의 균형점을 찾는 데 있어 국가와 시장이 어떻게 영향력을 행사하는지 탐구했다.[4] 또한, 세계화가 그러한 교역에 끼치는 영향이나 반대로 특정한 지역적 관행을 지닌 교역이 세계화에 도전하는 양상 역시 그러한 연구에서 강조되었다.[5]

많은 월경 교역 연구에서는 접경의 문제를 다루었다. 그들은 접경을 인접한 국경지역에서의 영세 교역이 이루어지도록 어느 정도 자극하는 중요한 경제적 원천으로 보았다.[6] 게다가 접경지역은 학자들로 하여금 영세 교역과 그와 관계된 절차들(접경 간 생필품 체인을 조직하거나, 국가권력과 비공식 경제활동의 유력자들 사이에서 협상하거나, 교역상들과 국가 대표들 간의 관계에서 균형을 맞추는 등)을 더욱 가시적인 것으로 만들게 했다. 그러나 접경의 성질 그 자체는 기존 연구들에서 거의 강조되지 않았다. 그보다는 접경은 교역활동을 가능케 하거나 사람들이 교역에 종사하는 것을 방해하는 특정한 맥락으로서 다루어졌다. 따라서 단순한 정치적, 경제적인 해석을 넘어서는 접경의 다각적인 의미와 기능은 영세 교역 연구에서 드러나지 않았다. 그러므로 필자는 영세 교역을 조사함으로써 정치적 접경의 구체적인 성질과 특성, 특히 그 지속성과 다공성에 관하여 의문을 제기할 수 있음을 주장하고자 한다.

접경을 넘나드는 영세 교역이 세계적 현상이기 때문에 개별적인 지역에서의 특정 영세 교역의 사례를 연구함으로써 우리는 접경 그 자체의 성질을 이론화할 수 있다. 한편으로 영세 교역은 그 장소의 특수성과 깊이 연루되어 있고 개인들은 그들에게 주어진 특수한 환경과 자원에 의존해 영세 교역에 참여하게 된다. 다른 한편으로 우리는 거기에서 보편적인 요소들을 찾아낼 수 있다. 그 구조, 활동의 논리적 전개, 필요로 하는 자원 등이 그것이다. 영세 교역의 구조에서 국경 그 자체가 차지하는 위치가 어느 정도인지 보기 위해 그 모두를 비교해 보는 일은 흥미로울 것이다.

다음으로는 특정 사회현상으로서 접경에 주목함으로써 접경을 넘나드는 영세 교역에 하나의 이론적인 접근 방법을 제시할 것이다. 접경을 넘나드는 영세 교역이 차지하는 맥락과 마찬가지로 이것은 접경과 월경 교역을 분석적으로 통합하는 이동성의 문제이기도 하다. 영세 교역은 일상적인 통근이라는 요소를 국제적 월경활동과 결합하는 고도의 이동성을 갖고 있다는 특성이 있다. 동시에 접경은 어느 정도 앞서 언급한 이동성의 양상을 주관하기도 한다. 그러므로 이 장에서는 월경의 이동성과의 관계에서 정치적 접경을 다공적이고 지속적인 것으로 만드는

〈지도 4〉 벨라루스와 리투아니아의 접경, 그리고 이웃한 지역들

것이 무엇이고 이것이 월경 교역활동에 어떤 영향을 미치는지 다룰 것이다. 서로 다른 접경지역에서의 영세 교역 관행을 비교할 수 있게 해주는 이론적 틀을 제시할 것이다. 이론적 발상이 명징해지도록 벨라루스-리투아니아 접경에서의 월경 교역활동에 관한 내 연구를 예시로 제공할 것이다.[7]

벨라루스와 리투아니아 사이의 국경은 비교적 최근에 형성되었다. 1990~1991년, 이전에 소비에트 공화국이었던 두 나라가 독립하면서부터 국경 정립을 위한 절차가 시작되었다. 지난 연구에서 필자는 월경 교역활동에 종사하는 여성들의 사례를 수집함으로써 국경 형성 이후 이 지역에서의 일상사에 주목하였다. 연구를 위해 벨라루스 쪽에 있는 만 오천 명 규모의 어느 작은 접경 도시에서 자료를 수집하였다. 이 장

은 14명의 여성으로부터 얻어낸 18건의 심층 인터뷰와 2010년에서 2012년까지 참여관찰을 위해 그 도시에 머무르고 국경을 넘나드는 동안 작성한 현장 조사 기록에 의거하고 있다.

접경의 다공성과 지속성 이해하기 — 사회적 분계로서의 정치적 접경

오늘날 정치적 접경은 복잡하고 도전적인 연구 주제라 할 만하다. 그 것은 정치지리학자들의 전문적 관심에 국한되지 않고 인류학, 사회학, 문학, 경제학, 심리학을 비롯한 폭넓은 전공분야의 연구자들의 관심을 끌고 있다. 헹크 판 하우툼, 올리비에 크람쉬Olivier Kramsch, 볼프강 치어호퍼Wolfgang Zierhofer의 주장대로 "개방과 폐쇄, 포용과 배제, 공포와 갈망 사이의 아슬아슬한 균형을 유지하는, 손쉬운 범주화와 접근을 거부하는 내재적인 모호함은 접경이 사회과학의 스펙트럼을 넘나들며 오늘날의 지리학적이고 정치적인 이론을 만들어나가는 데 있어 매우 중요한 장소가 되도록 만든다".[8] 연구 주제로서 정치적 접경의 복잡성과 연구자들이 그에 적용하는 접근방식의 이질성 모두는 최근 몇몇 현장 연구자들에 의해 강조되고 있는 한 가지 중요한 문제, 즉 접경을 이론화한다는 것의 가능성에 관한 문제를 부각시켰다. 하지만 접경 이론이라 할 만한 것에 접근하는 길은 한 가지가 아니다. 이매뉴얼 브러넷-제일리Emmanuel brunet-Jailly와 같은 어떤 연구자들은 공통된 접경 이론을 만들고자 노력하는 반면[9] 안시 파시와 같은 다른 이들은 "더 폭넓은 사회문화적 이론의 일부로서 그것을 정립하려는 노력에 의해서만 (접경을) 합당한 방식으로 이론화할 수 있다"는 이유로 공통된 접경 이론의 가능성을 부정한다.[10] 그러므로 파시는 공통된 접경 이론보다는 세계 곳곳의 서로 다른 접경에서 일어나고 있는 특정 과정과 현상의 '맥락적 이론화'에 대해 말하는 편이 더 생산적일 것이라고 주장한다. 파시에 따르면 맥락적 이론화란 학자가 기존 정치지리학에서의 순수한 실증을 다른 사회학, 인류학, 문화연구 등 다른 전공분야의 이론화 경향성과 결합시킬 수 있게 해주는 접근방식이다. 파시의 주장대로 "이 접근방식은 관찰은 이론으로 가득 차 있다는 사실을 강조하고 있지만 그것은 또한 실증적 관찰의 중요성 역시 인정한다. (…중략…) 그러한 개념화가 맥락적일 수 있는 반면, 그것은 구체적인 지역적 맥락뿐만 아니라 더욱 폭넓은 사회적이고 문화적인 이론과도 연관되어야 할 것이다".[11]

파시의 접근방식에서 영감을 얻은 필자는 다공성 현상, 즉 오늘날 정치적 접경의 '선택적 개방'을 강조하고자 한다.[12] 누군가에게 있어 접경의 다공성은 그것의 가장 중요한, 혹은 필수적인 특성으로 보일 수 있다.[13] 엘리자베스 드팔마 디지저가 이 책에서 논했듯 물리적 접경이란 "인위적인 구분이다. 접경은 언제나 그것이 그려져 서로 나뉘게 될 지역의 거주자들에게 이용될 뿐만 아니라 거주자들 스스로도 머무르는 일은 거의 없고 합법적이든 불법적이든 정기적으로 접경을 넘는다."[14] 그러므로 접경 다공성의 문제는 몇 가지 이유에서 중요하다. 첫째, 접경의 다공성은 접경을 넘나드는 영세 교역을 가능케 한다. 둘째, 접경의 삼투성은 접경과 연관된 핵심 주제 가운데 하나이기도 하다. 무엇보다도 접경 연구 및 접경 정책에서의 주류 담론 대부분은 특히 세계화와 9・11 이후의 접경 안보라는 맥락에서 이 주제를 다루고 있다. 파시에 따르면 이 점에서 유럽 연합의 접경은 미국-멕시코 접경과 마찬가지로 접경 연구에 있어 중요한 실험실이 되고 있는데 왜냐하면 두 지역 모두 그 외적 접경이 특정 범위에 있어 비슷한 방식으로 다뤄지고 있기 때문이다.[15] 비록 미국과 유럽 연합의 외적 접경에 대한 특정 접경 전략, 관행, 그리고 정책이 매우 다양하긴 하지만 양쪽 모두에서 우리는 피터 안드레아스Peter Andreas가 이들 지역에 대한 국경 통제를 통한 '강화된 감시활동'이라고 부르는 것을 관측할 수 있다.[16] 이러한 점에서 안드레아스는 우리가 "사람들의 국가 간 이동을 규제하기 위한 야심차고 혁신적인 국가적 노력을 통한" 미국과 유럽 접경의 재확인과 마주할 수 있다고 주장했다.[17]

그러므로 학자들에 따르면 오늘날 접경의 다공성은 모호한 현상이다. 반면 많은 국경은 유럽 연합의 내적 접경들의 사례가 보여주는 것과 같이 실로 투과적이고 심지어는 사람들에게 비가시적이다.[18] 게다가 우리는 상품, 정보, 그리고 자본의 흐름과 관련하여 접경의 다공성이 더욱 증가하고 있음을 관찰할 수 있다. 그러나 여기에는 한 가지 조건을 덧붙여야 하는 데 모든 상품이 접경을 자유롭게 넘나들 수 있는 것은 아니기에 마약이나 무기와 같이 금지된 품목은 제외되고 식품이나 의류와 같이 상대적으로 무해한 일용품이 여기에 포함될 수 있을 것이다. 그러나 우리가 만날 수 있는 가장 복잡하고 모호한 상황은 사람들의 월경 이동에서 일어난다. 인적 이동이 연루되는 접경 다공성의 범위는 무엇이고 어떻게 이루어지는가? 어떤 기반에서 인적 이동이 조직되는가? 접경의 선택적 개방은 어떻게 작용하는가? 어째서 같은 지역의 사람들이라도 어떤 사람들은 자유로이 접경을 넘을 수 있는 바면 다른 이들은 심각한 제한을 겪게 되는가?

접경의 선택적 개방은 특정한 접경을 넘는 것을 누구에게, 그리고 넘을 수 있다면 어떻게 허용할지를 정하는 접경제도에 의해 시행된다. 이 제도는 그 접경을 공유하는 국가 사이의 사회적이고 정치적인 관계에 의해 지속적으로 바뀐다. 이는 언제나 연령, 국적, 사회적 지위, 혹은 그것들의 조합에 의해 월경 이동에 포함되거나 배제되는 서로 다른 사회 집단들이 존재한다는 것을 뜻한다. 예를 들어 많은 선진국의 이민정책이 보여주듯 고학력자들은 저학력자들보다 더 환영받곤 한다. 이는 접경이 노동계층보다 교육받은 전문직 종사자들에게 더 열려 있다는 것이다. 그러나 경제 상황이 변하고 노동력 수요가 증가하면 이민 정책은 저학력자들에게 더욱 호의적으로 바뀔 수 있다.

이러한 점에서 필자는 사회적 분계의 개념에 의지할 것이며 사회적 분계와 정치적 접경이 서로 일치하는지 간단명료하게 보여주려 한다. 이 복잡한 상호 관계를 이해하기 위해 우리는 정치적 접경을 단순히 "대상이나 물질적인 인공물"이 아닌 "세계, 즉 사회적 현실을 만들고 형성해 나가는 신념과 상상"이라고 생각하면서 접근할 것이다.[19] 접경에 대해 판 하우툼, 크람쉬, 치어호퍼 등이 이해한 바에서는 정치적 접경의 역동적인 본성이 강조되어 있었는데 그것은 사회적 세계에 경(위)계b/or-der를 부여하고 "무엇이 포함되고 배제되는지를" 구분한다.[20] 이러한 점에서 포함과 배제는 국경이 사회 분화를 공고히 하는 기능을 담당하는 한 그것의 필수적인 면모이다. 그러므로 정치적 접경은 "자원(물질적이고 비물질적인) 및 사회적 기회에 대한 불균등한 접근성과 불균등한 분배에 의해 드러나는 사회적 차이가 물화된 형태"로서 사회적 분계를 만들어내거나 강화할 수 있는 잠재력을 갖고 있다.[21] 그렇다면 이러한 정치적 접경의 기능은 어떻게 시행되는가, 라는 질문을 할 수 있다.

반면에, 사람들은 계급, 성, 연령, 그리고 국적 등의 기본적인 범주 및 현존하는 사회계층화에 의해 그들이 소속된 서로 다른 사회 집단에 의거하여 서로 다른 방식으로 정치적 접경을 경험하게 된다. 한편으로 개인이 접경을 경험하는 방식은 그들의 사회적 소속을 부각시키고 사회적 위계 안에서 '우리'(또는 우리 집단)를 다른 방식으로 접경을 경험하는 다른 사회적 집단과 구분되게끔 그들의 지위를 식별하게 만들어 준다. 프랑스의 철학자 에티엔 발리바르Étienne Balibar의 말을 빌리자면 접경은 "단지 서로 다른 사회 계급 출신의 개인들에게 법, 행정, 경찰, 기본권 등에 대한 서로 다른 경험을 줄 뿐만 아니라 거주 이전의 사유나 직업의 자유와 마찬가지로 사회 계급에 따라 개인을 적극적으로 구분differentiate 한다".[22] 게다가 접경은 '전략적으로 선별된' 특정 집단에 더욱 개방적일 뿐만 아니라 개인들이 소속된 집단의 범주를 규정하기도 한다.[23] 이러한 규정은 사람들의 월경 이동을 대상으로 하는 접경 규제를 통해 시행된다.

페미니스트 지리학자인 제니퍼 하인드만Jennifer Hyndman에 따르면 세계화 시대에 월경 이동은 "성, 계급, 그리고 다른 사회정치적 관계의 척도"가 되고 있다.[24] 하인드만은 우리가 "이동의 정치적 경제"를 고려해야 한다고 제안하는데 그것은 거시경제와 미시경제 양쪽 모두의 측면에서 특정 자원에 대한 사람들의 접근성에 관심을 갖는 것이다.[25] "이동의 정치적 경제"가 어떻게 작동하는지 설명하기 위해 나는 어떤 누군가의 이동성은 그의 사회적 지위에 의해 결정되면 또한 이동성은 그의 사회적 지위를 향상시키는 자원이기도 하다는 가정에서 출발해 보고자 한다. 부르디외의 관점에서 말하자면 누군가의 이동성은 그가 가진 자본의 형태에 달린 것인 동시에 자본의 극대화를 촉진하는 수단이기도 하다.[26]

이 장에서는 정치적 접경이 어떻게 사회적으로 작용하는지 이해하기 위해 두 가지 중요한 전제를 담고 있다. 먼저, 정치적 접경, 혹은 더 엄밀하게 말해 접경제도는 이동성을 불균등하게 분배한다. 다시 말해 접경은 모든 사람에게 접경을 자유로이 넘을 기회를 제공하지 않으며 사람들이 접경을 넘을 가망은 그들의 사회적이고 경제적인 지위에 달려 있다. 하인드만이 지적하듯 "월경하여 나라 안으로 들어갈 수 있는 기회는 (…중략…) 경제적 자원, 성차별적인 직업 선택, 그리고 다른 주요한 지위설정에 의해 결정된다".[27] 반면, 특별한 장애물 없이 접경을 넘을 수 있는 이동성을 지닌 개인들조차 그들의 이동성을 각자 다르게 이용한다. 그러므로 이 장에서는 접경 이동성 문제에 대해 사람들이 어떻게 그들의 이동성을 이용하고 그들이 이 자원을 어떤 형태의 자본으로 전환하는지 보여주고자 한다. 중요한 질문은 (지리적인) 월경 이동성이 사회적 이동성(사회 내에서 어떤 사람의 경제적, 사회적, 상징적 지위의 향상으로 이해될 수 있는)을 제공하는 기반이 되기에 충분한 수준이 어느 정도인지이다.

그러므로 사회 안에서 이동성은 다양한 수준으로 불균등하게 분배된다. 세계적 관점에서 국적은 매우 중요한 기준이 되지만(예를 들자면 유럽연합 내부의 학자는 유럽의 어느 나라든 쉽게 갈 수 있지만 러시아, 벨라루스, 우크라이나와 같은 EU 이웃 국가 출신의 학자라면 비록 비자를 얻을 가능성이 높더라도 아무튼 신청서를 작성해야 한다) 국가의 수준에서는 계급과 인종과 같은 다른 요인들이 더욱 중요한 역할을 맡는다(같은 국적이라도 고소득 직군 종사자는 실직 상태의 개인에 비해 쉥겐협약 비자를 얻을 기회가 더 크다). 이러한 구분짓기는 접경을 넘을 때 일어나는데 그 때 사람들은 여행의 목적이나 입국심사관에게 어떤 인상을 주느냐 따라 같은 비자를 가지고 있으면서도 다른 대우를 받게 된다. 이제 다루게 될 절에서는 정치적 접경의 사회적 기능에 관한 이론을 영세 교역활동에 관한 연구와 어떻게 결합시킬지 고민하면서 월경 이동의 양상이 벨라루스와 리투아니아 사이에서의 여성 월경 교역의 사례에서 어떻게 드러나는지 보여줄 것이다.

영세 교역의 월경 이동—이론적 접근

접경에 대한 이러한 관점을 가지고 영세 교역의 이동성을 다루면서 상호 연관된 세 개의 질문이 제기된다. 첫째, 정치적 접경의 선택적 개방은 어떻게 특정 맥락에 의해 작동하는가, 다시 말해 어떠한 사회적 구분(연령, 인종, 성, 직종 등)의 형태가 교역상들에게 이동성을 제공하는가? 둘째, 선택적 개방은 교역활동의 수익성을 창출하는 데 있어, 그리고 접경이 교역업을 위한 잠재적인 수입원이 되는 데 있어 어떤 역할을 담당하는가? 셋째, 어떠한 종류의 자본이 교역상들에게 이동성을 부여하는가, 그리고 그들의 접경 경험이 다른 사람들과 다른 점은 무엇인가? 영세 교역의 사례에서 접경의 선택적 개방이 어떻게 작용하는지 이해하기 위해 강조되어야 할 그 첫 번째 질문의 경우 그것은 접경이 어떻게 교역상들을 통과시켜주는지, 혹은 접경의 선택적 개방이 각각의 특정한 사례에서 어떻게 작동하는지에 관한 문제이기도 하다. 이 장에서의 설명은 특정한 사회적 혹은 인종적 집단이 그들의 월경활동을 가능케 하는 특별한 조건 아래서 접경을 넘는 것이 허락될 때 접경제도가 사회적, 인종적, 혹은 복합적인 구분을 촉발한다는 것이다. 벨라루스와 리투아니아 사이의 접경지대의 사례가 보여주듯 역사적 시기에 따라 월경 이동의 가능성은 다양한 집단의 사람들에게 불균등하게 배분되었다. 예컨대 1990년대 중반에서 2000년대 초반까지 65세 이상의 사람들은 비자 없이 접경을 넘을 수 있었다. 2000년대 후반에는 리투아니아가 쉥겐 조약을 받아들임에 따라 새로운 집단(가톨릭교도들이나 폴란드 출신의 사람들과 같은)이 벨라루스-리투아니아 접경을 넘을 수 있는 기회를 다시금 획득했는데 쉥겐 조약의 틀 안에서 리투아니아에 들어갈 수 있도록 해 주는 폴란드 비자가 일반적으로 이용되었다. 그러므로 정치적 접경의 선택적 개방은 접경의 역사에 있어 특정 시점에 특정한 사회적 배경을 지닌 사람들이 더욱 자유롭게 접경을 넘을 수 있음을 의미하였다. 이러한 구별은 월경 교역활동에서 특정한 사회 집단이 우세하도록 확정지었다. 바꿔 말하자면 사회 내부에서 정치적 접경과 별개로 존재하는 구분(연령, 인종, 종교적 소속의 기준선에 따른)은 접경의 존재 자체와 접경제도의 시행에 의해 강화된다.

다음으로 다루게 될 이야기는 선택적 개방이 월경 교역활동에 어떻게 영향을 주는가에 대한 것인데 다시 말해 어느 정도의 접경이 교역 사업이 성립되기 위한 핵심 원천으로 여겨질 수 있는가에 관한 것이다. 어떤 학자들은 사회주의의 붕괴 이후 개방된 접경이 1980년대 후반에서 1990년대 초까지 번성했던 월경 교역에 중요한 영향을 주었다고 생각한다.[28] 폴란드 교역상들과 관련하여 사회학자 미르야나 모로크바시치

Mirjana Morokvasic가 주장한 것처럼 왕래를 허용하는 이동성은 "출국을 자유로이 한 입법에 의해서뿐만 아니라 유럽 연합 가입 후보국의 시민들에 대한 비자 완화에 의해서도 실현되었다".[29] 다시 말해 모로크바시치의 관점에서 접경 다공성은 교역 행위의 성립과 발달을 위해 필수적인 요소이다.

그러나 필자의 지난 연구가 보여주듯 교역활동의 성공을 설명하는 것은 접경의 다공성이 아닌 지속성이다. 접경의 선택적 개방은 접경을 자유롭게 넘을 수 있는 사람과 그렇지 못한 사람으로 나눈다. 이러한 점에서 정치적 접경은 교역활동에 있어 양면적인 의미를 지닌다. 한편으로 선택적 개방은 이동성을 지닌 특정 집단의 사람들이 교역 사업에 종사할 수 있도록 만든다. 다른 한편에서는 다른 접경지대 거주자들의 통상적인 월경 이동을 차단한다. 이러한 방식으로 접경은 사람들을 걸러내고 그들을 잠재적인 상인과 고객으로 양분하는 한편 교역활동의 성립 가능성을 만들어낸다.

정치적 접경이 여과 기능이 교역활동에 영향을 주는 방식은 벨라루스와 리투아니아 접경의 역사에서 그 증거를 찾을 수 있다. 사회주의 시기 동안 접경은 완전히 다공적인, 두 소비에트 공화국 사이의 행정 분계였다. 그 지역에서 공화국 내부의 통행은 상당했다. 이 접경지대에서 벨라루스측의 땅이 벨라루스의 주요 도시들로부터 멀리 떨어져 있었기 때문에 접경지대의 거주자들은 리투아니아의 수도인 빌뉴스를 쇼핑, 문화, 그리고 노동 등 여러 일상활동의 주요한 목적지로 선택하였다. 소련 해체 이후 독립하게 된 벨라루스와 리투아니아가 국경을 설정하기 위해 첫발을 내딛었을 때 이전에 일상적으로 이루어졌던 생필품 구매 행위는 점차 산발적인 무역활동으로 바뀌어갔다. 지역 주민들은 대부분 벨라루스에서 리투아니아로 식료품을 가져가서 시장에서 비공식적으로 그것들을 판매하였는데 그들은 소련 시절 빌뉴스를 정기적으로 방문해 왔기에 리투아니아의 시장을 훤히 알고 있었다. 이러한 교역은 즉흥성을 띠고 있어 전문적인 사업이라기보다는 초기 전환기 동안의 경제적 자구책으로 받아들여졌다. 국경이 성립된 초기의 다공적인 접경과 느슨한 접경 규제는 벨라루스-리투아니아 월경 교역을 수익성은 낮지만 대중적인 활동이 되도록 만들었다. 그러므로 접경의 잠재적 가치는 무시해도 좋을 정도였다. 이러한 탓에 전문 사업가들은 리투아니아를 훌륭한 무역 목적지로 생각하지 않았다.

벨라루스-리투아니아 접경의 전문 교역의 부상은 1990년대 중반에 일어났는데 그때 접경제도는 더욱 엄격해졌고 많은 사람들이 자유롭게 접경을 넘을 수 있는 능력을 상실했다. 심지어 지금도 벨라루스-리투아니아 접경의 영세 교역은 무엇보다도 그 지역에서 대중의 월경 이동을 가로막는 접경의 선택적 개방 때문에 특정한 개인들에게나 타당성이 있게 되었다. 그러므로 전문 무역상들은 그 접경지역의 주거자들에 대한 접경제도의 완화에 매우 주의를 기울인다. 그들은 그것이 자신들의 사업 수익에 부정적인 영향을 끼친다는 사실을 인정한다. 따라서 특정 사회 집단에 대하여 선택적 개방에 기반을 둔 접경의 여과 기능은 월경 무역활동에 종사하는 이들에게 수익원으로 여겨진다.

영세 교역상들의 월경 이동 사례에서 정치적 접경이 사회적으로 기능하는 법에 대한 마지막 양상은 발리바르가 지적한 문제인 접경의 "다의적 본성"을 다루고 있다.[30] 그가 주장하듯 접경은 사람마다 각자 다른 의미를 지니고 있다. 누군가가 접경을 건너는 방식에 따라서 그것은 "사업가, 학회 참석을 위한 학술 목적의 여행자, 젊은 실직자 등 무엇인가에 따라 (…중략…) 접경은 두 개의 구분되는 독립체가 되는데 그것 사이에는 이름 말고는 공통된 것이 전혀 없다".[31] 이러한 논지에서 영세 교역상들의 통상적인 월경 이동이 이동이 제한된 사람들에 비해 우위를 준다 하더라도 교역상들이 그들의 이동성을 사용하는 방식은 입국 심사관들이 그들을 다루는 방식과 마찬가지로 그들의 접경 경험을 다른 이들의 그것과 차이를 두도록 만든다.

이러한 논점을 영세 교역상들의 월경 이동 연구에 적용하기 위해서는 세 가지 연구 전략이 주요하다. 첫째, 교역상들이 이동성을 이용해 획득하는 자본의 종류를 비교하고 그 이동성이 지역에서 그들의 사회적 입지를 향상하는 데 기여하는지 알아보는 것이다. 이 전략은 접경지역에서의 경제적이고 사회적인 상황에 대한 양적 분석만큼이나 질적 분석이 필요한데 어떤 사회 집단이 지역 위계에서 더 높은 지위를 차지하고 있으며 월경 교역상들이 그 안에 포함되어 있는지를 알아보는 것이 그 목적이다. 질적 방법론을 기초로 하고 표본이 한정되어 있기에 나의 연구는 이 질문에 대답하기에 충분할 만큼 대표성을 확보하고 있진 않다. 다만 필자의 사례 연구는 월경 이동성이 그들의 경제적이고 사회적인 지위획득에 긍정적인 영향을 주고 있다는 예시를 제공할 수 있긴 하다. 가족의 지원, 경제적 지속 가능성, 사회 관계망 등의 다른 자원들 역시 여기서 중요한 문제이다.[32] 그러므로 월경 교역 사업의 진보에 있어 통상적인 월경 이동이 지닌 영향력을 다른 요인들과 구분해내기 위해서는 더 많은 연구가 필요할 것이다.

둘째, 영세 교역상들의 접경 경험을 다른 자국인들의 경험과 비교해 볼 수 있을 것이다. 연구에서 밝혀졌듯 교역상들이 특별한 집단으로서 구분되는 적어도 두 가지 사회적 상황이 존재한다. 먼저 접경을 넘는 버스나 기차에서 교역상들과 다른 승객들과의 상호 작용을 통해 이러한 구분이 발생한다. 이러한 상호 작용에 대한 관찰에 따르면 세관의 통제를 피하기 위해 교역상들이 사람들에게 상품 운송을 도와줄 것을 요청했을 때 사람들이 이에 부정적으로 반응하곤 했다. 한편 그러한 부정적인 반응은 교역상들이 끈질기게 그리고 심지어 공격적으로 다른 승객들에게 접근하기 때문으로 설명될 수 있다. 다른 한편으로 접경을 넘는 데 있어 적절한 이유와 부적절한 이유를 명쾌하게 구분하는 것과 마찬가지로 교역 사업에 대해 몇몇 승객들이 드러내는 윤리적 판단은 마치 그들의 여행 경험이 교역상들의 이동과 본질적으로 다르다는 사실을 명백히 드러내려 하기라도 하는 것처럼 사람들이 의식적으로 그러한 교역활동과 거리를 두고자 함을 보여준다. 국경 경비대와 세관원은 이러한 구분을 더욱 강화한다. 특히 버스가 국경 검문소에 접근할 때 운전기사는 때때로 민스크(벨라루스의 수도)에서 온 사람은 얼마나 되는지, 그리고 접경지대에서 온 사람들은 얼마나 되는지 묻곤 한다. 후자의 경우는 더욱 신중하게 통제된다.

마지막으로 월경 이동성과 영세 교역상들의 경험은 국제적 관점에서 다뤄져야 한다. 모로크바시치가 견지하듯 "이주 트랜스내셔널리즘의 개념이 만들어지자 그것은 초국가성으로서 폴란드 농노들을 재발견하고 재평가하도록 도와주었고 국경을 넘나드는 사회적 공간 만들기의 공통분모를 갖는 다른 사례들 역시 그리하도록 도왔다".[33] 이러한 점에서 월경 이동의 경험은 다양한 사회적 배경과 출신을 지닌 사람들을 통합하는 동시에 그들을 이동의 목적, 이동 행위가 조직되는 방식, 월경활동을 통해 그들이 획득하는 자본의 형태(경제적, 사회적, 상징적)에 따라 분리하기도 한다. 이러한 분류를 이해하기 위해 접경을 넘어 세계 각지의 접경지대에 관한 비교 연구가 필요하다.

결론

여기서 간략히 설명한 유럽 접경에 관한 이론적 관점은 월경 교역 행위에 관한 학자들의 실증 연구를 개념화하는 데 도움을 줄 것이다. 정치적 접경은 사회적 분계로서 작용할 수 있는데 접경 그 자체보다는 사람들을 구분하고 지역과 세계 단위 모두에서의 사회위계 내에서 개인을 규정하는 접경제도와 통제가 그렇게 만든다. 개인의 이동을 통제함으로써 접경은 사회적으로 작용하며, 연구에서 논증하고자 했던 것처럼 이동성은 사회적으로 중요한 의미를 가진다. 이러한 점에서 이 책의 편집자의 발상을 따라서 정치적 접경은 단순한 공간의 경계선이 아니라 "공간적인 차별화 행위 과정이 중심이 되는 만큼 사회적으로도 역동적인 공간이다".[34]

월경 교역 연구는 지역, 국가, 세계 수준의 월경 이동의 중요성을 이해하도록 해 준다. 이는 이동성이 얼마나 중요하고 움직이거나 머무르도록 두게 만드는 것의 결과가 무엇인지 보여준다. 그러므로 다양한 접경지역에서의 월경 교역에 관한 비교 조사는 전 세계에서 이동성의 수익원으로서의 중요성과 새로운 사회위계를 수립하는 데 있어 이동성의 역할을 조명한다. 우리가 관찰할 수 있듯 그들의 삶의 질의 상당 부분이 정기적인 월경 이동에 의해 결정되는 사회 집단이 있다. 이 장에서는 비록 월경 교역과 관련된 이동성이 지역활동과 접경지대의 역사에 있어 중요한 일부로 포함되어 있다 해도 그것은 동시에 세계적(초국가적) 경향임을 논증한다. 이러한 점에서 정치적 접경의 제도는 "축적되고 객관적으로 이용 가능한 자원에 접근하는 수단을 분배하는 형태"로서 다뤄질 수 있을 것이다.[35] 그러므로 접경지역에서의 국지적 교역활동을 연구함으로써 우리는 이동성의 사회적 가치가 어떻게 만들어지는지 이해할 수 있을 것이다.

주석

1 Olga Saunkevich, "Introduction", *Informal Trading, Gender and the Border Experience : From Political Borders to Social Boundaries*, Farnham : Ashgate, 2015, pp.1~18. 출판사의 허가를 받아 수정했음.
   ① Allan M. Williams and Vladimir Baláž, "International Petty Trading : Changing Practices in Trans-Carpathian Ukraine", *International Journal of Urban and Regional Research* 26, no.2, 2002, p.323.

2 예를 들자면, Claire Wallace, Oksana Shmulyar, Vasil Bedzir의 공동작업인 "Investing in Social Capital : The Case of Small-Scale, Cross-border Traders in Post-Communist Central Europe", *International Journal of Urban and Regional Research* 23, no.4, 1999, pp.754~770; William and Baláž, "International Petty Trading : Changing Practices in Trans-Carpathian Ukraine", pp.323~342.

3 Mathias Wager, *Die Schmugglergesellschaft : Informelle Ökonomien an der Ostgrenze der Europäischen Union : Eine Ethnographie*, Bielefeld : transcript Verlag, 2011; Yulian Konstantinov, Gideon M.Kressel, and Trond Thuen, "Outclassed by Former Outcasts : Petty-Trading in Varna", *American Ethnologist* 25, no.4, 1998, pp.729~745.

4 Mélissa Gauthier, "*Fayuca Hormiga* : The Cross-border Trade of Used Clothing between the United States and Mexico", Emmanuel Brunet-Jailly ed., *Borderlands : Comparing Border Security in North America and Europe*, Ottawa : University of Ottawa Press, 2007, pp.95~116.

5 Carla Freeman, "Is Local : Global as Feminine : Masculine? Rethinking the Gender of Globalization", *Signs* 26, no.4, 2001, p.1009.

6 Bettina Bruns and Judith Miggelbrink, "Introduction", Bettina Bruns and Judith Miggelbrink ed., *Subverting Borders : Doing Research on Smuggling and Small-Scale Trade*, Wiesbaden : vs Research, 2012, p.15; Stefan Bantle and Henrik Egbert, *Borders Create Opportunities : An Economic Analysis of Cross-border Small Scale Trading*, Berlin : Das Arabische Buch, 1996.

7 Olga Saunkevich, "'Business as Casual' : Shuttle Trade on the Belarus-Lithuania Border", Jeremy Morris and Abel Polese ed., *The Informal Post-socialist Economy : Embedded Practices and Livelihoods*, London : Routledge, 2014, pp.135~151; Olga Saunkevich, *Informal Trade, Gender and Border Experience : From Political Borders to Social Boundaries*, Farnham : Ashgate, 2015.

8 Henk van Houtum, Olivier Kramsch, and Wolfgang Zierhofer, "Prologue B/ordering Space", Henk van Houtum, Olivier Kramsch, and Wolfgang Zierhofer ed., *B/ordering Space*, Aldershot : Ashgate, 2005, 12.

9   Emmanuel Brunet-Jailly, "Theorizing Borders : An Interdisciplinary Perspective", *Geopolitics* 10, 2005, pp.633~649.

10   Anssi Paasi, "Generations and th 'Development' of Border Studies", *Geopolitics* 10, 2005, p.668.

11   Anssi Paasi, "A Border Theory : An Unattainable Dream or a Realistic Aim for Border Scholars?", Doris Wastl-Walter ed., *The Ashgate Research Companion to Border Studies*, Farnham : Ashgate, 2011, p.19.

12   Anssi Paasi, "A Border Theory : An Unattainable Dream or a Realistic Aim for Border Scholars?", p.12.

13   Emmanuel Brunet-Jailly with Bruno Dupeyron, "Introduction Borders, Borderlands, and Porosity", Emmanuel Brunet-Jailly ed., *Borderlands : Comparing Border Security in North America and Europe*, Ottawa : University of Ottawa Press, 2007, p.2.

14   이 책의 제1장을 참조하라. Elizabeth DePalma Digeser, "The Usefulness of Borderlands Concepts in Ancient History : The Case of Origen as Monster".

15   Paasi, "A Border Theory : An Unattainable Dream or a Realistic Aim for Border Scholars?", p.12.

16   Peter Andreas, "Introduction : The Wall after the Wall", Peter Andreas and Timothy Snyder ed., *The Wall around the West*, Lanham : Rowman & Littlefield, 2000, p.2.

17   Andreas, "Introduction : The Wall after the Wall", p.2.

18   심지어 이는 2015~2016년에 있었던 난민 위기에 비춰 보았을 때 유럽 연합의 내적 국경을 대상으로 하는 국경 통제 강화에 관한 현재의 논의와 관련하여 고려할 만한 사례가 되지 않는다.

19   Van Houtum et al., "Prologue B/ordering Space", p.3.

20   Van Houtum et al., "Prologue B/ordering Space", p.3.

21   Michele Lamont and Virag Molnár, "The Study of Boundaries in the Social Sciences", *Annual Review of Sociology* 28, no.1, 2002, p.168.

22   Étienne Balibar, *Politics and the Other Scene*, London : Verso, 2002, pp.81~82.

23   "전략적으로 선별된"이라는 구절과 관련해서는 Henk van Houtum and Roos Pijpers, "The European Union as a Gated Community : The Two-faced Border and Immigration Regime of the EU", *Antipode* 39, no.2, 2007, p.292.

24   Jennifer Hyndman, "(Geo)Politics of Mobility", L.A. Staehely, Eleonore Kofman, and L.Peake ed., *Mapping Women, Making Politics : Feminist Perspectives on Political Geography*, New York : Routledge, 2004, p.169.

25   Hyndman, "(Geo)Politics of Mobility", p.170.

26   자본이란 "축적된 노동(물질화된 형태로나 혹은 그것의 '내재화되고', 구현된 형태)인데 그것은 행위자나 그들의 집단에 의해 사적인 것, 즉 독점적인 것으로 전유될 때 그들로 하여금 구체화된 형태의 사회적 에너지나 살아 있는 노동을 전유할 수 있도록 해 준다". Pierre Bourdieu, "Forms of Capital", N.W.Biggart ed., *Readings in Economic Sociology*, Malden, Oxford : Blackwell, 2002, p.281.

27   Jennifer Hyndman, "Border Crossings", *Antipode* 29, no.2, 1997, p.152.

28 Caroline Humphrey, *The Unmaking of Soviet Life : Everyday Economics after Socialism*, Ithaca : Cornell University Press, 2002, p.87; Mirjana Morokvasic, "Transnational Mobility and Gender : A View from Post-wall Europe", Mirjana Morokvasic, Umut Erel, and Kyoko Shinozaki ed., *Crossing Borders and Shifting Boundaries*, Opladen : Leske, 2003, p.107; Endre SIk and Claire Wallace, "The Development of Open-air Markets in East-Central Europe Europe", *International Journal of Urban and Regional Development* 23, no.4, 1999, pp.697~714.

29 Morokvasic, "Transnational Mobility and Gender", p.107.

30 Balibar, *Politics and the Other Scene*, p.81.

31 Balibar, *Politics and the Other Scene*, p.81.

32 벨라루스-리투아니아 국경에서의 여성 영세 교역상들의 사례에서 드러나는 공간적 이동 능력과 사회적 이동능력의 관계에 대해 더 알고 싶다면 Olga Saunkevich, *Informal Trade*.

33 Morokvasic, "Transnational Mobility and Gender", p.115.

34 이 책에서 John W.I. Lee와 Michael Norths가 쓴 도입부 참조

35 Bourdieu, "Forms of Capital", p.284.

제11장

접경지대 연구의 미래와 방향

알렉산더 드로스트(Alexander Drost) · 미하엘 노스(Michael North)

결론에서 우리는 사례 연구를 통해 주제를 드러내는 것이 새로운 접경지대 연구 방향의 기반을 만들 수 있다는 사실과 함께 이 책의 여러 장에서 나타나는 몇 개의 공통된 분석 가닥을 잡아보고자 한다. 특히 우리는 접경 형성, 접경에서의 사회적 교섭, 상호 작용이 복합적으로 중첩되는 영역과 지적인 교전이라는 맥락에서 개념적인 접경지대의 출현에 집중하였다. 나아가 우리는 각 장에서 드러나 있듯이, 접경지대 연구가 이곳의 행위자, 공간적 인식의 특성과 구성, 사건과 과정에 관한 공간의 영향에 대하여 더욱 관심을 가져야 한다는 것을 제안하고자 하였다.

유럽과 북미의 지리적이고 은유적인 접경지대에 대한 전통적인 서술은 주로 접경지대를 인간의 영역 밖에 존재하는 독립체로 정의하거나 제도적인 구조를 통해 규명되는 것으로 표현해 왔다. 하지만 경계의 탄생과 교차, 끊임없는 재조정이 이루어지는 접경 형성 과정에서 인간 행위자의 역할에 초점을 맞추는 것은 그 이상은 아니더라도 마찬가지로 중요하다. 이러한 과정은 스웨덴-독일, 미국-멕시코 접경지대처럼 이 질적인 시대와 장소에서도 유사하게 발생하였다. 1814~1815년 비엔 나 의회의 결과에서 뿐만 아니라 1846~1848년의 미국-멕시코 전쟁 과 같이, 위기 시기의 경계화 과정에서 나타나는 지속적인 조정, 재정의 를 통해 변화하는 접경과 그로 인해 변화된 하위적인 것들의 의미가 드 러난다.[1]

지리적이고 역사적인 경계화의 또 다른 측면은 분계의 생성에서 사 회적인 조정 과정에 중점을 두고 있다.[2] 이러한 새로운 사회지리학적 접근은 우리의 문화·역사적 연구시각을 확장시킨다. 이 맥락에서, 우 리는 접경지대와 그 인접 지역을 규명된 경계가 아닌 경계화 과정의 측 면으로, 즉 세계를 체계화하고 정의하기 위한 사회적 질서화와 제도적 인 형성으로 받아들인다.[3]

접경과 접경지대 형성에 대한 새로운 접근은, 제국의 접경과 같은 사 례를 통해 우리의 관점을 변화시킬 것이다. 제국의 접경이라는 주제는, 서사 속 배경이라기보다는 접경 환경과 접경을 넘나드는 활동이 시작 된다는 점에서 상호적인 행위자로 조명될 수 있다. 로마제국 변경의 특 성과 이곳을 보호하기 위해 고안된 전략들은 북아프리카 부족 지도자 들의 역할과 기능에 의존한 것이었다. 기독교 공동체의 출현이 전통적 인 권력 구조에 대한 체계적이고 구조적인 대안을 마련하는 동안, 부족 엘리트들을 로마화하는 시도들이 이루어지고 있음에도 불구하고 아랍 인들과 베르베르인들은 그들의 정치, 문화 종교적 정치성을 신의를 통 해 조정하였다.

경제적 접경지대로서 중세수도원의 특징은 수도승과 도시 상인들의 상호적인 '행위'와 많은 관련이 있는데, 양자 모두 그들 자신의 특정한 역할을 효율적으로 사용하였다. 이 사례에서 경제적 행위들은 지속적인 변화와 경제, 사회적 경계를 수정하도록 만들었다. 게다가 영토적인 접경들의 경우 종교적 권한과 세속적 권한 사이에서 이루어진 부와 특권의 교환으로 인해 해체되기도 하였다.

같은 방식으로, 근대 초기 발트해 연안의 종교적인 접경지대는 정체성 형성의 과정 속에서 정치적, 종교적 구조가 영구적으로 재배치되었다는 것을 보여주었다. 그동안 교리 권력의 분산은 점차 감소하였다. 예를 들어 쿠를란트에서는 개혁 교육, 가톨릭 선교활동, 정교 이주와 여전히 잔존하였던 농촌 인구의 '이교신앙'이 지배적인 루터 교리에 도전하였다. 이 과정에서 발생한 영향은 지속되었고, 17세기 식민지 뉴잉글랜드의 폭력적인 갈등과 관련된 트라우마에서도 나타났다. 이 지점에서, 접경지대의 상황은 불안정해진 국경 지역의 트라우마에 대한 조정과 재조정을 통해 유지되었다. 결과는 이후의 이야기에서도 이어지는, 접경 탄생의 지속적인 과정이 되었다.

트라우마가 메아리처럼 이어지는 동안, 식민지 주인으로서 원주민들은 대안적인 전략을 마련하였다. 어떤 경우, 변경의 토착 회사는 국경 없는 지대를 국경화된 지대로 변화시켰다. 경계화 과정에서 코만치제국의 확장은 재구상될 수 있었고, 그로 인해 북부 스페인의 접경지대들 또한 코만치족의 배후지가 되었다. 게다가, 새롭게 떠오르는 유럽 식민지 경쟁은 새로운 접경지대를 형성하는 미국 원주민들에게 주어진 선택권을 친족 관계에서 교역으로 넓혔다.

유럽의 맥락에서, 경계화 전략은 변화된 변화transformative change 시기에 맞춰 유사하게 발전되었다. 자유의 개념을 해석하고 이해하는 것에 관한 한, 이러한 문제들과 함께 지적인 기여는 다중적 공간을 창조하였고, 이곳에서 은유적인 접경지대들은 신성로마제국과 스웨덴 왕국 사이에서 해양의 접경지대·정치적 접경지대와 동일하게 인식되었다.

신성로마제국과 스웨덴 왕국의 접경지대가 두서 없는 과정 속에서 출현하는 동안, 미국-멕시코의 상황에서 기술-행정적인 과정은 접경지대의 사례를 만들어 가는 데 있어 결정적인 것이었다. 멕시코 북부 주변 접경지대 환경의 형식, 범위와 경험을 이해하기 위해 이 지역의 의료적인 발전은 지역과 함께 지적인 참여 또한 자극하였다. 이 참여는 국가 형성 과정에서 중요한 것이었다. 이것은 국가 주변부에서 민족적, 인종적, 문화적 다양성을 통합하는 데 도움을 주었다. 미국-멕시코의 정치적인 경계, 강력한 국경 통치와 함께 극히 예외적인 문화, 사회, 정치적인 접경은 이 주변부를 정의할 때에도 핵심적인 역할을 하였다.

어떤 주어진 국경 통치의 특성이든 사회경제학적인 발전과 국경을 넘는 사회 간의 문화적 교류에 대한 중요한 영향력을 가지고 있으며 이는 특히 접경의 개방성이 선택적일 때에 그렇다. 벨로루시-리투아니아 접경지대에서 여성들이 무역과 국경을 넘는 이동성에 기여하는 동안, 유마부터 바하켈리포니아까지 몇 세대 동안 이동이 이루어졌던 미국-멕시코 접경의 토착민들은 20세기 초반에 정부와 투자자들이 형성했던 새로운 정치·경제적 분계 때문에 더 이상 이동하지 못하게 되었다.

접경지역의 이러한 상황 속에서, 국경 건설의 활발한 과정으로 이해되는, 교섭negotiation의 중요성은 지리적인 차원의 접경지대가 희미해지는 동안 중심으로 이동하게 된다. 이것이 미래 접경지대 연구가 접경화 과정에 영향을 주는 실행자, 교리들, 이데올로기와 같은 조건들과 원동력에 초점을 맞추어야 하는 이유다. 일련의 특정 영역에 관한 질문에 답을 하는 것은 단순한 구상뿐 아니라 생각을 소통하고 전파하는 방법과 절차, 그리고 긴장된 상태의 접경에서 상징화되는 사고의 주춧돌에만 의존하고 있는 것일지 모른다. 그러므로 국경의 규범적인 측면, 사회적 현실의 상상, 그리고 접경이 최종적으로 국경 그 자체보다는 접경지대의 다양성을 만들어내어 사회적 관계의 선택과 우선순위를 매긴다는 사실이 명확해진다. 그러므로 이러한 과정들은 접경지대를 개념화하는 과정에서 반드시 고려되어야 한다.[4]

이러한 접근은 유럽과 미국뿐 아니라 전세계를 아울러 적용이 가능해 보인다. 사례 연구들은 사람들, 참여의 문화, 그리고 접경화에서 그 영향을 연구할 수 있다 : 누가 국경을 조정하는 역할을 맡고 있는가? 어떠한 문화적 전통이 다른 것들과 함께 조정 과정에 관여하고 있는가? 국경과 경계를 만들기 위한 의도들은 무엇인가? 누구에게 국경이 영향을 미치는가? 왜 어떤 이들은 이 국경을 넘나들었는가?

이와 같은 질문에 집중하는 것은 접경과 접경지대에 관한 인식의 변화를 설명하는 새로운 모델을 개발하는 데 도움이 될 수 있다. 그러므로 접경지대 연구는 국가적인 프리즘을 넘어 사회, 국가, 종교, 종족을 인지하는 새로운 범주를 다루는 포괄적인 모델로 나아가야 할 것이다. 선술한 것들을 바탕으로, 우리는 이 책이 접경화를 향한 새로운 연구 접근을 자극했으면 한다. 새로운 접근법으로 이루어지는 연구는 역사적으로 중요할뿐 아니라, 국가적 정체성과 초국가적인 구조 사이에서 민족국가가 흔들리고 있는 세계 속에서 지속적으로 유효할 것이다. 세계화된 사회의 증가하는 이동성이라는 특징과 국경지대에서 타자화된 이웃의 인접성 모두 민족 국가의 전통적인 사회적이고 문화적인 범주를 흔들고 있다.

주석

1   Oscar J. Martinez, *Troublesome Border*, rev. ed., Tucson : University of Arizona Press, 2006, p.76.

2   Anssi Paasi, "Boundaries as Social Practice and Discourse; The Finnish-Russian Border", ed. Paul Ganster and David E. Lorey, *Borders and Boder Politics in a Globalizing World*, Lanham MD : Rowman & Littlefield, 2005, pp.119~120.

3   Henk van Houtum, Olivier Kramsch, and Wolfgang Zierhofer, "Prologue : B/odering Space", *B/ordering Space, ed. Henk van Houtum*, Aldershot : Ashgate, 2005, pp.3~10.

4   Michael S. Reidy and Helen M. Rozwadowski, "The Space in Between : Science, Ocean, Empire", *Isis* 105, no. 2, 2014, pp.338~351.

찾아보기

기타)